내 가슴을 다시 뛰게 할

잊혀진
질문

Nihil Obstat :
Rev. Thomas Kim
Censor Librorum
Imprimatur :
Most Rev. Boniface CHOI Ki-San, D.D.
Episc. Incheon
2013. 12. 20.

교회인가 2013년 12월 20일
초판 1쇄 발행 2012년 1월 7일
개정판 5쇄 발행 2024년 1월 30일

글 차동엽

펴낸이 김상인
펴낸곳 위즈앤비즈
디자인 박은영
주소 경기도 김포시 고촌읍 신곡로 134
전화 031-986-7141 **팩스** 031-986-1042
출판등록 2007년 7월 2일 제409-31300002510020007000142호

ISBN 978-89-92825-99-3 03230
값 15,000원

내 가슴을 다시 뛰게 할

잊혀진
질문

차동엽 지음

위즈앤비즈
Wisdom & Vision

도대체 무엇을 위한 인생인가?

2년 전쯤이었을 것이다. 지인을 통해서 다섯 쪽짜리 프린트물이 필자의 손에 건네졌다.

'삼성 이병철 회장이 1987년 타계하기 전 절두산성당 박희봉 신부께 보낸 질문지'

이렇게 제목이 적혀 있었다. 주―욱 훑어보고 있는데 그가 사연을 말해주었다.

"일방적으로 질문만 있었지, 아마도 답변은 없었던 모양입니다. 박희봉 신부는 이 물음들에 답할 수 있는 적임자를 물색하다가 정의채 몬시뇰에게 이 편지를 넘겼답니다. 나는 정의채 몬시뇰로부터 이 복사본을 받은 것이구요."(나중에 필자는 정의채 몬시뇰로부터 그 경위를 직접 듣게 되었는데, 몬시뇰과 故 이병철 회장의 만남이 주선된 상태에서 이 회장의 갑작스러운 별세로 말미암아 만남이 무산된 사실을 확인할 수 있었다.)

"질문에 집요하고 날카로운 구석이 있어 답변하기가 쉽지 않았을 듯하네요……."

"……. 하지만 여기 있는 물음들 가운데 우리가 힘들 때 불쑥 던지는 물음들도 꽤 됩니다. 사실은 우리 모두의 물음들인 셈입니다."

자세히 읽어보니 몇몇 물음은 예사롭지 않은 물음들이었지만, 그중에는 우리가 롤러코스터 같은 삶의 여정에서 무심결에 후렴구로 내뱉는 물음들도 꽤 있었다.

"사실, 나도 이런 질문을 곧잘 받곤 하는데, 답을 시원스레 주지 못해 찜찜해한 적이 많습니다. 누군가가 한 번쯤은 꼭 통쾌하게 답변해줄 필요가 있습니다."

"그런가요? 그러면 좋겠네요."

"말이 나온 김에 신부님께서 해보시는 것은 어떨지요?"

"예-에?"

"왜요???"

실제로 내가 해왔던 역할에 그런 주제에 대한 저술 활동도 있었기에, 뒤로 빼자니 '위선'이요 그렇다고 생각 없이 나서자니 '교만'이 될 판이었다.

이렇게 질문 보따리는 나와 인연을 맺었다.

하필이면 왜 故 이병철 회장은 그 물음 꾸러미를 절두산으로 보냈을까?

죽음을 앞둔 한 인간이 영원에 대한 궁금증을 해소하고 싶은 절박함이 느껴지는 그 물음들.

필경 어느 한 나절 우박처럼 한꺼번에 쏟아져 내리지는 않았을 그 물음들.

무슨 까닭에 굳이 절두산이었을까?

소설가 김훈의 절두산에 대한 소회에서 그 힌트를 만났다.

"옛 양화진(楊花津) 자리에 강물을 향해 불쑥 튀어나온 봉우리가 있는데, 누에 대가리 같다고 해서 이름이 잠두봉(蠶頭峰)이었다.

140여 년 전에 무너져가는 나라의 정치권력은 이 봉우리에서 '사학(邪學)의 무리'를 목자르고 그 시체를 강물에 던졌다. 죽임을 당한 자들이 1만 명이 넘었다. 서쪽에서 낯선 시간을 거슬러 올라오던 한강은 피로 씻기었고 봉우리의 이름은 절두산(切頭山)으로 바뀌었다. [……] 비오는 날에는 절두산 벼랑이 빗물에 번들거리고 그 아래 자유로에는 늘 자동차들이 밀려 있었다. 자유로를 따라서 서울을 드나들 때마다, 이 한 줌의 흙더미는 나의 일상을 심하게 압박하였다. 이 소설은 그 억압과 부자유의 소산이다. [……]"★1

김훈의 소설 『흑산』의 후기를 읽는 순간, 나는 소름이 끼쳤다.

그도 절두산을 알고 있었던 것일까?

죽임을 당해 강물에 던져진 1만 명 원혼의 절규 아닌 노래를 그도 들었던 것일까?

그 빈터에 남은 '한 줌의 흙더미'로 억압과 부자유에 그도 시달렸던 것일까?

여하튼 필자는 그 물음 보따리에 나 나름대로 답을 시도해보기로 했다. 그것을 건네주신 분들의 여망일 뿐 아니라, 그 물음들이 지금껏 필자가 여러 부류의 사람들로부터 받았던 것들의 합이라는 성격을 지니고 있기 때문이었다.

필자가 항상 가슴에 품고 있던 성구 중에 이런 구절이 있다.

"여러분이 지닌 희망에 관하여 누가 물어도 대답할 수 있도록 언제나 준비해 두십시오"(1베드 3,15).

'누가 물어도'. 여기에는 어떤 예외도 없다. 안 그러면 역차별이다. 그랬기에 필자는 '누가 물어도' 성심성의껏 답변해왔다. 필자에게는 이데올로기도, 지위고하도, 빈부도 없다. 사제인 필자 앞에는 목마른 영혼만 있다. 사제에게는 모든 영혼을 차별 없이 돌보아야 하는 의무가 있기 때문이다.

물론 처음부터 내가 할 수 없는 것은 사양한다. 하지만 할 수 있는 것을 사양하는 법은 내 사전에 없다.

이번 『잊혀진 질문』 역시 그 가운데 하나일 뿐이다.

시방 세상이 하수상하다.

소위 2040세대의 신음은 거칠고, 절망은 깊고, 분노는 격하고, 혼돈은 칠흑이다.

그 언저리라고 나을 바 없다. 너고 나고가 없다.

모두가 한통속으로 공황을 넘어 오리무중이다.
저마다 묘안을 쥐어짜 보지만 답답함은 가시지 않는다.

이 난리 통이 언제쯤이나 어떻게 지나가려나.
지진·쓰나미가 덮치면 그 원인이며 대책이며를 '표층'에서 찾지 않고
'그 아래' 지반에서 찾듯이, 모르긴 몰라도 오늘 대한민국을 급습한 문화
적·사회적·정치적 지각변동에 대한 묘책도 부글부글 끓는 여론의 표층
에서 찾을 것이 아니라 '그 아래' 심층에서 찾아야 할지 모른다.

'그 아래' 심층!
그곳이 어딘가? 인간 존재의 밑바닥을 말한다.
거기 무엇이 있는가? 마르지 않는 물음의 샘이 있다.
"왜, 왜, 왜? 하필이면 왜 나에게 이런 일이?"
"하여간 어떻게 살아야 옳으냐구?"
"도대체 무엇을 위한 인생인가?"
......

이런 물음들이 그때그때 솟구쳐 올라, 때로는 하늘에 삿대질을 해대
고, 때로는 자신을 무차별로 질타하고, 때로는 거침없이 궤도 수정의 용

단을 내리게 하고, 때로는 묵직한 터치로 등을 밀어주기도 하는 것이다.

이 글은 다섯 페이지 분량의 물음들에서 출발했다. 그 물음은 사실상 우리 고달픈 인생들의 흉금을 대변하는 것들이었다. 뭐랄까, 생의 밑바닥을 흐르는 거부할 수 없는 물음들?!
그것들은 실상 절망 앞에 선 '너'의 물음이며, 허무의 늪에 빠진 '나'의 물음이며, 고통으로 신음하는 '우리'의 물음이었다.

이런 까닭에 제목을 '잊혀진 질문'이라 정했다. '잊혀진'이라는 말은 잊혀져 있지만 다시 발굴되게끔 되어 있다는 의미다. 곧 잊으려 해도 잊혀지지 않고, 묻으려 해도 묻히지 않는 질문이라는 뜻인 것이다.

답은 완전하지 않다. 원하는 답의 실마리나 작은 꼬투리쯤이어도 여한이 없다.
이 글 가운데 어느 한 마디라도 그것이 독자의 묵은 체증을 뻥 뚫어줄 수 있다면야.
아무렴, 그렇다면야!

해 뜨는 마을에서 무지개(舞之開) 차동엽

차례

'난문쾌답'을 위한 구조조정

    당분간 '잊혀진 질문' 보따리는 다른 긴급 현안들에 밀려 그대로 방치되어 있었다.

    그래 한 1년쯤 묵혀 두었다가, 마치 밀린 숙제 하듯이 생각날 때마다 각 물음에 단상 메모를 하나씩 붙이기 시작하였다. 다른 저술에도 많은 시간을 할애해야 했기에, 진도는 지지부진하였다.

    그러기를 또 반 해를 넘길 무렵, 무슨 영문인지 조바심이 나기 시작하였다. 강박에 밀려 본격적으로 작업에 착수하였다.

    물음 전문은 이렇다.

1. 신(하느님)의 존재를 어떻게 증명할 수 있나? 신은 왜 자신의 존재를 똑똑히 드러내 보이지 않는가?
2. 신은 우주만물의 창조주라는데 무엇으로 증명할 수 있는가?
3. 생물학자들은 인간도 오랜 진화 과정의 산물이라고 하는데, 신의 인간창조와 어떻게 다른가? 인간이나 생물도 진화의 산물 아닌가?
4. 언젠가 생명의 합성 무병장수의 시대도 가능할 것 같다. 이처럼 과학이 끝없이 발달하면 신의 존재도 부인되는 것이 아닌가?
5. 신은 인간을 사랑했다면, 왜 고통과 불행과 죽음을 주었는가?
6. 신은 왜 악인을 만들었는가? 예: 히틀러나 스탈린, 또는 갖가지 흉악범들.

7. 예수는 우리의 죄를 대신 속죄하기 위해 죽었다는데, 우리의 죄란 무엇인가? 왜 우리로 하여금 죄를 짓게 내버려두었는가?

8. 성경은 어떻게 만들어졌는가? 그것이 하느님의 말씀이라는 것을 어떻게 증명할 수 있나?

9. 종교란 무엇인가? 왜 인간에게 필요한가?

10. 영혼이란 무엇인가?

11. 종교의 종류와 특징은 무엇인가?

  1) 기독교(천주교, 개신교)

  2) 유태교

  3) 불교

  4) 회교(마호메트교)

  5) 유교

  6) 도교

12. 천주교를 믿지 않고는 천국에 갈 수 없는가? 무종교인, 무신론자, 타종교인들 중에도 착한 사람이 많은데, 이들은 죽어서 어디로 가는가?

13. 종교의 목적은 모두 착하게 사는 것인데, 왜 천주교만 제1이고 다른 종교는 이단시하나?

14. 인간이 죽은 후에 영혼은 죽지 않고, 천국이나 지옥으로 간다는 것을 어떻게 믿을 수 있나?

15. 신앙이 없어도 부귀를 누리고, 악인 중에도 부귀와 안락을 누리는
    사람이 많은데, 신의 교훈은 무엇인가?

16. 성경에 부자가 천국에 가는 것을 약대(駱駝)가 바늘구멍에 들어가는 것에
    비유했는데, 부자는 악인이란 말인가?

17. 이탈리아 같은 나라는 국민의 99%가 천주교도인데 사회혼란과 범죄가
    왜 그리 많으며, 세계의 모범국이 되지 못하는가?

18. 신앙인은 때때로 광인처럼 되는데, 공산당원이 공산주의에 미치는 것과
    어떻게 다른가?

19. 천주교와 공산주의는 상극이라고 하는데, 천주교도가 많은 나라들이 왜
    공산국이 되었나? 예: 폴란드 등 동구 제국, 니카라과 등.

20. 우리나라는 두 집 건너 교회가 있고, 신자도 많은데 사회범죄와 시련이
    왜 그리 많은가?

21. 로마 교황의 결정엔 잘못이 없다는데, 그도 사람인데 어떻게 그런
    독선이 가능한가?

22. 신부는 어떤 사람인가? 왜 독신인가?
    수녀는 어떤 사람인가? 왜 독신인가?

23. 천주교의 어떤 단체는 기업주를 착취자로, 근로자를 착취당하는 자로
    단정, 기업의 분열과 파괴를 조장하는데, 자본주의 체제와 미덕을
    부인하는 것인가?

24. 지구의 종말은 언제 오는가?

   이 물음들은 한 인간이 죽음에 직면한 '삶의 자리'에서 던진 가장 절박한 물음들이었다. 사람들은 각자의 '사람의 자리'에서 각양각색의 물음을 갖기 마련이다.

   이제 나는 故 이병철 회장이 작성한 저 물음들을 빙자하여, 우리가 처한 '삶의 자리'에서 가장 절박한 물음들의 답을 탐사하는 도전에 감히 임하기로 한다.

   소박한 도전이 될 것이다. 열린 도전이라는 의미다. 더 좋은 생각이나 깨달음을 언제든지 환영한다는 얘기다.

   앞으로 하나하나 짚어 볼 요량이지만, 일부러 현실감을 살리기 위하여 요즘 인터넷과 트위터를 떠도는 물음들을 수집해보았더니, 한마디로 '처절하다'는 느낌이 팍 왔다.

   그렇다면 이들 '처절한' 물음들과 이 글의 계기가 된 본래 물음 다발들을 어떻게 취합하는 것이 적절할까. 고심 끝에 몇 가지 주요 원칙을 따라 구조조정을 꾀해보기로 했다.

   우선, 이 책에서 모든 물음들에 답하지는 않을 것이다. 특히 종교 일반이 아니라 천주교 관련 물음들에 대해서는 필자의 다른 저술들에서 산발적으로 취급해두었다는 사실과 또 그런 주제들을 다룬 참신한 저작들이 이미 있다는 것을 언급하는 정도로 머물고자 한다.

다음으로, 본래 전달된 물음들의 순서를 따르지 않을 것이다. 개인이 처한 상황과 세대의 트렌드에 따라 물음들의 우선순위는 천차만별일 수 있다. 여기서는 2010년대를 살고 있는 우리를 우선적으로 배려하여 당장 절실한 것들부터 순서를 정해봤다.

그리고 처음 물음 보따리가 전달된 지 어언 사반세기가 지난 오늘, 동시대인들의 가슴에서 튀어나오는 '처절한' 물음들이 본래 물음들의 행간에 이미 감춰져 있음에 자못 놀라움을 금치 못하면서, 그것들을 커밍아웃시키기로 했다. 그리하여 '행간물음'으로 이름 붙여 본 물음 바로 다음에 배치하였다.

그런데 책의 편집 과정에서 이를 'Big Q'와 'Real Q'라는 용어로 정리하여 모양새를 바꾸었다. 오랜 시간 인간이 살아가면서 가질 수밖에 없었던 근본적인 물음을 'Big Q'라 표현하였고 그다음 동시대인의 가슴에서 터져 나오는 물음을 'Real Q'로 표현하였다.

'난문쾌답'을 꾀하며 일부러 쉽게 푸느라, 보다 설득력 있어 보이지만 지나치게 학술적인 사변은 아쉽게도 포기해야 했다. 이 부분은 독자의 몫으로 그냥 편하게 열어놓고자 한다.

PART 01

생명의 몸살

한번 태어난 인생, 왜 이렇게 힘들고 아프고 고통스러워야 하나?

독일의 유명 작가이자 시인인 에리히 케스트너는 인간의 '숙명'을 군 더더기 없는 단문으로 노래합니다.

"요람과 무덤
사이에는
고통이 있었다."[1]

다른 것은 아무것도 없었다는 말입니다. 이 말은 과장일까요? 내 생 각엔 아니기도 하고 그렇기도 합니다. 고통에 대한 성찰의 깊이에 따라 생각이 다를 것이기 때문입니다.

이 세상에 존재하는 것 가운데 과장법을 아무리 많이 써도 용서받을 수 있는 것이 바로 고통입니다. 고통은 그때그때 우주의 중심입니다. 왜, "내 얼굴에 난 뾰루지가 다른 사람 엉덩이에 난 종기보다 더 아프 다"라는 얘기도 있지 않습니까. 요즘 특히 2040세대의 고충을 많이 이야기하지만 10대의 고달픔이라고 전혀 덜하지 않으며, 5060 이후의 세대가 겪는 애환이라고 가뿐하지 않습니다. 크건 작건 많건 적건, 고통은 언제나 버겁다는 얘기입니다.

고생으로 치자면 나도 빠지지 않습니다. 아버지는 알코올중독자였습니다. 나는 초등학교 4학년 때부터 지게로 연탄배달을 했습니다. 가난했기 때문에 공고에 진학했습니다. 공고에서 대학 진학을 꿈꾸며 몇 곱절 어렵게 공부해야 했습니다. 20대 말부터 B형 간염 보균자, B형 간염, 간경화로 진행하고 있는 육신을 동무 삼아 건강인 이상의 업무를 수행하고 있습니다. 게다가 사제의 본령상 다른 사람이 겪는 고통을 꼭 내 것인 양 함께 아파하는 것에 익숙합니다.

사실 이 글을 쓰면서도 '88만 원 세대'라는 말이 자꾸 눈에 밟힙니다. 그리고 어느 환자의 하소연도 귀에 쟁쟁거립니다. 그는 위암 수술을 받고 병원에서 앉지도 서지도 눕지도 못하고 어정쩡한 자세로 신음조차 나지 않는 밤을 꼬박 새웠다지요. 그 고통의 낱낱을 어찌 필설로 다 표현할 수 있겠으며, 열거한들 무슨 소용이 있겠습니까. 도처의 재앙과 참사에서 터져 나오는 절규는 또 얼마나 참혹합니까. 일부러 귀를 막지 않는 한 여기저기서 고통으로 신음하는 이들의 소리는 늘 들려옵니다.

사는 것 자체가 고통이라는 이야기도 흔히들 합니다. 태어날 때(生) 울고, 나이 들도록(老) 온갖 인연으로 말미암아 고통을 겪고, 병(病)들어 고통 속에 신음하다가, 마지막 죽음(死)마저 고통 속에서 맞이합니다.

더욱이 인간은 동물과는 달리 육체적 고통뿐만 아니라 정신적인 고통도 겪습니다. 경제적 어려움, 이별, 상실, 질병, 사고, 좌절의 아픔, 외로움, 누군가로부터의 배척이나 소외 등등으로 잠을 뒤척이고, 괴로워하고, 신음합니다.

참을 수 없는 고통 앞에서 우리는 절로 묻습니다. 왜, 왜, 왜?

고통 앞에서는 누구도 초연할 수 없습니다. 또 고통을 참으면 좋은 날이 올 것이고, 고통에도 나름 의미가 있다고, 그냥 쉽게 말할 수만도 없는 노릇입니다.

"신이 인간을 사랑했다면, 왜 고통과 불행과 죽음을 주었는가?"

이 물음의 답을 고뇌하기 전에, 고통을 있는 그대로 파악하는 것이 순서일 것입니다.

일단 고통은 신의 조화가 아니라 철저히 자연현상임을 확인해둘 필요가 있습니다. 지진과 해일로 엄청난 인명피해와 재산손실이 초래됩니다. 그 결과가 고통으로 체험됩니다. 그런데 현대 과학은 그 지진과 해일이 신이 일으키는 조화가 아니라 엄연한 자연현상임을 분명하게 보여줍니다. 또 사회적으로도 이혼, 이별, 상처 등의 고통을 겪습니다. 이것 역시 철저하게 사회적인 과정입니다. 그러니까 고통은 3차원 공간을 사는 모든 존재들이 서로 부대끼면서 '생명의 몸살'로 겪게 되는 자연발생적인 현상이라는 말입니다.

그럼에도 사람들은 이 고통의 책임을 신에게 돌리는 데 익숙합니다. 여기에는 나름 이유가 있는 것 같습니다. 즉, "신은 왜 태초에 고통이라는 것을 허락했는가?"를 따져 묻거나 "왜 전능한 신이 내 고통을 막아주지 않는가?" 하고 원망하는 의도가 깔려 있는 것입니다.

이런 저의를 염두에 두면서 이제 고통의 진면목을 살펴보고자 합니다. 가만히 들여다보면 고통에 기능이 있습니다.

첫째로 보호의 기능입니다. 고통은 사람을 위험이나 파괴로부터 지켜 줍니다. 고통이 없다면 겨울에 동사하는 사람이 속출할 것이며, 불장난을 하다가 손을 태워버리는 일들이 수없이 일어날 것입니다. 또 고통은 우리 몸 어디에 고장이 났는지 알려주는 신호입니다. 이 신호 체계가 고장 난 병이 바로 '한센병'입니다. 한센병 환자들은 손이 썩어들어 가고 살점이 떨어져 나가도 고통을 느끼지 못한다고 합니다. 고통을 못 느끼니 조심도 덜 하게 되고, 그래서 더 많이 손상을 입는다고 합니다. 이는 고통이 없어서 문제가 생기는 경우입니다.

둘째로 단련의 기능입니다. 흔히 박지성 선수의 옹이발바닥, 발레리나 강수진의 붕대발가락을 고통이 가져다준 영광의 상징으로 여깁니다. 나는 TV에서 골프 선수 최경주의 휘어진 엄지발가락을 보고 그야말로 소스라치게 놀란 적이 있습니다. 하도 연습을 해서 오른발 엄지발가락이 안으로 휘어 그 안쪽을 수술로 절제해야 했던 것입니다. 만일 그들이 연습의 고통을 거부했다면 오늘날의 그들은 없었을 것입니다. 올림픽 메달리스트들도 그렇습니다. 고통을 감내하며 몸을 단련하지 않았다면 그들은 영광의 주인공들이 되지 못했을 것입니다. 이는 영광 뒤에 숨어 있는 고통의 또 다른 비밀입니다.

셋째로 정신적 성장의 계기로서 기능입니다. 인류 문명의 발전은 한마디로 고난 극복의 역사입니다. 고난과 역경에 대항하여 싸우다 보니 오늘의 문명이 이루어졌다는 말입니다. 그 자신 고통의 터널을 멋지게 통과하고 있는 작가 최인호는 이렇게 말합니다.
"도스토예프스키가 우리에게 노름을 하기 위한 돈을 꿔달라고 한다면 우리는 그를 문전에서 돌려보냈을 것이다. 고흐가 우리 옆에서 미친 눈

빛으로 그림을 그리고 있다면 우리는 그에게 다른 데로 떠나주기를 강요했을 것이다. 이상이 우리 곁에서 '봉두난발한 머리로 한 아이가 뛰고 있다'라는 괴상한 시를 끄적이고 있다면, 우리는 그에게 미쳤다고 돌팔매질을 했을 것이다. [······] 계곡이 깊어야 산이 높듯이 깊은 고통에서 절망하지 않고 일어서서 버티고, 창조하고, 노력하는 사람만이 신의 보다 큰 영광을 누릴 수 있다."[*2]

고통을 극복하려는 인간의 노력이 위대한 정신적 성장을 가져와 오늘의 문명이 생겨난 것입니다.

잔인한 얘기지만, 이에 더하여 고통은 지구생태계의 보전을 위하여 꼭 필요한 것이기도 합니다. 지난 19세기에 있었던 일입니다. 알래스카의 어느 한 섬에 순록 무리가 살았는데 일상적으로 50~60마리 선에서 개체수가 유지되고 있었다고 합니다. 그런데 사람들이 이 순록을 잡아먹고 살아가던 이리를 모두 사냥한 일이 발생했습니다. 그러자 순록의 숫자가 급격히 불어났습니다. 순록들은 먹이 경쟁으로 풀이 미처 자라기도 전에 뜯어먹어 버렸고 이후 생태계는 큰 재앙을 맞았습니다. 결국 수많은 순록이 굶어 죽게 되었고, 무리의 숫자는 20여 마리 선에서 고정되고 말았습니다.[*3]

요컨대 자연은 도태의 법칙을 따라 존속합니다. 자연도태의 메커니즘은 죽음과 소멸과 약육강식에 의존하고 있는 것입니다. 이 모든 것은 철두철미 자연스러운 일입니다. 이를 보고 이 자연계가 끔찍스럽게 잘못되어 있으며 공평하지 못하다고 이의를 제기하는 사람은 없는 것입니다.

그러니 피하려고만 하지 않고 정면으로 마주하는 것도 고통을 이기는 한 방편일 것입니다. 「행복의 나라로」라는 노래가 있습니다.

"장막을 걷어라
너의 좁은 눈으로 이 세상을 떠보자
창문을 열어라
춤추는 산들바람을 한 번 또 느껴보자
가벼운 풀밭 위로 나를 걷게 해주세
봄과 새들의 소리 듣고 싶소
울고 웃고 싶소 내 마음을 만져 주
나는 행복의 나라로 갈 테야

접어드는 초저녁
누워 공상에 들어 생각에 도취했소
벽의 작은 창가로
흘러드는 산뜻한 노는 아이들 소리
아 나는 살겠소 태양만 비친다면
밤과 하늘과 바람 안에서
비와 천둥의 소리 이겨 춤을 추겠네
나는 행복의 나라로 갈 테야

고개 숙인 그대여
눈을 떠 봐요 귀도 또 기울이세
아침에 일어나면
자신 찾을 수 없이 밤과 낮 구별 없이
고개 들고서 오세 손에 손을 잡고서

청춘과 유혹의 뒷장 넘기며
광야는 넓어요 하늘은 또 푸르러요
다들 행복의 나라로 갑시다"*⁴

행복에의 동경이 고동치는 이 노래에는 절마다 '장막을 걷어라', '비와
천둥의 소리 이겨 춤을 추겠네', '청춘과 유혹의 뒷장 넘기며' 등 고통과
의 씨름이 담겨 있습니다.

이 노래의 작사자요 작곡가인 괴짜 가수 한대수 씨.

나는 그를 모 방송국 라디오 프로에서 첫 대면했습니다. 손숙 씨와 함
께 진행을 맡았던 그는 연신 "하하하하" 호탕한 웃음을 웃어댔는데, 왠
지 나는 그에게서 찐한 진정성을 느꼈습니다. 나는 그에게서 괴짜가 아
닌 위대한 멘토의 풍모를 발견했습니다.

그에게는 아픈 현실이 있습니다. 알코올중독자로 정신병원을 들락날
락하는 외국인 아내, 그 사이에서 태어난 딸내미 양호 그리고 천식과 고
지혈증을 앓고 있는 자신의 늙은 몸뚱어리 등.

그에게는 쓰린 과거가 있습니다. 그가 태어남과 동시에 실종된 아버
지, 조부모 슬하에서의 성장, 아버지의 발견으로 다시 시작된 그러나 모
든 사랑으로부터 철저히 유리된 미국에서의 청소년기, 그리고 그 이후
의 방랑 등등.

그에게는 걱정거리 미래가 있습니다. 그래 천하의 한대수가 그 노구
에 동으로 서로 뛰며 늘어가는 예금 액수로 위안을 삼아야 하는 은근한
압박이 있습니다.

하지만 그는 행복합니다. 누가 뭐래도 행복합니다. 그게 무슨 행복이
냐고 손가락질해도 결코 주눅 들지 않는 그는 행복한 사람입니다. 그가
열일곱 살 때쯤인가 미국의 광활한 대지를 달리는 기차 안에서 작사·작

곡했다는 「행복의 나라로」는 그의 운명 같은 희망이며, 유난히 고달픈 인생을 살고 있는 한국인의 노래입니다.

고통에 관한 한 그는 나의 멘토입니다.

"하하하하하아."

그의 웃음은 고통에 찌든 우리를 향한 일격입니다. 결코 호기가 아닌 치열하고도 정직한 격려입니다.

고통은 우리로 하여금 삶의 궁극적인 목적이 무엇인지 묻게 해줍니다. 음식점에 갔는데 종업원의 서비스가 마음에 들지 않으면 "사장님 나오라고 그래!" 하고 항의하듯이, 우리는 살면서 문젯거리가 생길 때 하늘에 대고 삿대질을 합니다. 이를 빗대어 독일 철학자 칼 야스퍼스는 고통으로 대표되는 한계 체험을 '최종적 포괄자'를 위한 암호라고 말했습니다. 어떠한 것이 되었든지 사람이 겪는 어려움은 '최종적 포괄자' 하느님을 찾게 하는 구실이 된다는 것입니다. 고통으로 말미암아 자신과 최종적 포괄자와의 상관관계를 짚어보면서 더 넓고 높은 안목으로 바라볼 수 있는 지혜가 생긴다는 말입니다.

과연 이런 고통의 비밀을 실제로 엿본 까닭에서였을까요. 이슬람 최고의 신비주의 시인 루미는 이렇게 요약합니다.

"때로 우리를 돕고자, 그분은 우리를 비참하게 만든다.
물이 흐르는 곳이면 어디든지
생명이 피어난다.
눈물이 떨어지는 곳이면 어디든
신의 자비가 드러난다."

'눈물'을 신의 자비가 드러나는 생명의 물로 바라본 그의 시선이 고요하고도 선하게 느껴집니다.

　하지만 좋은 뜻이 아무리 많다 해도, 막상 고통이 닥치면 피하고 싶은 것이 사람의 마음입니다. 피하고 싶다고 피해지지 않으니 그 괴로움은 더 커집니다. 최선의 선택은 고통의 피해자가 되는 것이 아니라, 고통을 감내하는 주체가 되는 것입니다. 시인 라이너 마리아 릴케가 아주 좋은 방법을 가르쳐주고 있습니다.
　"너의 마음속에 해결되지 않은 모든 것을 향하여 인내하라. 그리고 문제 자체를 사랑하려고 노력하라. [……] 답을 찾으려 하지 말라. 그것은 너에게 주어질 수 없다. 왜냐하면 너는 그 답과 더불어 살 수 없을 것이기 때문에. 중요한 것은 그대로 모든 것과 함께 살아가는 것이다. 문제 속에서 그대로 그냥 살자. 그러면 먼 훗날 언젠가 너도 알지 못하는 사이에 서서히 답 속에서 살게 될 것이다."

　설령 고통의 의미가 우리 앞에 훤히 드러난다 해도, 아직 준비가 되어 있지 못하면, 그것은 우리의 답이 되지 못합니다. "제자가 준비되어 있을 때 스승이 나타날 것이다"라는 선불교의 말이 있듯이 때가 되어야 알아듣는 법입니다.

　고통의 의미를 깨닫는 날 우리는 고통에서 도망치려 하기보다 오히려 고통을 동경하게 될지도 모릅니다. 마치 김용택 시인이 푸념 아닌 달관으로 노래하듯이.

"내 가슴은 늘 세상의 아픔으로 멍들어야 한다.

멍이 꽃이 될 리 없다.

그러나 진정한 사랑으로 나는 늘 세상의 고통 속에 있어야 한다.

그럴 나이가 되었다. 꽃이 없어도 될 나이.

생각과 행동에 자유와 평화로움을 얻을 때가 된 것이다.

무엇보다도, 그 어떤 것에도 아쉬워해선 안 된다.

훨훨 나는 창공의 새를 보아라! 평생 물을 보며 살았지 않느냐. 물
같아야 한다.

강물같이 도저해야 한다. 생각이 흐르는 강물처럼 평화롭고 공평해야
한다.

그리하여 나의 가슴은 세상의 아픔으로 늘 시퍼렇게 멍들어야 한다.

그 푸르른 멍은, 살아 있음의, 살아감의, 존재 가치의 증거가

아니더냐."★5

곱씹어보니 달관도 아니군요. 시인의 가슴을 가득 메운 것은 초탈이
아닌 사랑이었군요. 그 사랑도 보통 사랑이 아닙니다. 고통의 이유를 날
카롭게 따져 묻다가, 피할 길을 하염없이 모색하다가, 아예 고통을 품어
버린 사랑입니다.

"신이 인간을 사랑했다면, 왜 고통과 불행과 죽음을 주었는가?"

묻는 이에게 역시 고통은 속앓이의 복판에 자리 잡고 있습니다. 그에
게도 고통과 불행과 죽음은 피할 수 없는 주제였습니다. '신은 인간을
사랑했다면'이라는 전제로 미루어보건대, 묻는 이는 어렴풋이 그 답이
사랑에 있다는 역설적인 진실을 직관하고 있었는지도 모릅니다.

그러고 보니 김용택 시인이 독백처럼 내뱉은 저 다짐 안에 속 깊은 지혜가 번득이고 있군요.

"내 가슴은 늘 세상의 아픔으로 멍들어야 한다." 세상의 고통을
끌어안으라.
"멍이 꽃이 될 리 없다." 그런다고 불행과 죽음이 해결되는 것은
아니다.
"그러나 진정한 사랑으로 나는 늘 세상의 고통 속에 있어야 한다."
그래도 세상의 고통 속으로 들어가라. 그것이 사랑이며 그 사랑이
결국 모든 걸 소멸시키리라.

1-1 Real Q

사는 게 고달플 땐 생의 모멘텀을
어디서 구해야 하나요?

· 모멘텀: '국면, 동기, 이유' 등 변화의 긍정적 요소를 의미함.

 새삼스레 언급할 필요도 없이 글로벌 경제난은 움찔움찔 피부로 느껴져 옵니다. 그로 인한 생활고가 아이에서 노인에 이르기까지 전 세대를 관통하고 있으니 참으로 풍요시대의 아이러니라 하겠습니다. 그 진통을 적나라하게 겪고 있는 이른바 2040세대의 실상은 참담하기 짝이 없습니다.

 "시간당 4320원. 올해 기준 최저임금이다. 하루 8시간, 한 달 25일을 일하면 86만 4000원이다. 우리나라 최저임금 적용 대상자만 234만 명이다. [……]
 전체 근로자의 임금 수준을 100으로 봤을 때 청년층의 상대적 임금은 2007년 78.2에서 올해는 74.3으로 낮아졌다. 주로 도·소매, 음식업 등 저임금 직종에 종사하고 있기 때문이다."[★6]
 "지금의 30대 [……] '불만·불신·불안'으로 가득 찬 3불(不) 세대 [……] 불안정한 취업과 집값, 보육과 사교육비 등 이들을 짓누르는 사회 구조적인 문제는 한두 가지가 아니다. [……] 우리나라의 청년 고용률은 40.3퍼센트로 OECD 국가 중 꼴찌. 매년 대학 졸업자 15만 명이 비정규직으로 취업하거나 백수가 되고 있다."[★7]

그 앞뒤 세대라고 나을 바가 전혀 없습니다.

"올해 7월말 현재 대학생 신용불량자는 2만 8891명으로 2006년 670명에서 무려 43배 이상 폭증했다. 뿐만 아니라 대출을 받은 학생의 수와 금액도 지난해 76만 2000명에 2조 7456억 원에서 올해는 80만 명에 2조 9000억 원으로 늘어 잠재적인 신용불량자는 더 늘었다고 볼 수 있다."[8]

"20일 통계청과 경찰청 등에 따르면 베이비부머의 주력 계층인 소위 '58년 개띠'가 속해 있는 50~54세 남성의 2009년 기준 10만 명당 자살률은 62.4명으로 통계 작성 이후 최대를 기록했으며, 20년 전인 1989년 15.6명의 4배가 됐다. [……] 통계청의 2010년 사회조사 결과를 보면 자살에 대한 충동 여부 및 이유를 묻는 질문에 남성 44.9퍼센트가 '경제적 어려움'을 꼽았다."[9]

불과 10년 전 나는 인생 수수께끼를 절묘하게 노래한 철학자 칼 야스퍼스의 시를 음미하면서 '죽자고 일만 하는' 한국인의 초상을 그려본 적이 있었습니다. 야스퍼스는 이렇게 읊조렸습니다.

"나는 왔누나
온 곳을 모르면서

나는 있누나
누군지도 모르면서

나는 가누나
어디로 가는지도 모르면서

나는 죽으리라
언제 죽을지 모르면서"

짧지만 이 시는 실존적 명제를 잘 그려내고 있다고 평가받고 있습니다. 즉, 사람에게 생각할 과제를 잘 던져주고 있다는 것입니다. 사람이라면 자신이 어디에서 온 존재인지, 도대체 자신이 누구이며 어디를 향하고 있는지, 언제일지 모르는 죽음을 어떻게 준비해야 하는지를 늘 새롭게 묻고 궁굴리며 생각할 줄 알아야 한다는 것입니다.

10년 전 나는 아마도 야스퍼스가 한국 사람이었다면 둘째 연과 셋째 연 사이에 다음과 같이 한 연을 더 넣었을지도 모른다고 생각했습니다.

"나는 일하누나
무엇을 하는지도 모르면서"

세계 어느 민족보다도 한국인은 열심히 일하며 살아왔습니다. 그래서 '코리안' 하면, 일밖에 모르는 민족, 일하는 기계, 부지런한 민족이라는 별칭이 따라다닐 정도였습니다.

하지만 이제는 이 애칭도 무색할 판이 되어버렸습니다. 일할 기회조차 얻지 못하거나 잃어가고 있는 형국이기 때문입니다. 우리는 지금 일만 해야 했던 10년 전보다 더 암울한 현실에 처해 있습니다.

그러면 출구는 없는가? 분명히 있을 것입니다.

나는 이 세상에 존재하는 현실적인 문제 가운데 답 없는 문제는 없다고 확신하는 사람입니다. 평소 나는 사람들에게 이렇게 말해주길 좋아합니다.

"당신이 풀리지 않는 문제 때문에 낑낑거리고 있을 때, 이미 그 답을 발견하여 그것을 즐기면서 유유자적하고 있는 사람이 이 지구상에 반드시 있습니다. 그것이 현실의 문제인 한에서 말입니다."

그러므로 그 답을 가지고 있는 사람을 백방으로 물색하여 지혜를 청하는 것 역시 하나의 지혜입니다. 그 지혜를 책을 통해서 만나는 것도 드물지 않을 것입니다. 요는 그 답을 만날 때까지 줄곧 찾아나서야 한다는 것입니다.

그건 그렇고 여기서는 '생활고'에 대해 이야기하는 중이니 계속하겠습니다. 생활고의 핵심은 경제이므로 이 문제의 답은 당연히 정치와 경제에서 찾아야 할 것입니다. 나는 이 분야의 문외한이기에 사실 할 말이 없습니다.

하지만 '생활고'에서 간과할 수 없는 또 하나의 결정적인 변수가 있습니다. 그것은 다름 아닌 사기(士氣)입니다. 나는 이미 이 사기의 힘을 내 눈으로 보았습니다.

2008년 여름쯤 글로벌 금융 위기가 한반도 상공에 먹구름을 드리우고 있을 때, 나는 그 비상구는 오직 '희망'임을 직감했습니다. 당시는 마침 '무지개 원리'가 국민적 사랑을 받으면서 연 600여 회의 강연을 다니던 터였습니다. 나는 강의 말미에 항상 이렇게 열변을 토했습니다.

"지금 우리는 전 지구적 경제 시련을 겪고 있습니다. 이럴 땐 효과적인 경제정책을 강구하는 것도 중요하지만 온 국민이 희망을 붙들고 합심하는 것이 더 힘이 됩니다. 우리가 '위기를 기회로 만들겠다'는 희망으로 진력한다면, 대한민국은 반드시 OECD 국가 가운데 가장 먼저 글로벌 금융 위기를 극복하는 나라가 될 것입니다. 왜냐하면 '희망'은 그 자체로 다이내믹이 있기 때문입니다."

나는 연재 중이던 일간지 칼럼에서 그리고 각종 인터뷰와 TV 특강에서도 똑같은 메시지를 수없이 반복해서 전했습니다. 아무도 희망을 이야기하지 않을 때부터 나는 어떤 경제분석 자료도 없이 희망 프런티어로 앞장서서 뛰었습니다. 나는 이를 '뿌리 깊은 희망'이라 이름 붙였습니다. 또한 희망 논리를 강화하기 위해 엠마 골드만의 시를 인용했습니다.

"희망이 없는가? 소망이 없는가? 꿈이 없는가?
그러면 만들어야 한다. 반드시 만들어야 한다. 꼭 만들어야 한다.

너무 절망스러워 도저히 희망과 소망이 없어 보일지라도
찾아보고 또 찾아야 한다.
그래도 없다면 억지로라도 만들어야 한다.

왜냐하면 더 이상 꿈을 꿀 수 없음은 죽음을 의미하는 것이기
때문이다."★10

나의 결론은 '그러니 아무거나 붙들고 희망이라고 우깁시다!' 하는 것이었습니다. 청중 가운데는 정·재계 인사, 오피니언 리더, 일반 시민, 대학생들도 꽤 있었습니다. 그리고 놀랍게도 2009년 말 전 세계 경제 전문기관들은 대한민국이 OECD 국가 가운데 가장 훌륭한 성적으로 글로벌 금융 위기를 탈출했음을 선언하였습니다.

이 소식을 처음 접했을 때 나는 나도 모르게 눈시울이 슬그머니 적셔졌습니다. 물론 이 희소식의 일등 공신은 현장에서 불철주야 뛴 경제 역군들이었습니다. 하지만 적어도 이번엔 나처럼 뒤에서 보이지 않게 희

망의 기운을 불어넣으며 국민사기를 진작시킨 희망 응원단의 역할도 작용했다고 봅니다.

지금에 와서 이 얘기를 꺼내는 것은 옆구리 찔러 절 받자는 얘기가 아닙니다. "희망을 말하고 희망을 품었더니 과연 좋은 일이 생기더라!"는 체험적 삶의 지혜를 갈무리해두자는 취지입니다. 그래야 훗날 또 다른 시련이 다가올 때 국민적 집단지혜로 또다시 희망을 붙잡을 게 아니겠습니까.

특히 지도자는 희망의 격려자가 되어야 합니다. 영국의 총칼에 눌려 절망과 실의에 빠진 인도인들에게 용기를 준 것은 간디의 한마디 말이었습니다. 그가 어느 날 많은 사람들과 함께 거리를 걷고 있었습니다. 그런데 길에 엎드려 슬피 우는 한 할머니가 있었습니다. 이를 본 간디는 주머니에서 수건을 꺼내 할머니의 눈물을 닦아주며 이렇게 말했습니다.

"모든 이의 눈물을 닦아주고 싶지만 나에게는 손이 모자라는군요."

이 말 한마디가 가난과 질병에 고통당하는 인도인들에게 한 줄기 희망의 빛을 던져주었습니다. 인도인들은 간디의 이 말에서 힘을 얻어 분연히 일어섰습니다.

중요한 것은 '사기'라는 변수입니다. 그러니 사기를 잃지 않고 오히려 의욕을 충전하는 것이 관건입니다.

사기저하, 곧 의욕상실을 미연에 막기 위해서는 우선, 현실을 다시 직시할 줄 알아야 합니다. 일본의 행복 전도사이자 유명 베스트셀러 작가인 나카타니 아키히로는 그의 저서에서 이렇게 제안합니다.

"지금 당신이 부딪친 벽은 무엇인가? 추상적으로 생각하지 말고 구체적으로 말해보라. 많은 사람들이 벽에 부딪쳤다고 입버릇처럼 말하지만 막상 벽에 부딪친 사람은 그리 많지 않다. 왠지 벽이 있을 것 같아 쭈뼛쭈뼛하면서 움직이지 않은 것에 대한 변명에 불과하다. 정말로 벽에 부딪쳐서 벽을 온몸으로 느끼는 이는 행복한 사람이다. 세상에는 벽에 부딪쳐보지도 못하고 인생을 마감한 이가 많기 때문이다."*11

그의 표현대로 진짜로 '벽'에 부딪친 사람도 있음을 부인할 수 없습니다. 하지만 대부분 아직 벽에 부딪치지도 않고 엄살을 부리기 일쑤입니다. 이 점을 분명히 해야 합니다.

다음으로, 정 힘들면 일단 짐을 '내려놓고' 잠시 정지의 시간을 누리는 것도 좋습니다. 시인이라는 말보다 현자라는 말이 더 어울릴 성싶은 미국 시인 롱펠로. 그는 「때로는 흔들릴 때가 있습니다」라는 제목의 시를 통해 우리에게 그 까닭을 밝혀줍니다.

"행복만이 가득할 것 같은 특별한 날에도
홀로 지내며 소리 없이 울고 싶은 날이 있습니다
[……]
호흡이 곤란할 정도로 할 일이 쌓여 있는 날에도
머리로 생각할 뿐 가만히 보고만 있을 때가 있습니다
[……]
가끔은 흔들려 보며 때로는 모든 것들을 놓아봅니다
그러한 과정 뒤에 오는 소중한 깨달음이 있습니다

그것은 다시 희망을 품은 시간들입니다
다시 시작하는 시간들 안에는 새로운 비상이 있습니다

흔들림 또한 사람이 살아가는 한 모습입니다
적당한 소리를 내며 살아야 사람다운 사람이 아닐까요"[12]

모든 것을 놓고 '가만히 보고만' 있노라면 '흔들림'과 '적당한 소리'가
어우러지는 가운데 '새로운 비상'이 함께할 수 있게 되는 것입니다.

슬픔에는 눈물이 명약입니다. 그러기에 영국의 정신과 의사 헨리 모
슬리는 눈물을 가리켜 "신이 인간에게 선물한 치유의 물"이라고 하였습
니다. 어느 조사에 의하면, 월 5.3회 눈물을 흘린다는 미국 여성은 월
1.4회만 운다는 미국 남성보다 평균 5년을 더 산다고 합니다.[13]

그래서일까요? 미국 뉴욕에는 남자들만을 위한 아주 재미있는 가게
가 있다고 합니다. 남자들이 실컷 울 수 있는 공간을 제공하는 곳입니
다. 울고 싶은 마음이 굴뚝같아도 사회통념상 그럴 수 없어 참아야 했던
남자들이 이 가게를 찾습니다. 그러고는 돈을 내고 맘껏 혼자 울다가 돌
아간다는 것입니다.[14]

이런 이유로 "웃음이 파도라면 눈물은 해일이다"라는 말까지 있습니
다.[15] 웃음을 훨씬 능가하는 눈물의 강력한 효능을 일컫는 경구입니다.
눈물을 많이 흘릴수록 정신적으로나 육체적으로 건강해지고 행복감이
충만해진다는 것입니다. 눈물은 유해 호르몬을 몸 밖으로 배출하여 건
강을 이롭게 하고, 평상심을 회복하게 하며, 긍정적인 마음을 가져다준
다고 합니다.[16]

우는 행위 자체가 이미 치료 과정입니다. 1997년 교통사고로 다이애
나 황태자비가 사망했지요. 그즈음 영국 내 우울증 환자의 수가 갑자기
절반으로 줄었다고 합니다. 영국 시민 대다수가 그녀의 죽음을 애도하
며 눈물을 흘렸던 까닭입니다. 이를 전문가들은 '다이애나 효과'라 불렀
습니다.[17]

마지막으로, 비관적 관점을 버리고 긍정적 관점을 취하는 것입니다.

이는 나 자신이 난관에 봉착했을 때 100퍼센트 의지하는 기적의 발상입니다. 간혹 현실주의자들은 비현실적인 위로일 뿐이라고 지적하기도 하지만, 적어도 나 자신과 내 주변 사람들에게 이 방법은 가시적인 변화를 가져다주었습니다.

『그리스인 조르바』를 쓴 그리스의 대표적 작가 니코스 카잔차키스는 말했습니다.

"현실은 바꿀 수 없다. 현실을 보는 눈은 바꿀 수 있다."

모든 것은 보는 눈에 따라 달라진다는 말입니다. 더욱이 긍정의 눈으로 볼 때, 상황은 역전됩니다. 상황뿐 아니라 결과까지 달라집니다.

하루는 공자가 하급 관리로 일하고 있는 조카 공멸에게 물었습니다.

"네가 일하면서 얻은 것이 무엇이며 잃은 것이 무엇이냐?"

공멸이 대답했습니다.

"얻은 것은 하나도 없고 세 가지를 잃었습니다. 첫째는 일이 많아 공부를 못 했고, 둘째는 보수가 적어 친척 대접을 못 했으며, 셋째는 공무가 다급해서 친구 사이가 멀어졌습니다."

공자는 공멸과 같은 벼슬을 살고 있던 제자 자천에게 똑같은 질문을 했습니다. 자천이 대답했습니다.

"저는 잃은 것은 하나도 없고 세 가지를 얻었습니다. 첫째는 배운 것을 실행해보게 되어 배운 내용이 더욱 확실해졌고, 둘째는 보수를 아껴 친척을 접대하니 그들과 더욱 친숙해졌고, 셋째는 공무의 여가에 친구들과 교제하니 우정이 더욱 두터워졌습니다."[★18]

이 이야기는 공자 시대에만 해당하지 않습니다. 어쩌면 '구직대란', '실직난'을 운운하는 이 시대에 더 흔할 법한 일입니다.

독자라면 과연 공멸과 자천 중에 어느 인생을 사시겠습니까? 잃어버리는 인생입니까? 얻어지는 인생입니까? 답은 이미 우리 안에 있습니다.

모든 것을 잃었다고 생각했던 그 순간이, 오히려 모든 것을 얻게 되는 시작점으로 작용할 수 있습니다. 그 실마리는 바로 '긍정적인 생각'입니다.

치열한 삶의 격전지에서 들려오는 승전보들도 수두룩합니다.

불황이 한창일 때 이야기입니다. 대부분 판매원이 '물건을 사주는 사람이 없다'고 온통 울상인 한 점포에서, 해맑은 표정으로 열심히 일하고 있는 유별난 판매원이 한 사람 있었습니다. 그는 손님이 필요 없다고, 안 산다고 손을 내젓는데도 전혀 낙담하는 기색이 아니었습니다. 오히려 기뻐했습니다. 이를 이상하게 여긴 동료들이 묻자 그는 이렇게 대답했습니다.

"내가 물건을 판매한 기록을 자세히 살펴보니 거절을 많이 당할수록 물건을 팔 확률이 높더군. 평균 열 명의 손님이 구매를 거절하면, 열한 번째 손님은 물건을 사간 경우가 많았어. 그래서 나는 한 번 거절당할 때마다 이렇게 생각했지. '이제 아홉 번만 거절당하면 되겠구나. 이제 여덟 번만 거절당하면 되겠구나……' 하고 말이야. 이처럼 판매할 가능성이 점점 다가오는데 내가 왜 거절당했다고 마음이 상하겠나. 오히려 신 나는 일 아닌가?"[★19]

세일즈맨으로 크게 성공하여 다수의 베스트셀러를 낸 미국작가 오그 만디노는 그의 저서 『위대한 상인의 비밀』에서 자신의 성취 비결을 다음과 같이 적었습니다.

"나의 성취 비결은 다음의 글을 벽에 써 붙이고 아침에 눈을 뜰 때마다 한 번씩 큰 소리로 읽었기 때문이다. 그 글은 다음과 같다.

'슬퍼지면 소리 내어 웃자. 기분 나쁘면 곱빼기로 일하자. 두려우면 문제 속으로 뛰어들자. 열등감을 느끼면 새 옷을 갈아입자. 불안하면 고함을 두세 번 지르자. 무능을 느끼면 지난날의 성공을 되새기자. 내 자신이 보잘것없이 느껴지면 내 평생의 목적을 기억하자.'"[20]

이렇듯 긍정의 메아리는 결국 자신을 향한 최고의 모멘텀이 되어줍니다.

미국의 대통령 버락 오바마는 말했습니다.

"다른 사람이 가져오는 변화나 더 좋은 시기를 기다리기만 한다면 결국 변화는 오지 않을 것이다. 우리 자신이 바로 우리가 기다리던 사람들이다. 우리 자신이 바로 우리가 찾는 변화이다."

변화와 더 좋은 시기가 오기만을 기다려봤자 영영 오지 않을 수 있다는 경고입니다.

나의 삶, 우리 사회에 변혁을 가져올 구원투수는 지금 불펜에 없다는 선언입니다. 그 사람이 바로 나이기 때문입니다.

나는 '인생해설가'라는 별명을 얻을 만큼 방송과 대중매체 그리고 저술 활동을 벌여왔습니다. 이를 통하여 힘겹게 그러나 열심히 살고 있는 이름 없는 영웅들, 막연한 대중이 아니라, 구체적인 '한 사람'을 일일이 응원해왔습니다. 오늘은 나 자신도 영락없는 그 '한 사람'입니다. 똑같은 '한 사람'으로서 나 역시 멘토가 필요합니다. 위기극복에 관한 한 나의 영원한 멘토는 미국의 제32대 대통령 프랭클린 루스벨트입니다.

미국 대공황 시절, 하루는 루스벨트 대통령이 기자회견을 하고 있었습니다. 한 기자가 그에게 질문했습니다.

"각하께선 걱정스럽다든가 초조할 때 어떻게 마음을 가라앉히십니까?"

루스벨트 대통령은 미소를 띠며 대답했습니다.

"휘파람을 붑니다."

기자는 의외라는 듯 다시 질문했습니다.

"제가 알기로는 대통령께서 휘파람 부는 것을 보았다는 사람이 없는데요?"

그러자 루스벨트가 자신 있게 대답했습니다.

"당연하죠. 난 아직 휘파람을 불어본 적이 없으니까요."★21

루스벨트의 이 한마디에서 우리는 그가 얼마나 무한한 긍정과 희망의 정신을 지닌 인물이었는가를 엿볼 수 있습니다. 한 나라의 수장으로서 어찌 걱정스럽고 초조한 일들이 없었겠습니까마는, 루스벨트에게 그러한 것들은 전혀 문제가 되지 않았던 것입니다. 더불어 경기 침체의 여파 속에 불안에 떠는 국민에게, 아직 미국은 끄떡없다는 것을 역설적으로 말하고 있었던 셈입니다.

그가 대공황의 절정에서 국민을 향해 던졌던 희망 메시지는 오늘 생활고에 짓눌려 있는 우리를 위한 격려이기도 합니다. "여러분, 지금 우리가 있는 장소에서, 지금 우리가 갖고 있는 것을 사용하여, 우리가 할 수 있는 것을 합시다."

지금 우리가 있는 장소에서, 우리에게 필요한 것은 개념 있는 비판보다 솔선하는 대안 실행입니다.

지금 우리가 가진 것은 절망과 문책과 비난이 아니라, 희망과 격려와 위로입니다.

지금 우리가 할 수 있는 것은 포기와 중단이 아니라, 인내와 새 출발입니다.

1-2 Real Q

'불안'과 '두려움'이 끈질기게 따라올 때
극복할 방법은 있는 걸까요?

두려움에 대하여 독일 소설가 장 파울이 위트 있는 말을 했습니다.

"소심한 사람은 위험이 일어나기 전에 무서워한다. 어리석은 사람은 위험이 일어나고 있는 동안에 무서워한다. 대담한 사람은 위험이 지나간 다음부터 무서워한다."

이 말은 그대로 진실입니다.

소심한 사람은 위험을 미리 걱정합니다. "어이쿠, 이러다가 뭔 일 터지는 것 아냐? 어떻게 준비해야 하지?" 그러면서 나름 철저히 준비한답시고 우왕좌왕합니다.

어리석은 사람은 위험에 직면하여 공포에 짓눌립니다. "우와, 집채만한 호랑이잖아. 이제 나는 죽었다!" 벌벌 떨다가 그만 위험을 벗어나지 못합니다.

대담한 사람은 위험이 지난 다음 사태를 인식합니다. "이거 뭐야? 돌이 굴러 떨어졌잖아! 하마터면 큰일 당할 뻔했네." 순간적으로 엄습하는 전율에 식은땀을 흘립니다.

결국 두려움은 누구도 피할 수 없다는 말인 셈입니다.

수천 년 철학사에서 근세기에 등장한 실존주의 사조는 철학적 고민의 획기적인 전환을 가져왔습니다. 그것은 우주, 자연, 사회 등의 거창한 주제보다 더 시급한 주제가 인간의 실존이며 나아가 인간의 적나라한 감정이라는 깨달음이었습니다.

실존주의 철학 안에도 여러 색깔이 있습니다. 그런데 이들이 이구동성으로 꼽는 인간의 숙명적인 문젯거리가 있으니 바로 '불안'입니다. 약간씩 의미상 편차가 있습니다만 두려움, 공포, 염려, 걱정 등을 아우르는 '불안'이야말로 인간 심리의 표층과 심층을 장악하고 있는 생존 인자라는 것입니다.

놀랍게도 이 독심술은 오늘날까지 그대로 적중하고 있습니다. 다음과 같이 줄을 잇고 있는 통계만으로도 알 수 있습니다.

"취업·인사포털 인크루트가 졸업을 앞둔 대학교 4학년 212명을 대상으로 설문조사를 실시한 결과, 전체 응답자 5명 중 4명꼴인 82.1퍼센트가 졸업을 앞두고 불안함, 극심한 스트레스를 느끼는 일명 '4학년증후군'에 시달리고 있다고 응답했다."[22]

"24일 구직포털 HR KOREA는 자사 회원 직장인 315명을 대상으로 조사한 '직장생활 스트레스'에 대해 발표했다. 조사 결과, 응답자의 39.3퍼센트가 미래에 대한 관한 불안감으로 스트레스를 받는다고 답했다."[23]

편의상 젊은층의 '불안증후군'에 초점을 맞춰보았습니다. 그런데 이렇게 불안이 습관화된 사람들이 나이를 먹는다고 해서 그 강도가 약해지길 기대하는 것은 경험상 무리일 것입니다. 도리어 나름 탄탄하던 사람들조차 은퇴를 기점으로 불안의 늪에 빠지는 경우를 허다합니다. 불안이야말로 예측불허로 찾아오는 불청객이며, 수시로 변색하며 살아남는 카멜레온입니다.

그러면, 이 불안의 정체는 무엇이며, 어떻게 생겨나는 것일까요?

'불안'이라는 것은 '공포'와는 다른 것이라는 사실을 확인해둘 필요가 있습니다. '불안'은 사람만이 가지고 있는 감정 상태입니다. 눈앞에 주어진 자극이나 위협에 대해서 본능적으로 생기는 감정을 '공포'라고 합니다. '공포'는 동물도 느낄 수 있습니다. 말 그대로 '원초적인 본능'이거든요. 쥐는 눈앞에 갑자기 고양이가 나타나면 공포에 떨면서 안절부절못합니다. 이것은 사고 작용이 없어도 생기는 일종의 반사 반응이라고 할 수 있습니다.

그러나 '불안'은 반드시 생각의 결과로써 생깁니다. 자신의 존재와 관련해서 어떤 위기나 피해를 미리 상상하거나 불길한 일을 예상할 때 그 생각으로 말미암아 생기는 것이 '불안'입니다. 동물은 불안을 느끼지 않습니다. 동물이 미래의 일을 미리 걱정하느라 불면증에 빠졌다는 이야기를 들어본 적이 있습니까? 동물이 느끼는 것은 눈앞에 전개되고 있는 변화에 대한 반응, 즉 공포입니다.

그러므로 불안은 인간 고유의 정서반응이라고 말할 수 있겠습니다.

하버드대 정신과 교수인 필레이 박사는 수년간의 뇌 영상 연구를 통해 인간이 공포, 불안, 두려움에 반응하는 독특한 방식을 밝혀냈습니다. 그에 의하면 우리의 뇌는 아주 작은 위험도 재빠르게 감지하며 '원하는 것'보다 '피하고 싶은 것'을 우선적으로 처리하도록 진화해왔다고 합니다. 이를 처리하느라 다른 일들을 뒤로 미룬다는 것입니다.

예를 들자면 이렇습니다. 어떤 사람이 "그건 불가능해, 하지만 나는 이직을 하고 싶어"라고 생각한다면 뇌는 이 상충된 메시지를 받고 혼란스러워한다고 합니다. 그러다 '불가능해'라는 두려움을 먼저 처리하느라 진정 원하는 '이직'을 하려는 에너지를 빼앗긴다는 것입니다. 필레이 박사는 그의 저서『두려움, 행복을 방해하는 뇌의 나쁜 습관』에서 이것이 바로 뇌가 우리를 과잉보호하는 방식이라 설명합니다. [24]

이 통찰은 우리가 두려움을 처리하는 데 매우 도움이 됩니다. 그러므로 우리는 '나' 자신의 불안을 들여다보기에 앞서 불안의 작동 방식을 확실히 파악해둘 필요가 있습니다. 그러면, 조금 더 가까이 불안현상을 들여다보기로 하겠습니다.

의식적으로든 무의식적으로든 어떤 것에 위협을 느낄 때, 우리 뇌는 0.01초 만에 두려움의 시스템을 작동시킨다고 합니다. 뇌의 편도체가 위험을 감지하고 우리에게 신호를 보내는 데 걸리는 시간은 0.01초에서 0.03초. 이후 의식적인 처리가 일어나면서 우리는 두려움과 두려움의 대상을 파악하게 됩니다.

이 두려움은 본래 인간이 진화하는 데 필수 요소였습니다. 두려움을 얼마나 빨리 감지하느냐가 생존과 직결되었기에 뇌는 다른 감정들보다 위협을 먼저 처리하도록 진화한 것입니다.

하지만 역기능도 따랐습니다. 이 예민하고도 무의식적인 두려움에 대한 자각이, 상황을 부정적으로만 파악하고 위축된 반응을 유발하도록 하기 때문입니다.

그러기에 '두려움은 단지 이전에 기억된 정보일 뿐'이라는 자각이 중요합니다. 예컨대 어린 시절 물에 빠져 익사할 뻔했던 경험이 있는 사람 중 더러는 어른이 된 뒤에도 웅덩이의 물만 보면 반사적으로 두려움을 느낍니다. 이는 어린 시절 편도체가 물에 대한 두려움을 강하게 학습했기 때문입니다. 그렇지만 이것은 뇌에서 일어나는 가상의 반응일 뿐 실제가 아니지요. 다 큰 어른이 웅덩이의 물을 무서워할 이유가 얼마나 있겠습니까.

따라서 우리는 생각의 힘만으로도 두려움에서 자유로워질 수 있습니다. [★25]

불안의 작동방식을 잠깐 짚어보았습니다. 그러니까 불안은 없어도 문제고 너무 많아도 문제라는 얘기가 됩니다.

이제 불안의 순기능을 클로즈업해보겠습니다. 심리분석가 프리츠 리만은 '불안의 심리'를 이렇게 요약합니다.

"불안은 우리의 발전에서 특별히 중요한 지점들에서 제일 먼저 의식 속으로 온다. 즉 친숙한 옛 궤도들을 떠나는 곳에, 새로운 과제를 감당하거나 변화해야 하는 지점에 불안이 온다. 발전, 성장, 성숙은 그러니까 명백히 불안 극복과 깊은 관계가 있다. 어느 연령에서든 그 나이에 상응하는 성숙을 위한 걸음이 있으며, 그 걸음은 있게 마련인 불안을 수반한다. 걸음을 내딛자면 그 불안을 다스려 이겨내야만 한다."[★26]

프리츠 리만보다 앞서 불안의 긍정적 역할을 철학적으로 섬세하게 규명한 사람이 철학자 키르케고르입니다. '불안'을 일생의 연구 주제로 삼았던 그는 불안을 도약을 위한 계기로 보았습니다. 사람은 심미적 삶, 윤리적 삶, 종교적 삶의 3단계로 질적 성숙을 이루는데, 불안이 앞 단계에서 다음 단계로 도약하는 계기로 작용한다는 것입니다.

우선 사람은 본능적으로 심미적인 삶을 산다고 합니다. 이 단계에서 사람들은 감각적 쾌락을 좇아 살거나 환상에 빠져서 삽니다. 삶을 기분 풀이로 여기며 쾌락을 탐닉하면서 기분에 따라서 살아갑니다. 그러나 인간은 결코 이것만으로 행복해질 수 없습니다. 이러한 삶은 결국 권태와 싫증에 다다를 수밖에 없습니다. 마침내 무기력한 자신의 눈에 비친 인생은 무상하며 미래는 불안합니다. 그래서 그들은 절망합니다. 이 절망은 새로운 삶을 찾게 합니다. 이렇게 해서 절망의 늪을 넘어 윤리적 삶으로 도약이 이루어진다고 합니다.

불안으로 말미암아 이제 두 번째 단계인 윤리적인 삶이 시작됩니다. 이 단계에 이르면 쾌락만을 좇아 무비판적으로 사는 것이 아니라 인간으로서 지켜야 하는 보편적 가치와 윤리에 따라 생활하게 됩니다. 사람은 이제 내면의 양심에 호응하고 의무에 성실하려고 애씁니다. 이제 비로소 인간은 '되어야 할 것'이 됩니다. 그러나 이 단계도 결국 벽에 부딪치고 맙니다. 높은 도덕에 이르지 못하는 능력의 한계 그리고 현실의 모순과 부조리에 무력함을 절감합니다. 윤리적으로 산다는 것이 뜻대로 잘 되지 않고, 또 윤리적으로 산다고 세상이 알아주는 것도 아닌 데다 엉터리로 사는 사람들이 망하지도 않는 것처럼 보이기 때문입니다. 이에 맞서서 고뇌하는 인간은 마침내 죄의식과 불안에 빠지고 절망하게 됩니다. 이 불안과 절망이 다시 도약을 만들어 사람을 신에게로 내몬다고 합니다. 이 현실의 모순을 심판해 줄 하느님을 찾게 된다는 것입니다.

마침내 불안은 종교적인 삶으로 옮겨가도록 사람들을 이끌어줍니다. 키르케고르는 인간으로서 완전하고 참된 삶은 세 번째 단계인 '종교적 단계'에 와서야 비로소 실현된다고 말합니다. 스스로의 결심에 따라 진정으로 하느님을 믿고 따를 때에 인간으로서의 무력감과 허무함을 떨쳐버리고 완성된 삶을 살 수 있다는 것입니다.

여기서 중요한 것은, 한 단계에서 다른 단계의 삶으로 옮겨가는 것은 자기 자신의 주체적 결단과 도약에 의해서만 가능하다는 점입니다. 이는 마치 부모님과 선생님이 아무리 공부하라고 다그쳐도 정작 학생 자신이 공부하려고 하지 않으면 성적이 오르지 않는 것과 똑같은 이치입니다.

 불안의 역기능 역시 만만치 않습니다.

 첫째로, 불안은 사람을 안절부절 못하게 하여 결국 도전하지 못하게 만듭니다. 공학기술자 헨리 포드의 말이 딱 들어맞습니다. "미래를 두려워하고 실패를 두려워하는 사람은 활동을 제한받아 손도 발도 움직일 수 없게 된다"라고 했거든요.

 나는 해군 출신입니다. 해군 훈련 과정에서 '퇴함 훈련'이라는 것이 있습니다. 배에서 물로 뛰어 내려야 할 유사시를 대비하여, 실내 수영장 10m 높이에서 뛰어내리는 훈련입니다. 적응을 위하여 먼저 5미터에서 시작해 다음 7미터, 그다음 10미터 순으로 진행합니다. 전원이 차례로 뛰어내려야 하기에 줄을 지어서 기다립니다. 자기 차례가 오면 다이빙 대 끝에 서서 오른손은 코를 쥐고 왼손은 낭심을 잡은 채 호흡을 가다듬고 "○○○ 사후생 퇴함준비 끝!"이라고 외칩니다. 그러면 지휘관이 "퇴함!" 하고 명령을 내립니다. 이때 "퇴함!"이라고 복창하고 뛰어내려야 합니다.

 사람은 10미터에서 가장 큰 고소공포를 느낀다는 말이 있습니다. 그 높이에서 그냥 뛰어내린다는 것이 쉬운 일이 아니기에 그 위에는 구대장 몇 명이 지휘봉을 휘두르며 포진하고 있습니다. 훈련생들에게는 10미터 높이도 무섭지만 그 지휘봉도 만만찮게 무섭지요. 그런데 세 명이 끝내 뛰어내리지 못했습니다. 구대장들이 격려를 하고, 협박을 하고, 떼밀고 온갖 수단을 동원해도 소용이 없었습니다. 그들이 난간을 붙잡고 있는 힘은 여러 장정이 떼어낼 수 없을 만큼 초인적으로 강했습니다. 결국 그 세 명은 석식 열외에다, 완전군장 차림으로 날이 저물도록 연병장을 '평화롭게' 돌아야 했습니다. 이렇듯 두려워하는 마음을 먹으면 발이 땅에 딱 달라붙고, 어떤 외부의 압력에도 요지부동하게 됩니다.

둘째로, 불안은 사람의 심신을 해칩니다. 제2차 세계대전 당시 전쟁으로 말미암아 죽은 청년의 수가 30만 명이었습니다. 그런데 아들과 남편을 일선에 내보내고, 염려와 불안과 근심에 빠져 심장병으로 죽은 미국 시민이 100만 명을 넘었다고 합니다. 총탄이 사람을 꿰뚫어 죽인 수보다 불안과 공포가 죽인 사람의 수가 훨씬 많았습니다.

그러기에 넬슨 만델라는 이렇게 말합니다.

"용감한 사람은 두려움을 느끼지 않는 사람이 아니라 두려움을 정복하는 사람이다."

지지 않으려면 정복하는 수밖에 없습니다.

그렇다면 두려움을 어떻게 정복할 것인가?

리처드 바크는 그의 저서 『날개의 선물』에서 인간이 성취를 향하여 전진하는 과정을 수영장의 다이빙대를 예로 들며 설명합니다.

다이빙대에 처음 도전하는 사람은 우선, 며칠 동안 다이빙대를 올려다만 봅니다. 이는 올라갈 것인지 말 것인지를 생각하는 과정입니다. 그다음 단계로, 그는 드디어 젖은 계단을 조심조심 오릅니다. 어떤 일을 앞두고 결단을 내리는 단계에 해당하며, 아직 결심을 굳히지는 못한 채 불안 중에 조금씩 전진하는 단계입니다. 셋째 단계로, 그는 높은 다이빙대 위에 섭니다. 결단 직전, 가장 불안한 단계입니다.

이제 그에게는 두 가지 길만이 있을 뿐입니다. 하나는 다이빙을·포기하고 다시 내려오는 길로 이는 "패배를 향한 계단"입니다. 다른 하나는 과감하게 물속에 뛰어드는 길로 이는 "승리를 향한 다이빙"입니다. 다이빙대 끝에 선 그는 두려움에 소름이 끼쳐도 두 개의 길 중 하나를 선택할 수밖에 없습니다. 마침내 그가 몸을 앞으로 기울인다면, 후퇴는 이미 늦었고 물속으로 뛰어드는 길에 들어선 것입니다. 바로 이때가 인생이라고 불리는 다이빙대가 정복되는 순간입니다.

이처럼 불안과 두려움의 다이빙대를 한 번 정복한 사람은 더 이상 두려워하지 않으며, 오히려 더 높은 데서 다이빙을 즐길 정도가 됩니다. 바크는 책 말미에 이렇게 말합니다.

"천 번 올라가고 천 번 뛰어내리고, 그 다이빙 속으로 두려움이 사라지고 내가 비로소 인간이 된다."

어떻게 하면 이 불안감을 덜 수 있을까요? 나는 인생의 위대한 멘토들의 지혜를 빌리는 것 자체가 지혜라고 생각합니다.

첫째 방법은 강력한 희망과 꿈으로 불안을 몰아내는 것입니다.

몇 년 전 모 방송사에서 방영한 다큐멘터리 「인간의 두 얼굴」은 꿈의 한 모습인 '긍정적인 착각'의 효과를 밝혀냈습니다. 「인간의 두 얼굴: 착각」 편을 제작한 정성욱 PD는 프로그램을 준비하며 국·내외 책과 논문을 샅샅이 뒤졌습니다. 그러고는 인간의 착각과 행동 사이의 인과관계를 설명해줄 실험을 구상했습니다. 예를 들면 이렇습니다. 도화지에 손가락 하나가 없는 손을 그리고, 다섯 살짜리 아이들에게 보여주면서 묻습니다. "10년 후 이 손가락은 어떻게 될까요." 일부 아이들은 어른들의 예측을 뛰어넘는 엉뚱한 대답을 했습니다. "손가락이 자라나요!"라고요. 실험 결과 손가락이 자란다고 대답한 아이들이 그렇지 않은 아이들보다 지능지수가 높았다 합니다.

이것이 바로 긍정적 착각입니다. 이는 살아가면서 겪는 실패와 좌절의 상황에서 스스로를 감싸는 보호막 역할을 합니다. 정 PD는 말합니다.

"긍정적 착각이 인간을 행복하게 하고 발전시킨다는 결론을 얻었다. 우울증 환자들은 절대 착각에 빠지지 않는다. 그들은 언제나 주변 상황을 냉철하게 보기 때문이다."

그러므로 긍정적 착각을 동반하는 희망과 꿈이야말로 '실패와 좌절'에 대한 두려움으로부터 우리를 감싸는 '보호막' 역할을 해준다고 볼 수 있습니다.

둘째 방법은 불안을 신께 맡기는 것입니다.

토론토대학 심리학과 마이클 인즐릭트 교수 팀은 신의 존재를 믿는 사람들이 신의 존재를 믿지 않는 사람들보다 불안과 걱정에 덜 시달린다는 연구 결과를 얻어냈습니다. 인즐릭트 교수는 "신앙이 마음을 차분하게 가라앉혀 테스트에서 실수를 하거나 잘 모르는 것이 나와도 크게 걱정하지 않는 것 같다"는 결론을 얻었습니다. 이 팀은 그 내용을 2009년 『심리과학』 온라인 판에 발표했습니다. [27]

한마디로 기도가 불안감을 해소해준다는 얘기입니다. 나 자신 직접 확인해보지는 않았습니다마는, 어떤 사람이 옥중에서 성경을 읽으면서 "두려워 말라"는 말씀이 수없이 기록된 것을 보고 도대체 몇 번이나 씌어 있는가를 세어보았다고 합니다. 그랬더니 꼭 365번이 기록되어 있더라는 것입니다. 1년 365일 매일 한 번씩에 해당하는 숫자입니다. 그럴듯한 수치적 일치입니다. 우연이긴 하지만, 신은 불안에 떠는 우리를 최소한 매일 한 번씩 위로할 준비가 되어 있다는 메시지를 은근히 전해줍니다.

뭐니 뭐니 해도 불안을 이기는 최고의 방법은 그 불안을 성장의 계기로 삼는 것이겠지요. 불안하니까 더 준비하고, 불안하니까 더 정진하고, 불안하니까 더 노력하자는 얘기입니다.

영국의 저명한 역사학자 베로니카 웨지우드의 말을 기억해둘 것을 권합니다.

"불안과 무질서는 절망의 징후가 아니라 에너지와 희망의 징후다."

체념한 사람에게는 불안이고 뭐고가 없습니다. 불안은 희망을 가진 사람이 누리는 특권, 곧 생의 에너지인 것입니다.

1-3 Real Q
가슴속에 분노가 가득한데
이 분노를 다스릴 수 있을까요?

다섯 살 겨울의 끝자락, 봄바람이 여전히 서늘한 기운을 머금고 살랑 거릴 즈음이었습니다. 동네 형들과 누나들이 새 학기를 맞아 모두 학교 엘 가버렸기 때문에, 내가 네댓 명쯤 되는 아이들 '왕초'가 되어 신나는 놀이를 주모하였습니다.

우리는 나보다 한 살 아래 재선이네 초막 돼지우리 옆에서 진을 치고 놀았습니다. 딱지치기도 하고 양지바른 볏짚 울타리에 기대어 햇볕도 쬐고 했습니다. 그러다 배가 고파 점심을 먹으로 집으로 갔습니다.

3분쯤 지났을까. "불이야! 불이야!" 하는 소리가 들렸습니다. 뛰쳐나 가 보니 재선이네 돼지우리에서 불이 활활 타오르고 있었습니다. 돼지 우리는 이미 다 타버리고 불길이 막 집 본채 지붕으로 번지고 있었습니 다. 이집저집에서 부랴부랴 물동이를 날라 오고 누군가 잽싸게 지붕으 로 올라가 물에 적신 멍석을 덮어서 가까스로 진화가 되었습니다.

남은 문제는 범인 색출이었습니다. 이 아이 저 아이 심문이 시작되었 습니다. 모두 아니라고 잡아떼었습니다. 그러다 누군가가 얘기했습니다.

"방금 동엽이가 아이들 데리고 노는 걸 봤는데. 누구긴 누구겠어, 그 놈이지."

모두가 고개를 끄덕였습니다. 평소 제 행실 때문이 아니라, 그 아이들이 너무 어려서 그중에는 불을 낼 위인이 없다고 결론을 내렸던 것입니다. 나는 방화범이라는 혐의를 벗어날 길이 없었습니다. 내가 방방 뛰며 아니라고 주장했지만 어른들은 들은 척도 안 했습니다. 말로는 뒤집을 수 없는 정황적 증거가 너무 확실했기 때문입니다. 억울하고 억울해서 돌아버릴 것 같았습니다.

이것이 내가 최초로 느꼈던 분노였습니다.

"화가 치밀 땐 어떻게 해야 하죠? 별별 방법을 다 써봐도 잘 안 되거든요?"

사람들이 자주 묻는 질문 가운데 하나입니다. 그러면 나는 이렇게 대답하곤 합니다.

"화낼 일을 만들지 마세요. 그게 상책이죠."

한 어머니는 대뜸 이렇게 나옵니다.

"지금 저에게 농담하시는 거죠? 화낼 일은 내가 만드는 것이 아니라 주변에서 나를 겨냥하고 만든다니까요? 애들, 남편, 시어머니, 시누이……. 나는 가만히 있는데 다들 돌아가면서 내 화를 돋운다고요!"

대학을 졸업한 지 3년이 넘도록 취업을 하지 못한 젊은이는 화를 버럭 내며 되묻습니다.

"지원서를 벌써 백 번이나 더 썼다구요. 이 사회가 나를 받아들이지 않는데, 내가 화 안 나게 생겼냐구요."

직장인들은 코웃음 치며 반발합니다.

"한번 짐승 같은 상사 밑에서 말끝마다 쌍소리 들으며 일해 보세요. 그래도 그런 말씀이 나오는지."

아무리 항의가 빗발쳐도 한 고집하는 나는 또 말합니다.

"화가 나시겠죠. 그래도 화나는 일들을 화낼 '거리'로 받아들이지 않는 게 상책입니다."

"나 원, 차암. 무슨 얘기를 그렇게 어렵게 하세요. 쉽게 좀 말씀해주세요!"

얘기인즉슨 이렇습니다. 방금 소개한 것은 실제로 내가 쓰는 방법입니다. 이는 매뉴얼이 아니라 나름의 지혜입니다. 감히, 그러나 겸손하게 말합니다마는, 나는 이미 내 인생철학인 '무지개 원리'로 세상만사를 처리하는 지혜를 소개한 셈입니다. 그 핵심은 이것입니다.

"그 무엇도 '내 허락' 없이는 나를 불행하게 만들 수 없다."

이 한 문장이 나에게는 모든 감정의 문제를 처리하는 마스터키입니다.

여기 내 눈 앞에서 사람들이 불행으로 간주하는 일들이 일어나고 있다고 칩시다. 실직, 실패, 가난, 부부갈등, 자녀 문제, 이별, 질병 등등. 설령 이런 일들이 나에게 닥쳐왔다 해도 나에게는 아직 '선택'의 권리가 남아 있습니다. 그것을 불행으로 여길 것인가, 아니면 여전히 긍정의 문을 열어둘 것인가? 이런 때 나는 스스로에게 말해줍니다.

"나는 이 일이 나를 불행하게 만들도록 '허락'하지 않노라. 내가 왜 이런 일로 '불행'해야 한단 말인가. 그것은 의무가 아니다."

분노도 화도 마찬가지입니다. 여기 누가 나에게 화나게 하는 행동을 합니다. 욕설, 폭행, 사기, 모독, 멍청한 행동 등등. 하지만 다행스럽게도 그런 행동은 일단 '판단'이라는 첫 번째 관문을 통과한 후 '선택'이라는 두 번째 관문을 통과해야 내 안에서 '화'를 일으킬 수 있습니다. 이 점을 놓쳐서는 안 됩니다. 이때도 나는 순간적으로 자신에게 말해줍니다.

"나는 저 사람의 저 행동이 나로 하여금 화나게 하도록 '허락'하지 않노라. 내가 왜 그 행동 때문에 '화'를 내서 나의 소중한 하루(어쩌면 이틀, 어쩌면 평생)를 망쳐야 한단 말인가. 화내는 것은 나의 의무가 아니다."

이것은 말장난이 아닙니다. 자신에게 치명상을 입히는 나쁜 감정을 피하는 최상의 지혜입니다. 나는 조그만 분노에 집착하여 일생을 망치는 경우를 수없이 보아왔습니다. 일단 분노의 감정에 사로잡히면 최소한 몇 시간, 또는 운 좋으면 며칠 동안 속을 끓이게 마련입니다. 이것은 엄청난 손해입니다. 그러므로 할 수 있다면 애초부터 '분노' 또는 '화'라는 감정이 생기지 않도록 미연에 막아내는 것이 바람직합니다.

어떤 이는 물을 것입니다. 과연 그것이 통할까? 통합니다. 그것도 100퍼센트 통합니다.

운전을 하다 보면 무슨 생각에 집중하느라고 내가 무슨 짓을 했는지 모를 때가 있습니다. 뒤차가 갑자기 경적을 울리더니 옆으로 바짝 와서 험상궂은 얼굴로 "야, 이 개XX야, 운전 똑바로 해!"라고 쌍소리를 퍼부어댑니다. 영문을 모르고 날벼락을 맞으면 찝찝한 여운이 남는 것이 사실입니다. 그럴 땐 간단히 속으로 속삭입니다. "니가 아무리 그래 봐라. 나의 이 '기쁨'을 앗아가지 못하리라. 내 내면의 정원에서 영근 이 행복의 기쁨 말이다."

나는 욕도 잘(?) 먹고, 박해도 잘 견디고, 안티들도 미워하지 않습니다. 아무리 안 좋은 얘기를 들어도 두 발 뻗고 잠을 잘 잡니다. 정말입니다. 스스로에게 해주는 위로의 말 한마디면 족합니다.

"아무리 그래 봐라. 그것보다 내 행복과 평화가 더 소중하다. 나는 이 두 가지를 천하의 무엇과도 안 바꿀란다."

정말입니다. 거짓말 같이 통합니다. 나에게 이런 마음 다스리기를 가르쳐 준 분은 소크라테스입니다.

소크라테스가 누명을 쓰고 감옥에 갇혔을 때의 일입니다. 놀란 제자들이 찾아와 통곡하며 말했습니다.

"스승님, 이게 웬 일입니까? 아무런 죄도 짓지 않으셨는데 이렇게 감옥에 갇히시다니요. 이런 원통한 일이 또 어디 있겠습니까!"

소크라테스는 대수롭지 않다는 듯 제자들을 달랬습니다.

"그러면 너희는 내가 꼭 죄를 짓고 감옥에 들어와야 속이 시원하겠느냐?"

또 이런 일화도 전해집니다.

하루는 소크라테스의 친구가 찾아와 다급하게 소리쳤습니다.

"여보게, 소크라테스! 세상에 이럴 수가 있나. 방금 내가 밖에서 무슨 말을 들었는지 아나? 아마 자네도 이 이야기를 들으면 깜짝 놀랄 거야. 그게 말일세……."

이때 소크라테스가 친구의 말을 막으며 말했습니다.

"잠깐 기다리게. 자네가 지금 전하려는 그 소식을 체로 세 번 걸렀는가?"

"체로 세 번 걸렀냐고? 대체 무슨 체를 말하는 건가?"

"첫 번째 체는 진실이네. 자네가 지금 전하려는 내용이 사실이라고 확신할 수 있는가?"

"아니, 뭐. 난 그냥 거리에서 주워들었네."

"그럼, 두 번째 체로 걸러야겠군. 자네가 전하려는 내용이 사실이 아니더라도, 최소한 선의에서 나온 말인가?"

친구는 우물쭈물하며 '아니다'라고 답했습니다.

"그렇다면, 세 번째 체로 걸러야겠네. 자네를 그토록 흥분하게 만든 그 이야기가 정말 중요한 내용인가?"

"글쎄……, 뭐 그다지 그런 것 같진 않네만……."

"사실도 아니고, 선의에서 비롯된 마음에서도 아니고, 더구나 중요한 내용도 아니라면 나에게 말할 필요가 없네. 그런 말은 우리의 마음만 어지럽힐 뿐이네."[★28]

이렇게 분노의 가능성을 초전봉쇄하는 이유는 분노의 폐해가 엄청나기 때문입니다. 분노를 그냥 적당히 덮어둬서는 안 되는 이유는 포화상태에 이르면 폭력, 울화병, 우울증 등으로 나타나기 때문입니다. 이러한 분노의 메커니즘은 그 자체로 무거운 심적 고통을 안겨줍니다.

물론, 분노가 건강하게 표출되면 혁신에너지의 원천이 되기도 합니다. 최근 2040세대의 분노가 한국의 정치지형을 깡그리 흔들어놨습니다. 분노가 기존의 정당정치 구조를 깰 만큼 큰 파괴력을 갖추고서 저렇듯 집단적으로 표출되고 있다는 것은 그만큼 생존의 압박이 커졌다는 사실의 방증입니다. 이러한 분노는 정의감에서 유발되는 분노라고 볼 수 있습니다. 흔히 '의로운 분노'라고 부르기도 하지요.

아리스토텔레스는 정의롭기 위해서는 중용(中庸)의 덕이 필요하다고 했습니다. 중용이란 화살로 과녁의 중심을 맞췄을 때를 가리키는 용어입니다. 그러니 중용은 중도(中道)를 뜻하지 않습니다. 좌와 우의 중간 어중간한 상태, 이것도 저것도 아닌 상태를 중용이라고 하지 않는다는 말입니다. 중용은 객관적인 사실에 지나치지도 모자라지도 않게 부합하는 판단입니다. 즉 내 입장과 상대의 입장을 모두 고려하여 식별하고 판단할 때, 중용에 가까워지는 점근선(漸近線)이 그어지는 것입니다. 중용은 냉철한 '지성'을 요구합니다.

이런 취지에서 아리스토텔레스는 이렇게 말했습니다.

"사람은 누구나 화를 낼 수 있다. 그것은 쉬운 것이다. 그러나 올바른 상대에게 화를 내는 것, 적재적소에서 화를 내는 것, 올바른 목적으로 화를 내는 것, 그리고 올바른 방법으로 화를 내는 것, 그것은 누구나 해낼 수 있는 것이 아니다. 그것은 절대로 쉬운 것이 아니다."

한마디로 올바른 판단이라는 객관적인 확신이 없으면 분노를 품지 말라는 뜻입니다.

사막의 은수자(隱修者) 모세 압바는 너무 쉽게 남의 잘못을 판단하고 그에 대해 돌이킬 수 없는 분노를 품는 우리들의 악습을 통쾌하게 폭로합니다.

어느 수도자가 죄를 지어, 그의 잘못을 심판하기 위해 교회 지도자들이 모였습니다. 그들은 의논 끝에 스승 모세 압바에게 그의 잘잘못을 따져달라고 청하기로 했습니다. 하지만 스승은 웬일인지 그 자리에 참석하기를 거부합니다.

지도자들은 끝까지 포기하지 않고 몇 번이나 사람을 보내 간곡히 청했습니다. 모세 압바는 할 수 없이 참석하겠다고 말했습니다. 그러고는 구멍 난 낡은 자루에다 모래를 가득 채워서 어깨에 메고 갔습니다.

마중 나온 사람들이 의아해하며 물었습니다. "사부님, 이게 무엇입니까?"

모세 압바가 대답했습니다. "내 죄가 내 뒤로 흘러내리고 있는데도, 나는 그 죄들을 보지 못한다네. 허나, 오늘 나는 다른 사람의 죄를 심판하러 왔네."

이 말을 듣고 크게 깨우친 지도자들은 잘못을 저지른 사람을 더 이상 문책하지 않고 용서하기로 했습니다.

분노를 다스리는 능력은 그 사람의 인격적 그릇의 크기를 반영합니다. 분노를 잘 다스릴수록 그릇이 크다는 얘기입니다.

『탈무드』에는 사람을 평가하는 기준으로 다음과 같은 세 가지를 제시합니다. 그 첫째는 키이소오(돈주머니), 둘째는 코오소오(술잔), 셋째는 카아소오(노여움)입니다.

참고로 히브리어는 자음으로만 기록되고 읽을 때 모음을 붙여서 읽습니다. 이를 감안하면, 이 세 가지가 모두 영어 알파벳 K와 S라고 쓰인 동일한 단어임을 알 수 있습니다. 그러니까 이 기준에는 일종의 언어유희도 있는 셈이지요.

어쨌든, 먼저 키이소오(돈주머니). 사람의 인격을 측정하는 가장 좋은 방법 중 하나로, '돈'을 줘보면 알 수 있다는 것입니다. 그가 그 돈을 어떻게 쓰고 처리하는가를 보고 그를 알 수 있다는 말입니다. 그만큼 사람들은 돈을 좋아하기 때문입니다.

다음으로 코오소오(술잔). 돈 못지않게 사람을 흔드는 게 '술'입니다. 많은 사람이 술에 좌우되어 숱한 일들을 겪고 사고를 저지릅니다. 술로 말미암아 인생을 망치는 사람도 있습니다. 술 마시는 태도나 술 취한 모습을 보면 그 사람의 됨됨이를 알 수 있습니다.

마지막으로 카아소오(노여움). '노여움' 역시 그 사람의 본모습을 판단하는 척도가 됩니다. 즉, 화가 날 때 그것을 어떻게 처리하는지, 또 어떤 경우에 화를 내거나 분노를 표출하는지, 이런 것들을 보면 그 사람을 알 수 있다는 것입니다.

그런데 여기서 돈과 술은 가시적인 것입니다. 허나 노여움은 보이지 않는 내면의 것입니다. 그 많은 감정적 인자 가운데 '노여움'이 유일한 척도로 꼽혔다는 것은 그것이 그만큼 사람 됨됨이의 결정적인 변수라는 사실을 강조하는 셈입니다.

역사의 큰 그릇들이 어떻게 분노를 다스렸는지 구체적으로 보겠습니다. 이 시대를 위한 의로움의 사표로 우리는 안중근 의사(義士)를 꼽을 수 있습니다. 그는 대의(大義)를 구했던 큰 인물이었습니다. 1908년 봄 안중근 의사는 블라디보스토크에서 일제에 대한 투쟁을 시작했습니다. 김두성을 총독으로, 이범윤을 대장으로 한 의병 부대를 조직하고 자신은 참모중장이 되었지요. 그 투쟁에서 일정한 전과를 거두고 있을 때의 일입니다.

교전 과정에서 일본군 포로들을 붙잡았는데 안중근 의사는 죽이지 않고 모두 석방했습니다. 일반인의 상식으로는 단 한 명의 일본군이라도 더 죽이는 게 국익에 더 유리할 것으로 보이겠지만 그는 달랐습니다.

"만국공법(국제법)에 사로잡은 적병을 죽이라는 법이 없다"면서 이들을 석방하고는 자신의 신념을 분명히 밝혔습니다.

"약한 것으로 강한 것을 물리치고, 어진 것으로 악한 것을 물리친다."

안중근 의사는 '의'가 무엇인지 알았던 대범한 인물이었습니다. 그의 '의로움'에는 한 사람의 생명이라도 소중히 여기는 사랑이 깃들어 있었습니다. 그가 이토 히로부미를 저격한 것도 이 마음이었습니다. 이토 히로부미로 인하여 너무 많은 사람이 생명을 잃게 될 것을 염려했기 때문입니다.

우리는 특히 자신과 의견이 다른 사람에게 이런 시선을 보낼 줄 알아야 합니다. 우리는 '다름'을 너무 쉽게 '틀림'이라는 말로 바꿉니다. 우리가 의를 가지고 편가름을 하고 노선싸움을 하는 것도 다름을 틀림으로 여기고 있기 때문입니다. 우리가 진정한 선진국이 되려면 이 '다름'이 '틀림'이 아님을 알아야 합니다. 이런 미성숙을 넘어 성숙한 사회가 될 때 서로의 행복이 살아납니다.

미국의 16대 대통령인 링컨의 일화입니다. 남북전쟁 당시 링컨은 참모총장과 작전 문제에 대해 의견이 대립하였습니다. 이들은 서로 자기가 내세운 작전이 낫다고 주장하며 한 치의 양보도 하지 않았습니다. 그러던 중 링컨이 독단적으로 자신의 작전을 강행해버렸는데, 안타깝게도 작전이 실패로 돌아가 많은 희생자가 발생하였습니다.

이에 링컨은 비서를 통해 참모총장에게 짧은 메모를 보냈습니다. 거기엔 "I am sorry"라고 적혀 있었습니다.

가뜩이나 화가 나 있던 참모총장은 메모를 받고 "멍청한 녀석!"이라고 욕을 했습니다.

링컨은 비서에게 물었습니다. "그래, 쪽지를 받고 참모총장이 뭐라고 말하던가?"

비서는 주저했지만 차마 거짓말을 할 수 없어 사실대로 말하였습니다. "그가 '멍청한 녀석'이라고 하였습니다."

비서는 긴장하였습니다. 링컨이 화를 낼 것이라고 예상한 거죠. 그런데 뜻밖에 링컨은 껄껄 웃더니 이렇게 말하였습니다.

"하하하, 그 사람, 사람 하난 잘 보는군!"[29]

이것이 중용입니다. 링컨은 '멍청한 놈' 소리를 듣고도 성질을 내지 않았습니다. 왜? 스스로 생각해도 '멍청한 놈'이었으니까요. 자신을 객관적으로 볼 줄 아는 능력, 그것이 바로 '정의'의 기본이기도 합니다.

그렇다고 도매금의 값싼 용서를 말하는 것은 아닙니다.

제2차 세계대전 이후 역사 청산 과정에서 프랑스는 엄중하게 매국노를 처단하였고, 독일은 진정성을 갖춰 사죄하였습니다. 똑같은 사안을 놓고 대한민국은 얼렁뚱땅 관용을 베풀었고, 일본은 마지못해 건성으로 사죄하였습니다. 그 결과 우리는 아직도 처리되지 않은 앙금이 남아 가깝고도 먼 이웃이 되어버렸습니다.

의로운 분노를 지혜롭게 처리하는 것은 그만큼 균형 있는 안목을 요하는 것입니다.

착한 사람은 부자가 될 수 없나?

심리학자 황상민 교수가 『한국인의 심리코드』에서 대한민국 부자의 유형을 분류해놓은 것을 재미있게 읽은 적이 있습니다. 그의 표현을 그대로 살려 요약해보자면 이렇습니다.

– 배고픈 부자: 부자인데 배가 고프다고? 그렇다. 물질적으로는 부자이지만 마음으로는 부자가 아닌 사람들이다![30]

– 철없는 부자: 배고픈 부자의 자녀에게서 흔히 볼 수 있는 부자의 모습이다. [……] 이들은 자신의 부모가 만들어준 부로 인해 다른 사람에게 인정받고 싶은 욕구를 쉽게 충족할 수 있다. 항상 자신의 주장이 옳다고 우기며, 또 스스로 특별한 무엇을 가지고 있다고 생각한다. 어떤 사람이든 인물 그 자체로는 주위 사람들에게 비호감형이다.[31]

– 품격 부자: 돈 자체를 좇기보다는 자신의 분야에서 나름의 전문성을 가지면서 세상사를 현명하게 처리하며 살고 싶어한다.[32]

– 보헤미안 부자: 품격 부자의 코드에 충실한 부모의 자녀에게서 흔히 볼 수 있다. 이들을 상징하는 단서들은 '삶의 고민 없음', '독특함', '심사숙고', '고지식함', '드러내기 싫어함', '외로움', '개성', '향수', '후한 인심', '서류' 등의 단어들이다. [37]

– 존경받는 부자: 돈을 모으는 부자가 아니라 돈을 잘 쓸 줄 아는 부자, 우리나라 사람이 부자에 대해 가장 뚜렷하게 가지고 있는 심리코드로, 단순히 돈만 많다고 해서 부자로 보지 않는다는 것이다. 존경받는 부자는 '여유', '당당함', '떳떳함', '자유', '풍요', '경제력', '존경', '절제(자기관리)', '만족', '편안한 삶' 같은 단어들로 상징된다. [34]

– 나쁜 부자: 나쁜 부자를 잘 나타내는 단어들은 '비호감', '나쁜 가족 관계', '불법', '악순환', '졸부', '구두쇠', '과소비', '드라마', '드러내기 싫어함', '양도세' 등이었다. 또 이와 동시에 '몰가치', '사회적 책임감 결여', '개인적 탐욕' 등의 이미지와 중첩되었다. [35]

부자는 악인인가?

상식이 있는 사람이라면 이 물음에 대한 답을 이미 앞의 부자 분류에서 발견했을 것입니다. 부자도 부자 나름이라는 말입니다. 부자에는 선인도 있고 악인도 있다는 얘기입니다. 답은 명쾌합니다. 여기서 끝입니다.

그런데 우리는 그 답을 다른 접근법으로 찾아볼 수도 있습니다. 바로 "악인은 누구인가?"라는 물음에서 출발하는 것이죠.

그렇다면 악인은 누구인가? 억지로 정의를 내려본다면 '생각과 행동이 100% 악으로만 구성된 사람'을 가리킬 것입니다. 그렇다면, 이런 악인은 있는가? 답은 '없다'입니다.

하지만 일상에서 우리는 너무도 쉽게 '악인'이라는 말을 사용합니다. 생각이나 행동이 대체로 '악' 쪽에 기울어진 사람을 일컫는 말로 말입니다. 그렇지만 사람이라면 누구나 가끔은 선의를 갖고 선행을 할 수 있습니다. 그 가능성을 완전히 배제한다는 건 말이 안 되지요. 우리가 평소에 사용하는 '악인'이라는 표현이 적확하지 못하고, 따라서 바람직하지 않다는 얘기입니다.

그러니까 '악인'과 '선인'이 따로 있는 것이 아니라 '선'과 '악' 앞에서 둘 중 하나를 선택해야 하는 인간만이 있는 것입니다. 그렇습니다. 우리는 노상 선택 앞에 서 있습니다. 평균적으로 '선'을 많이 선택하던 사람도 극단적인 상황에 내몰리면 '악'을 선택할 수도 있습니다. 물론 그 반대 경우도 있고요.

그러기에 누구도 스스로 '선인'이라고 자부하며 안주할 수 없는 것입니다. 반대로 누구도 자신을 '악인'이라 비하하며 체념하는 것도 옳지 않습니다.

방금 나는 '선'과 '악'의 선택 앞에 선 인간을 클로즈업해봤습니다. 그렇다면 답은 반쯤 나온 셈입니다.

'부자'는 선인도 아니고 악인도 아닙니다. 단지 부자 역시 다른 사람들과 마찬가지로 '선'과 '악'의 선택 앞에 설 수밖에 없다는 사실만큼은 확실합니다. 결론적으로 부자가, 편의상 시쳇말로 하자면, 악인 축에 속할 것이냐 선인 축에 속할 것이냐는 그의 선택에 달려 있다는 것입니다.

재미있는 결과가 나왔습니다. 『한국인의 심리코드』를 추적하는 접근법과 "악인은 누구인가?"라는 접근법 모두 비슷한 결론으로 귀결된 것입니다.

　이제 문화적인 측면을 둘러보겠습니다. 일반적으로 사람들은 부자가 재물욕 때문에 나눌 줄을 모른다고 생각합니다. '구두쇠'라는 단어가 그에 대한 직격탄이며, 이를 풍자하는 이야기는 손으로 다 꼽지 못할 정도입니다.

　한 마을에 조상에게 많은 재산을 물려받아 풍요롭게 살고 있는 큰 부자가 있었습니다. 그 옆집은 무척 가난했지요. 그런데 가난한 주제에 웃음소리가 끊이지 않고 여유가 넘치는 걸 보며 부자는 늘 못마땅했습니다.

　"자기도 제대로 먹지 못하면서 여기저기 나눠주는 꼴이란!"

　자신은 어려운 사람들에게 한 번도 나눠준 적 없이 날마다 창고를 열어 쌀가마를 세어보는 게 하루의 낙이었던 것입니다. 그러던 어느 날 그의 아들이 물었습니다.

　"아버지, 우리 부자 맞지요?"

　"그럼, 우리 집이 이 동네에서 제일 부자지. 그런데 그건 갑자기 왜 묻는 게냐?"

　"우리 옆집이 더 부자인 것 같아서요. 그 집 아이는 자기 집은 늘 모자라는 게 없다고 하더라구요."

　부자는 어이가 없었습니다.

　"그 애 옷 한번 보렴. 항상 다 떨어져 기운 옷만 입고 다니잖니?"

　"오히려 자기 엄마가 정성껏 기워준 옷이라 내 옷보다 더 튼튼하다고 자랑하던걸요."

　"우리 집 창고에는 얼마나 귀중한 것이 많니. 쌀도 헤아리지 못할 만큼 많은데 그 집은 만날 쌀독 바닥 긁는 소리가 나잖아. 그나마 있는 쌀도 동네방네 다 퍼주니 지지리 궁상으로 사는 거지."

"제가 궁금한 게 그거라고요. 우리 집은 쌀이 그렇게 많아도 남한테 줄 쌀이 한 톨도 없는데, 그 집은 쌀이 거의 없어도 항상 남에게 줄 쌀이 있잖아요."[*36]

"우리 부자 맞아?"

각자 이 물음을 던져봅시다.

"나 부자 맞아?"

간단해 보이지만 뜻밖에도 이 물음에 응답하기란 쉬운 일이 아닙니다.

나눌 줄 아는 사람, 그는 이미 부자입니다! 나눌 줄 모르는 사람, 그는 아무리 많이 가지고 있어도 결코 부자가 아닙니다!!

"부자가 하늘 나라에 들어가는 것보다 낙타가 바늘귀로 빠져나가는 것이 더 쉽다"(마르 10,25 참조).

이 비유는 바로 부자의 이런 딜레마를 풍자적으로, 그것도 과장법이라는 수사를 동원하여 표현해주고 있습니다.

한마디로 부자는 나눌 줄 알아야 한다는 메시지입니다. 그런데 우리는 '하늘 나라'의 본래 의미를 깨달아야 합니다. 예수님이 말한 하늘 나라는 죽어서 가는 천국을 의미하기도 했지만, 살아서 누리는 천국을 가리키기도 했습니다. 그리고 예수님은 살아서 천국을 누리지 못하는 사람은 결국 죽어서도 천국을 누리지 못한다는 깨우침을 기회 있을 때마다 주셨습니다.

그렇다면 살아서 누리는 천국은 어떤 천국일까요? 바로 행복과 평화의 극치, 사랑과 화목의 충만이었습니다. 예수님은 '탐욕'에 사로잡힌 자는 결코 이 천국의 주인공이 될 수 없다고 보셨습니다. 그래서 부자 운

운했던 것이지요.

　요즈음, 미국의 부호들이 연이어 10퍼센트 사회기부를 선언하고 나섰습니다. 빌 게이츠, 워런 버핏이 대표적이지요. 한때 우리나라도 노블레스 오블리주라는 말이 유행한 적이 있는데 이미 시들해지고 말았지요. 그렇지만 이제 대한민국 부자들의 차례입니다.

　다시 황상민 교수의 용어를 빌려 말하자면 부자 중의 부자는 '존경받는 부자'일 것입니다. 이런 부자에게는 '악인'의 꼬리표가 따라다니기는커녕 오히려 '선인'의 훈장이 자랑스럽게 빛날 것입니다.

　요컨대, 부는 악이 아닙니다. 선을 행할 기회입니다. 나쁜 것은 그 기회를 의도적으로 외면하거나 거부하는 것입니다.

선한 '부'와 악한 '부'가 따로 있다면
재테크는 어떻게 해야 하나요?

한 기자가 미국 최대 부호였던 록펠러의 딸에게 물었답니다.

"당신은 모든 여성이 부러워하는 사람입니다. 실제로 행복하십니까?"

그녀는 어깨를 으쓱하며 이렇게 답했답니다.

"행복하다고요? 누가 돈으로 행복을 살 수 있나요? 우리를 행복하게 하는 것 중에는 돈의 힘으로도 어떻게 할 수 없는 일이 얼마든지 많아요. 나는 행복하지 못해요. 나를 부러워하고 있는 사람들에게 이 말을 전해주세요."[*37]

확실히 경제는 딜레마입니다. 궁하면 불편하고, 그것에 홀딱 매이면 보다 더 중요한 것을 잃을 판이니까요. 그런 것이 돈이며 부인 것입니다.

내 젊은 시절, 미래를 고민하고 있을 때, 책속에서 만난 숱한 멘토들은 내게 돈보다 더 중요한 것이 있음을 깨우쳐주었습니다. 나는 결론을 내렸습니다.

"인생을 돈벌이에만 전념하는 것은 야망의 빈곤을 드러낼 뿐이다. 부자가 되기만을 꿈꾸는 것은 스스로에게 너무 적은 것을 요구하는 것이다. 더 큰 야망을 가지고 더 큰 뜻을 품어라. 너의 가능성은 돈보다 위대하다."

나는 이런 기준에 따라 직업을 택하고자 했습니다. 모르긴 몰라도 나에게 아직도 직업을 고를 기회가 있다면 여전히 이 생각을 굽히지 않을 것입니다.

내가 현실을 전혀 모르고서 이런 말을 하는 것이 아닙니다. 이런 개념 있는 인생관이 팔자 좋은 사람의 철없는 꿈으로 치부될 공산이 크다는 사실도 모르는 바 아닙니다.

아마도 진짜 경제난에 처해 있는 사람에게는 배부른 소리일 것입니다. 이런 말 자체가 불필요할 만큼 상황은 비참하기 때문입니다. 이를 반영하는 신조어들만 봐도 그렇습니다.

삼포세대: 돈 때문에 연애와 출산, 그리고 결혼까지 포기하는 세대
88세대: 월평균 88만원을 받는 20대 비정규직
이구백: 20대 90퍼센트는 백수
장미족: 장기간 미취업자
삼팔선: 38세가 되면 퇴출 대상

이에 못지않게 은퇴세대의 경제적 압박도 심각합니다. 2011년 8월 첫선을 보인 연금복권이 10주 연속 매진되었다는 게 그 단적인 예입니다. 이 현상을 두고 대구대 이승협 사회대 교수는 "대부분의 사람이 은퇴 준비가 안 돼 있고, 노후생활에 대한 불안감에서 헤어 나올 방법이 없기 때문에 일확천금인 로또를 통해서 문제를 해결하고자 하는 측면이 있다"고 분석했습니다. [38]

이를 반영하듯, 국민 열 명 가운데 네 명 이상은 다가올 '100세 시대'

를 축복으로 생각하지 않는다는 조사 결과가 나왔습니다. 100세까지 살면 노년기가 너무 길어지고 빈곤과 질병, 소외와 고독 등의 노인 문제를 안고 살아야 하기 때문입니다.[★39]

나는 고상한 말로 열심히 일하는 직장인들을 기죽이고 싶지 않습니다. 그렇다고 경제전문가도 아니니 부자가 되는 법을 전수해줄 요량도 없습니다. 내가 말해줄 수 있는 것은 자신에게 주어진 것들을 어떻게 하면 가장 풍요롭게 누릴 수 있는가에 대해서입니다.

"어떻게 돈을 많이 벌 수 있을까?" 이것은 경제전문가에게 들어야 하는 재테크 조언입니다.
"어떻게 현재 가진 것으로 최대의 행복효과를 얻어낼 수 있을까?" 이것은 각자가 찾아야 하는 재테크 지혜입니다.

황상민 교수는 조선일보와 한국갤럽, 글로벌마켓인사이트의 조사 결과를 토대로 한국인은 "돈=행복"이라는 공식의 포로가 되어 꼼짝달싹 못하고 있다고 결론 내립니다.[★40]

"조선일보와 여론조사기관 한국갤럽·글로벌마켓인사이트가 세계 10개국 5190명을 대상으로 '행복의 지도'를 조사한 결과, [······] '나는 매우 행복하다'고 답한 사람은 한국(7.1퍼센트)이 제일 적었다. 자신을 행복하다고 평한 사람이 가장 많은 나라는 축구와 삼바의 나라 브라질이었다. 브라질 사람 10명 중 6명이 '나는 매우 행복하다'라고 답했다. [······]
세계 2위 부자인 마이크로소프트 빌 게이츠 회장을 '가장 행복한 사람'으로 꼽은(49.3퍼센트) 나라는 한국이 압도적인 1위였다. 대부분 행복한 나라의 국민들은 '가장 행복할 것 같은 사람'으로 '나 자신'(33.9퍼센트)을 가장 많이 꼽았다. 행복한 사람으로 '나'를 많이 지명한 사람들은 인도네시아(56.1퍼센트)·베트남(46.0퍼센트)·말레이시아(40.1퍼센트) 등 동남아 사람들이었다."[41]

특기할 것은 '돈과 행복이 무관하다'고 답한 비율에서도 우리나라 사람은 비교 국가들 중에서 가장 낮은 7.2퍼센트였다는 사실입니다.

진즉 알고 있었던 사실이지만, 새삼 통계를 확인하고 나니 더욱 안타까워집니다. 두말할 필요 없이 통계로 나타난 한국인의 경제관과 행복관은 비극에 가깝습니다. 그것도 헤어 나오기 힘든 불행의 늪이라는 생각이 듭니다.

돈과 행복이 전혀 무관하다고 보는 것도 좀 무리는 있겠으나 이처럼 자신의 행복을 몽땅 돈에다 걸어놓으면, 우리의 행복은 경기의 흐름에 따라서 롤러코스터를 타게 마련입니다. 일시적으로 행복하다가도 언제 다시 불행의 골짜기로 곤두박질칠지 모르는 위태위태한 행복이라니! 가슴이 아려오는 것을 어쩌지 못합니다.

이 불행에 또 다른 인자들이 가세합니다. 바로 비교와 경쟁심입니다. 막상 먹고살 만큼 돈을 벌었어도 여전히 행복하지 못한 이유를 에드 디너 미국 일리노이주립대학교 심리학과 교수는 이렇게 보았습니다. "한국인은 사회 구성원과 자신을 끊임없이 비교해 남을 이기는 것이 행복해지는 길이라고 생각하기 때문"이라는 것입니다.[42]

이쯤 되면 우리의 근본적인 문제는 경제가 아니라 돈에 대한 태도 즉 가치관, 그리고 비교·경쟁의식에 있음을 깨닫게 됩니다.

그러므로 우리에게 당장 필요한 것은 가치관 혁명입니다.

무엇보다도 먼저 돈보다 더 소중한 가치를 놓치지 않는, 이른바 가치관 뒤집기가 필요합니다.

흔히 '먹고사는 문제'가 해결되어야만 '그다음 무언가'를 할 수 있으리라 생각하기 마련입니다. 고상한 취미든 여가활동이든 웰빙이든 일단 의식주 문제를 해결한 연후에나 생각해 볼 수 있는 것으로 여깁니다.

그런데 미국 작가 얼 쇼리스가 창립한 '클레멘트 코스'는 이 우선순위를 과감히 뒤바꿔버렸습니다. '살아야 할 이유'를 가르쳐주는 학교, 클레멘트 코스는 노숙인들의 재활을 돕는 것을 목적으로 하고 있습니다. 그런데 이 코스는 이들에게 의식주와 일자리 문제를 제공함으로써 도움을 주려던 기존 통념을 뒤집었습니다. 바로 '소외받는 이들을 위한 인문학 교육'이라는 개념을 제시함으로써 말입니다. 이는 타인과 소통하는 데 가장 중요한 요소가 '자신에 대한 성찰'과 '자존감의 확보 및 회복'이라는 것 그리고 인문학이 그것을 가능하게 해준다는 취지를 담고 있습니다.

당장 먹고사는 문제보다 인간에게 더 중요한 것이 자기 존재의 의미를 발견하는 것이라는 관점이지요. 이를 증명하고 지원하고자 하는 열기는 영국의 노숙인들이 만들고 판매하는 잡지 『빅이슈』를 통해 조용히, 그러나 뜨겁게 확산되고 있습니다. 유명 연예인이나 사회 지도층이 기부 형식으로 참여하는 시스템을 구축하여 전 세계 28개국에서 이 잡지가 발간되고 있습니다. 최근 한국에도 상륙하였습니다. 잡지를 판매하는 노숙인들의 가슴에는 조합번호와 함께 이런 문구가 적혀 있다고 합니다.

"나는 지금 구걸을 하는 것이 아니라 일을 하고 있습니다."*[43]

이 코스는 보란 듯이 성공하였습니다. 인식의 틀을 전환하니 전혀 희망이 보이지 않던 이들에게 새로운 삶의 활기가 샘솟은 것입니다. 이에 그치지 않고 점차 하나의 사회현상으로 확대되어 조용한 반향을 일으키고 있습니다.

이 대범한 역발상이 이제 우리 모두에게 필요합니다. 돈보다 의미 있는 삶을 추구하고, 부자가 되는 것보다 보람 있는 삶을 더 꿈꾸면, 일시적인 경기 침체 때문에 그토록 스트레스를 받거나 우울증에 시달리지 않아도 되는 것입니다.

내 자신의 경험에서 배우거나, 내로라하는 현자들에게 지혜를 청하거나, 오늘날도 존재의 향기를 풍기는 실존 인물들에게 비결을 물어 내가 도달한 잠정 깨달음은 이것입니다.

무슨 일을 하든지 그 자체를 즐기라.
배를 곯을지언정 의미 없는 일은 하지 마라.
돈만을 위하여 일하는 사람은 영혼을 잃기 쉽다.
명예를 구하여 일하는 사람은 기쁨을 잃기 쉽다.
권세를 탐하여 일하는 사람은 친구를 잃기 쉽다.
자기가 사랑하는 일을 하고, 일을 위하여 일하라.
그러면 나머지 것들은 저절로 따라올 것이다.

이는 처세술이 아니라 삶의 원리를 제시하는 경구입니다. 처세술은 일시적으로 통하지만 원리는 영원히 통합니다. 그러므로 즉효를 보지 못하더라도 우직하게 실행해봄이 현명한 선택일 것입니다.

과정을 즐기라는 이 원리에 짝을 이루는 또 하나의 중요한 원리가 있습니다.

하버드대학의 어느 교수가 학생들이 제출한 과제물을 돌려주었습니다. 과제물 밑에는 '이것이 최선을 다한 결과인가?'라고 적혀 있었습니다. 학생들은 당황했지만 이내 '그렇지 않다'고 생각했습니다.

학생들은 완전히 다시 작성하여 교수에게 제출했습니다. 교수의 반응은 똑같았습니다. 과제물에는 여전히 '이것이 최선을 다한 결과인가?'라고 적혀 있었습니다. 학생들은 이번에도 역시 교수에게 '그렇지 않다'고 대답했습니다.

학생들은 과제를 해결하기 위해서 도서관으로 몰려갔습니다. 그 과정은 이후로도 열 차례나 반복되었습니다.

"여러분이 최선을 다한 결과가 이것입니까?"

열 번 이상 과제물을 작성했던 학생들이 이번엔 자신 있게 대답했습니다.

"그렇습니다, 교수님. 우리가 최선을 다한 결과가 그것입니다."

교수는 학생들을 향해 환한 미소를 지었습니다.

"좋습니다. 이제 내가 읽어보겠습니다."

1973년 노벨평화상을 수상하기도 했던 미국의 정치가 헨리 키신저가 자신의 저서 『백악관 시절』에서 소개한 일화입니다.

최선을 다했는가? 이 물음이야말로 실패에 대한 강력한 위로이며, 진정한 성공을 향한 불편한 채찍일 것입니다.

다음으로, 우리에게는 성공보다 행복에 더 우선순위를 두는 발상의 전환이 필요합니다.

흔히 "성공하면 행복할 것이다"라는 가설을 세워놓고 삽니다. 하지만 성공한다고 해서 행복해질 거라는 보장은 없습니다. 그러므로 이제 "행복하면 성공할 것이다"로 발상을 바꿔보는 것입니다. 실제로 통계조사에 의하면 행복한 사람이 성공할 확률은 매우 높은 것으로 나타났습니다. 그러니 행복을 먼저 선택하는 지혜를 가진 자는 두 마리 토끼를 다 잡는 셈입니다.

나는 행복의 비결이 영어 단어 'Happiness'에 함축되어 있다고 역설하고 다닙니다. 행복을 뜻하는 이 단어의 어원은 '발생한다'는 뜻을 지닌 'Happen'입니다. 이는 "행복은 발생하는 것이지 쟁취하는 것이 아니다"라는 사실을 시사합니다. 행복은 쟁취나 획득되는 것이 아니라, 발생되고 창조되는 것입니다. 획득은 어려워도 발생은 쉽습니다. 그냥 웃고, 그냥 행복한 척하는 것입니다. 그러면 행복의 감정이 발생합니다. 우리의 뇌에서는 거짓으로 행복한 척해도 실제 행복할 때와 같이 도파민, 엔도르핀 등의 행복호르몬이 분비된다고 합니다.

아인슈타인은 이런 발상으로 곤궁한 처지에서도 행복을 흐트러트리지 않았습니다. 그의 학창 시절 성적이 그리 좋지 못했다는 것은 흔히들 알고 있는 사실이지만, 그가 훗날 학자로 유명해지기 전까지 상당히 궁핍한 삶을 살았다는 것은 모르는 이가 많을 것입니다. 특히 젊은 시절 아인슈타인은 몹시 가난하여 빵 한 조각과 물만으로 식사를 해결해야 할 때가 많았다고 합니다.

그 시절 하루는, 식사 중인 아인슈타인에게 친구들이 찾아왔습니다. 아인슈타인의 초라한 식탁을 보며 한 친구가 입을 열었습니다.

"자네, 힘들면 우리에게 말을 하지 그랬나. 어떻게든 도와줬을 텐데 말이야. 고작 빵 한 조각과 물 한 잔이 식사의 전부란 말인가? 자네가 이 정도로 어렵게 사는 줄 미처 몰랐네."

"무슨 소리야? 나는 지금 만찬을 즐기는 중이라고!"

호탕하게 웃으며 당당히 말하는 아인슈타인의 모습에 친구들은 놀랐습니다. 어떤 친구는 굶주림에 지쳐서 머리가 이상해진 것은 아닌가 의심할 정도였습니다.

"자, 보게나. 나는 지금 소금, 설탕, 밀가루, 베이킹파우더, 달걀에 물까지 곁들여서 식사를 하는 중이라네. 그뿐만이 아니라 지금 잔잔하게 음악도 흐르고 있지 않나. 어떤가? 이만하면 훌륭한 만찬 아닌가?"

그는 이렇게 빵에 들어가는 재료를 나열하면서 너스레를 떨었습니다. 모두들 그의 처지를 두고 '어려운 상황'이라고 측은히 여겼지만, 정작 본인은 생각의 힘으로 부유한 자의 여유를 즐길 줄 알았습니다.

부(富)에 대한 단상을 갈무리할 차례입니다. 극단적으로, 조금 과장되게 말하자면, 우리가 직관하는 진실은 이것입니다.

"손바닥 안에 주어진 것에서 풍요를 만끽할 줄 모르면, 우주를 소유한들 여전히 배고프다."

PART **02**

고독한 영혼의
초월본능

우리는 왜 자기 인생에
쉽게 만족하지 못할까?

유학 초기 이제 막 독일어를 배우고 있을 때 일입니다. 동양 문화권에서 한자가 거의 모든 언어에 수용되어 모국어화되어 있듯이 유럽 언어들에서는 라틴어와 그리스어가 그 역할을 합니다. 그래서 이 두 언어의 단어를 많이 알수록 독일어를 배우는 데도 유리합니다. 그리고 언어는 사전에서보다 생활의 맥락에서 배워두는 것이 훨씬 유리합니다.

한번은 독일 동료들과 함께 차를 타고 야외로 가는 중인데 운전을 하던 친구가 '스피리투스'(spiritus)가 떨어졌다고 말하면서 주유소를 들르는 것이었습니다. 속으로 생각했습니다.

"스피리투스, 그거 라틴언데! 영어로 'spirit'니까 정신을 뜻하는 단어지. 어? '정신'이 떨어져……? 운전할 의욕이 없다는 말인가?"

그런데 그 친구는 주유를 마치자 문제를 해결한 듯이 출발하는 것이었습니다. 나중에 사전을 찾아보니 스피리투스에 '액체연료'의 의미가 있었습니다.

몇 달 뒤, 기숙사에서 저녁 모임 후 한 친구가 불쑥 "스피리투스 좀 가져올까?"라고 말했습니다.

"액체연료? 그걸 왜?"

가더니 맥주를 몇 병 들고 왔습니다. 순간 깨달았습니다.

"아, 스피리투스는 '알코올음료'를 뜻하기도 하는구나! 그러니까 연료든 알코올음료든 '휘발성' 에너지, 그 '에테르'를 정신 또는 영이라 부르는 것이구나!"

'스피리투스'라는 단어를 추적하다가 이후 물질과 정신, 곧 '물질'과 '영'의 관계에 대해서 깊이 생각하게 되었습니다.

개념상 사람들은 물질의 궁극적 에테르를 정신이나 영으로 본 것 같습니다. 이 정신이나 영은 보이지 않는다고 해서 '에너지'가 없는 것이 아니라 물질계를 초월하는 에너지를 지니고 있습니다.

"영혼이란 무엇인가?"

이 물음은 인간에 관한 물음의 중심에 있습니다. 인간에 관해 물으면서 영혼의 존재와 기능을 빠뜨린다면 껍데기만 살피는 격이 되기 때문입니다.

이 물음은 "인간은 물질 덩어리인가 아니면 그 이상의 존재인가?" 하는 것과 다르지 않습니다. 이에 대하여 오늘날까지 나와 있는 주장들을 구분해보면 크게 세 가지로 정리됩니다.

조금 장황하지만 이 고개를 넘지 못하면 우리는 영혼에 대하여 단지 '피상적'으로만 말하는 격이 됩니다. 그러니 영혼에 대하여 진정으로 궁금해한다면 인내심을 갖고 하나하나 음미해 볼 일입니다.

첫 번째 관점은 인간은 결국 '물질적인 존재'라고 보는 '유물론'의 주장입니다. 심리학자 프로이트나 공산주의자 마르크스 등이 이런 주장을 펼쳤습니다. 이들은 인간의 지성, 정신, 영혼이라는 것들도 결국은 '물질'이 거듭 발전해 나가는 과정에서 생겨난 산물이라고 봅니다. 단백질 덩어리가 고도로 진화하여 오늘날 인간의 문명을 이뤄냈다는 것입니다. 그러니 인간의 '육신'이 수명을 다하면 인간의 '정신'도 함께 소멸할 수밖에 없다는 것입니다.

나는 개인적으로 이 주장에 반대합니다. 왜냐하면 이런 관점은 만물의 영장으로서 인간 고유의 가치를 놓치기 때문입니다. 예를 들어보겠습니다. 여기 고도의 훈련을 받은 수억 원짜리 개 한 마리가 있습니다. 또 거리에 스스로를 방치한 노숙자가 있습니다. 언뜻 생각하면 우리 사회에 노숙자보다 고가의 개가 더 필요한 존재인지도 모릅니다. 그런데 만일 누군가가 잘못으로 이 값비싼 개가 죽는다면, 이는 동물학대죄로 벌금을 무는 한편 손해배상을 함으로써 해결됩니다. 하지만 누군가의 잘못으로 노숙자가 죽는다면, 그가 비록 스스로 용도 폐기했을지라도, 이는 살인죄가 됩니다. 왜 이러한 결과가 나오는 것인가요? 사람에게는 동물과 구별되는 그 무엇이 있기 때문입니다. '그 무엇'이란 바로 영혼을 가리킵니다.

철학자들은 이 영혼(靈魂)을 지닌 인간의 위상을 확실히 하기 위하여, 무릇 식물들이 지닌 생명원리를 생혼(生魂)이라 불렀고 동물들이 지닌 생명원리를 각혼(覺魂)이라 불렀던 것입니다. '생혼'이란 생명을 관장하는 기운을 가리키고, '각혼'이란 감각을 관장하는 기운을 가리킵니다. 중요한 것은 그것들이 병렬적으로 있는 것이 아니라 상위의 혼이 하위의 혼을 내포한다는 점입니다. 즉, '각혼'에는 이미 '생혼'이 내포되어 있고, '영혼'에는 이미 '각혼'과 '생혼'이 내재합니다.

두 번째 관점은 물질을 넘어서는 영혼의 존재를 인정하되 육체를 나쁘게 보는 '이원론적' 입장입니다. 이는 플라톤을 위시한 그리스 철학자들의 견해입니다. 플라톤은 '영혼 불멸설'을 내세웠습니다. 영혼들이 본래 이데아(idea)의 세계에 선재(先在)하다가, 죄를 짓고 그 벌로 잠시 이 세상에 와서 육체라는 감옥에 갇혀 있게 되었다고 본 것이죠. 육체는 악에서 기원한 것으로 영혼의 감옥이요 속박이며 무덤에 지나지 않는다는 것입니다. 영혼은 육체에 얽매여 있는 욕망을 이성의 힘으로 극복해야 하고, 영혼이 자유로워지는 길은 결국 육체를 떠나는 것이라고 보았습니다. 이는 부정적이고 염세적인 육체관으로 중세 그리스도교 사상에 크게 영향을 끼쳐서 고행을 장려하였습니다.

오늘날 많은 뉴에이지 사상들이 이러한 관점을 계승하고 있습니다. 그래서 수련이니 단련이니 명상이니 하는 것들을 통하여 더 높은 단계로의 의식의 진화를 꾀하고 있는 것입니다.

무엇이 되었건 이원론적 관점은 과학적으로도 철학적으로도 결점이 많은 것으로 판명되었습니다. 그러니 영혼을 선하게 보고 육체를 나쁘게 보는 것은 바람직하지 않습니다.

셋째, 영혼의 존재를 인정하는 동시에 육체를 나쁘게 보지 않는 일원론적 관점입니다. 곧 인간을 영혼과 육체의 '완전한 합일체'로 보는 입장입니다. 성경은 인간을 철저하게 영혼과 육체의 통합체로 봅니다.

유럽의 2000년 인문학을 통섭한 토마스 데 아퀴노는 이러한 성경의 인간관을 기초로 하여 인간은 영과 육의 '단일체'라고 보았습니다. 그는 인간은 "동시에 육신이며, 동시에 영혼"이라고 결론 내렸습니다. 육체는 앞의 그리스 철학자들이 보는 것처럼 '악한 실재'가 아니라 '선의 원천'이며 영혼의 구원을 위해 주어진 것이라고 보았습니다. 육체가 있기 때문에 인간은 선을 행할 수 있고 다른 사람들과 정서적인 교류를 할 수 있다는 것입니다.

토마스의 이러한 견해는 오늘날에는 당연한 것처럼 보입니다. 그렇지만 앞에서 살펴본 두 번째 주장인 부정적이고 염세적인 육체관이 널리 퍼져 있던 중세의 분위기에서는 획기적인 전환점이라고 평가받을 만큼 탁월한 것이었습니다. 쉽게 말해서 육신을 죄 덩어리로 보던 종래의 관점이 토마스에 의해서 극복되고 육신이 할 수 있는 선의 가능성을 인정하게 된 것이지요. 토마스를 통해 비로소 '영육의 조화'와 '심신일여'가 중요한 영적 목표로 자리매김 되었고, 금욕 위주의 소극적 영성보다 사랑과 선행을 강조하는 적극적 영성이 확립될 수 있었습니다.

미리 말해두었지만 조금 길었습니다. 지금까지 영혼을 물질 내지 육체와의 관계에서 설명해봤습니다. 이제 우리의 관심을 영혼에만 집중해 보겠습니다.

그렇다면 영혼은 우리에게 어떤 기능을 할까요? 강의차 광주에 갔다가 한 체험자로부터 직접 들은 이야기가 있는데 그 속에 답이 있습니다.

"저는 언젠가 콜로라도에 있는 한 수도원에 머물게 되었습니다. 그곳은 익히 들어 알고 있는 영성가 토마스 머튼이 생활했던 트라피스트 봉쇄 수도원이었습니다. 그곳에선 '성소자 식별 프로그램'을 6개월 단위로 하고 있습니다. 저는 수도생활 체험과 영적 피정을 위해 그곳을 찾았습니다.

프로그램 참가자는 구체적으로 1년에 두 명씩을 선별하여 받습니다. 선별된 사람은 그곳에서 머물며 자신의 성소를 확인하는 것이지요. 당시 저와 함께 참여했던 친구는 뉴욕 증권가에서 성공한 펀드매니저였습니다. 나름대로 세상적인 부로 성공한 사람이었습니다. 그런데 그는 살다 보니 세상의 명예와 부가 아무것도 아니라는 생각이 들었다고 합니다. 그래서 이 프로그램을 통해 자신의 성소를 발견하고 싶어서 지원했다더군요.

그곳 담당 신부의 말을 들으니 그곳 열두 개의 수도원에 항상 지원자들이 넘쳐난다고 합니다. 또한 대부분 나이가 많고, 신기하게도 세상에서 성공한 사람들이 많은데 이들은 하나같이 이렇게 말한다고 합니다.

'세상의 명예와 부는 아무것도 아니구나. 이런 것을 얻어도 나는 늘 영적인 갈망을 느낀다. 내 삶은 공허하고 허무할 뿐이다. 진정한 행복은 무엇인가? 어디에 있는가?'

그렇게 하여 몰려든 대부분 사람이, 프로그램을 마친 후에는 아예 그곳에 들어와 살기로 작정한다는 것입니다."

왜 사회적으로 더 바랄 것이 없을 것 같은 이들이 굳이 말년에 와서 하느님을 찾고, 신앙 안에서 단순한 삶을 추구하는 것일까요?

이는 바로 그들의 영혼이 굶주릴 대로 굶주려 있기 때문입니다. 결국 세상적인 그 어떤 부도, 성공도, 행복도 영혼의 양식을 공급하지 않고는 온전할 수 없습니다.

세상의 잣대로 보면 부러울 것이 없을 만큼 부를 만끽한 저들이지만, 실상 내면으로는 한없이 가난한 영혼들이었던 것입니다. 그들은 필경 그간 외면당해왔던 영적 욕구가 마음 깊숙한 곳에서 꿈틀거리는 것을 느꼈을 터입니다.

영혼의 목마름을 찾는 길이 수도원행이라는 것을 말하려는 것이 아닙니다. 그것은 수많은 길 중의 하나일 따름입니다. 다만 우리의 영혼이 영원한 그 무엇을 갈망하는 특성을 지녔다는 사실을 간과해서는 안 된다는 것입니다. 이것이 충족되지 않는 한 우리는 공허감에 점점 더 목이 탈 것이라는 사실을 명심해야 한다는 겁니다.

충족을 모르는 욕망의 근본적인 원인이 영혼이 실재하기 때문이라는 사실을 확인해봤습니다. 비극은 많은 이들이 마치 영혼이 실종된 듯이 살고 있으며, 게다가 그 사실 자체를 깨닫지 못한다는 데 있습니다. "사람들은 닭이나 개 한 마리가 나가면 찾으러 다니지만 마음이 도망가면 찾으려 하지 않으니 서글프구나"(人有鷄犬放 知求之 放其心而不知求 哀哉) 하였던 맹자의 말은 모름지기 이런 실태를 두고 한 개탄이었을 것입니다.

집 나간 '마음', 곧 '영혼'을 되찾아서, 우리에게서 다시 사람 냄새가 나도록 해야 할 것입니다. 참 '사람 냄새'는 '영혼'이라는 실재를 매개로 하여 '하늘 냄새'가 됩니다.

법정 스님은 '하늘 냄새'라는 시에서 영혼의 향기를 이렇게 노래합니다.

"사람이 하늘처럼 맑아 보일 때가 있다.
그때 나는 그 사람에게서 하늘 냄새를 맡는다.
사람한테서 하늘 냄새를 맡아본 적이 있는가. 스스로 하늘 냄새를
지닌 사람만이 그런 냄새를 맡을 수 있을 것이다."[1]

아무래도 맑은 영혼에서 맑은 내가 나고, 탁한 영혼에서는 탁한 내음이 날 것입니다. 흔히 "그 사람 참 영혼이 맑다"는 표현을 합니다. 영혼이 맑은 사람은 어떤 사람일까요?

동화작가 故 정채봉은 노래합니다.

"우선 특징을 말씀드리겠습니다

산을 산이라 하고 물을 물이라 합니다
몸을 옷으로 감추지도 드러내 보이려 하지도 않습니다

물음표도 많고 느낌표도 많습니다
사금파리 하나도 업신여기지 않고 흙과도 즐거이 맨손으로 만납니다
높은 하늘의 별을 우러르기도 하지만 청마루 밑 같은 낮은 데에도
곧잘 시선이 머뭅니다

마른 풀잎 하나가 기우는 소리에도 귀를 기울이고 옹달샘에 번지는
메아리결 한 금도 헛보지 않습니다
아침에 일어날 때마다 '오늘은 무슨 좋은 일이 있을까' 그 기대로
가슴이 늘 두근거립니다

이것을 지나온 세월 속에서 잃었습니다
찾아 주시는 분은 제 행복의 은인으로 모시겠습니다
그것이 무엇이냐고요? 흔히 이렇게들 부릅니다

'동심'"★2

이 영혼을 잘 갈무리하여 자신의 마음에서 피어오르는 하늘 향기를
맡아보기를 권합니다.

영혼에게는 고독처럼 좋은 보약이 없습니다. 그런데 흔히 바쁘다는
핑계를 많이 댑니다. 나 역시 그랬습니다. 어쩌다 연 600회 강의를 소
화해야 하는 몸이 되고 보니 '영혼'을 돌볼 시간을 내기가 수월치 않습
니다. 강의를 다닐 때에도 팀으로 다니기 때문에 늘 누군가와 함께 있습
니다. 그래서 궁리해낸 것이 무슨 일이 있어도 일부러 새벽 시간을 내
는 것과 혼자 운전하는 기회를 활용하는 것이었습니다. 나는 원래 '저녁

형 인간'이었지만 점점 습관을 들여 '아침형 인간'이 되었습니다. 새벽 5시에 일어나 누리는 고독의 맛은 그야말로 아침이슬 맛입니다. 또 하나 호젓한 고독의 시간은 매주 수요일마다 인천 가톨릭대학교 강의를 가고 오면서 운전할 때입니다. 그 시간에 나는 깊은 기도에 잠기곤 합니다. 그때가 얼마나 달콤하게 느껴지는지 고독 안에서 기도의 맛을 느껴본 사람은 이해하실 것입니다.

요즘 직장과 가정에서 오는 스트레스로 영혼이 짓눌리는 것처럼 느끼는 분들이 많은 줄로 압니다. 바로 이럴 때 '고독' 속에 잠겨 자신의 영혼과 맞대면 하는 시간이 필요합니다.

일상에서 고독을 즐기는 법을 터득한 사라 밴 브레스낙은 이렇게 말합니다.

"인도 속담에 따르면 모든 사람은 육체, 정신, 감정, 영혼이라는 네 개의 방을 갖고 있다. 대부분의 사람은 한 방에서만 산다. 하지만 인생을 풍요하게 살아가려면 날마다 네 개의 방에 규칙적으로 들어가지 않으면 안 된다. 억지로가 아니라 자연의 섭리에 따라 말이다.

당신은 지금 어느 방에 있는가? 누군가 등을 떠밀어 원하지도 않는 방에 틀어박혀 있는 건 아닌가? 방의 주인은 오직 당신이다."[*3]

우리는 육체의 방, 정신의 방, 감정의 방에는 매일 섭섭하지 않을 만큼 들릅니다. 이젠 영혼의 방에 머무는 즐거움도 누려볼 때입니다.

영혼의 방!

영혼의 방을 진짜로 마련해보는 것도 괜찮을 듯싶습니다. 집에서 조용히 혼자 있을 수 있는 고독의 공간 말입니다. 이름이 그렇다고 해서 굳이 방이어야 할 필요는 없겠지요. 빈 구석 어딘가에 놓여 있는 교자상

하나, 방석 하나면 족합니다.

거기 촛불 하나 켜놓고 정해진 시간만큼 머물러보는 겁니다. 한두 시간도 좋고, 30분도 좋고, 정 어려울 땐 다만 몇 분이라도 좋습니다.

꼭 뭔가를 얻으려 하지 말고, 뭔가를 이루려 하지도 말고, 그냥 머무는 것입니다.

그러다 보면 성 알퐁소가 즐겼던 그 고독을 위한 경구가 달리 보일 때가 올 것입니다.

"모든 것을 가지고 들어가라(intrate toti).
혼자 머무르라(manete soli).
다른 사람이 되어 나가라(exite alii)."

고독에 머물다 보면 어느새 다른 사람으로 변해 있을 것입니다. 고독 안에서, 불안이 변하여 평화가, 미움이 변하여 사랑이 자신도 모르는 사이에 움틀 것입니다. 고독의 열매는 의지에 의해서가 아니라 어느새 맺어지는 것이기 때문입니다.

그러므로 잠시 멈춰 영혼을 추슬러볼 일입니다.

"너는 누구인가?"라고 누군가가 물을 때 그 답을 구성하는 문장 중심에 "나는 영혼이다"를 서슴지 않고 적을 줄 아는 사람은, 비록 땅 위에 살고 있어도 이미 하늘의 사람입니다.

자신의 VIP 리스트 가운데 가장 첫 번째 귀빈 이름을 "내 영혼"이라 적은 사람은 지상에서 가장 지혜로운 사람입니다.

3-1 Real Q

외로움과 고독은 어떻게 다른가요?

　말은 일종의 사회적 약속입니다마는 어떤 사람에게는 '외로움'이나 '고독'이 차이가 없는 것처럼 사용되고 있음을 봅니다. "나 외로워 죽겠어"라는 하소연과 "고독한 이 밤을 위하여"라는 시어(詩語)의 의미가 전혀 다르지 않은 것입니다.

　그럼에도 섬세하게 언어 선택을 하는 사람들에게는 '외로움'은 소극적인 의미로, '고독'은 약간 적극적인 의미로 느껴집니다. 적어도 이 글에서는 그렇게 약속을 해두겠습니다.

　어쨌든 '외로움'을 호소하는 이들이 점점 늘고 있습니다. 통계는 그 현상을 확연히 보여줍니다.

　"한국의 1인 가구의 비율도 노인·청년·장년층을 가리지 않고 급격한 속도로 늘고 있다. 통계청에 따르면 2010년 우리나라의 1인 가구 수는 403만 가구로 전체 가구(1733만 가구)의 23퍼센트에 달한다."[4]

　"최근 멀쩡하게 직장생활을 하고 업무상 사람들을 만나지만, 개인적인 인간관계를 맺는 것에는 어려움을 느끼는 '활동형 외톨이'가 늘고 있다. [……]

온라인 취업포털 사람인이 16일 언론에 배포한 자료에 따르면 직장인 1223명을 대상으로 "직장생활 중 자신이 외톨이라고 느낀 적이 있습니까?"라고 질문한 결과, 58.3퍼센트가 '있다'라고 답했다. [……]

외톨이라고 느끼는 것으로 인해 받는 스트레스는 33.7퍼센트가 '병이 날 정도'로 심각한 수준이라 답했고, '주변에 하소연을 해야 하는 정도'(33.2퍼센트)가 근소한 차이로 뒤를 이었다."[*5]

"'주침야활'(晝寢夜活·낮에 자고 밤에 활동)과 '삼시면식'(三時麵食·세 끼를 컵라면으로 해결)이라는 신조어를 탄생시킨 '인터넷 폐인'들의 행태를 넘어 6개월 넘게 바깥세상과의 관계를 완전히 단절한다면 이것은 병(病)이라고 할 수 있다. [……]

우리나라에도 이미 친구와 동료도 없이 또 가족과의 대화도 단절한 채 생활하는 '외톨이'가 급증하고 있다. 대략 20만 명 이상으로 추정된다."[*6]

여기 '외톨이'의 전형으로 소개된 이들은 오늘 우리 사회의 한 단면을 드러내줄 뿐입니다. 그 현상을 입체적으로 그려내는 것이 이 글의 목적은 아니기에 이 정도로 그치고자 합니다.

'외로움' 또는 '외톨이'의 심리적 현실을 공감하고자 군이 애쓸 필요가 없습니다. 사실은 바로 '나'와 '너'가 그 당사자이기 때문입니다.

요란한 척, 바쁜 척, 친구가 많은 척하지만 깊은 내면에서 이 '외로움'을 느끼지 않는 사람은 없습니다. 오죽하면 루소가 "사막에서 혼자 사는 것이, 사람들 사이에서 혼자 사는 것보다 훨씬 덜 힘들다"고 말했을까요. 독일 작가 마리엘라 자르토리우스의 말처럼 외로움은 주위에 아무도 없을 때가 아니라, 사람들과의 관계 속에 있을 때 엄습하게 마련입니다.

이런 의미에서 정신분석가 이승욱의 분석은 실제 현상과 딱 맞아떨어집니다.

"외로움이란, 내가 말할 대상이 없는 데서 비롯된 상처가 아니라, 내가 누구에게도 말 걸어지는 대상이 아니라는 데서 비롯된 것이라고 했다. 말 걸어지는 대상이라는 것은, 존재감의 확인이다. 우리에게는 말 걸어주기를 진정 원하는 사람, 오직 한 사람, 또는 소수의 몇 명이 있다. [……] 그러나 자신의 일부만이 받아들여지는 느낌은 어중간한 외로움을 만들어낸다. 그래서 많은 이들의 외로움은 대체로 어정쩡하다. 절절히 외롭지도 않지만, 그렇다고 외롭지 않은 것도 아니다."*7

이 외로움을 극복하는 방법은 없을까요? 있습니다.

나는 에둘러 말하고 싶지 않습니다. 그 길은 바로 외로움을 고독으로 승화시키는 것입니다. 즉, 떠밀려서 당하는 외로움을 이제 좋아서 즐겨보는 것입니다. 고독은 외로움의 변형일 뿐입니다. 이제껏 당해왔던 것을 즐기는 것입니다.

나는 이 말을 이론가로서 말하지 않습니다. 나는 어차피 '외로움'에 던져진 사제입니다. 그래서 그 '외로움'을 '고독'의 차원으로 끌어올려 아예 신나게 즐기기로 했습니다. 기왕이면 아무 방해도 받지 않는 절대 고독의 시간을 즐기기로 더 욕심을 내봤습니다. 나에게 그 시간은 새벽입니다. 그래서 새벽 일찍 일어나 적막 가운데 홀로의 시간에 한껏 잠겨보기로 했습니다. 아침이슬 소리 없이 내리는 고요 가운데 책상 앞에 앉아 있으면, 나는 저절로 두 가지와 맞대면하게 됩니다.

딱히 순서가 있는 것이 아니니 임의로 나열해보자면, 우선 나 자신과 맞대면하게 됩니다. 이때 나는 철저하게 나 자신에게 초점을 맞춥니다.

내 영혼을 보살피고 갈무리하는 것입니다. 남의 평가나 기대, 이런 것은 완전히 배제됩니다. 오로지 나의 열정, 나의 사명, 나의 꿈만을 점검합니다. 이성과 감성의 조화로움을 무의식적으로 저울질해보기도 합니다. 그리고 아무도 강박할 수 없는 나의 자유와 평화를 한껏 심호흡해봅니다. 이때 느껴지는 행복은 사람들과 함께할 때의 그것 못지않게 찐합니다. 이때 밀려오는 감동은 자신에게 온전히 집중되어 있어서 희석되지도 않고 흐트러지지도 않기 때문입니다. 흔히 우리는 누군가와 함께 있어야 한다는 강박에 시달립니다. 공생 및 소통 욕구 또한 채워져야 하는 것이지만, 그것이 강박일 때는 오히려 내면의 자유와 평화를 깨트릴 수 있습니다. 그러기에 때로 홀로 오로지 자신만을 마주하는 것은 말할 수 없는 내적 충일을 가져다주는 것입니다.

다음으로 나는 침묵과 맞대면합니다. 나에게 침묵은 신의 얼굴이며 신의 음성입니다. 나는 이 맞대면의 시간에 내 오감에 달린 기도의 문들을 활짝 열고 천상의 지혜를 들으며 그 지혜를 활자로 옮기는 저술 작업을 합니다. 운 좋으면 새벽에만 다섯 시간, 초읽기에 쫓기면 한두 시간, 삼매경에 홀딱 빠져 지냅니다. 무한 상상과 깨달음이 그야말로 삶의 희열을 더해줍니다.

그 침묵의 바다에서 나는 지난 세기 하반기에 문학계의 거두로 존경받았던 구상 시인의 신세계를 힐끗 엿보았습니다.

"이제사 비로소
두 이레 강아지만큼
은총에 눈이 뜬다.

이제까지 시들하던 만물만상이
저마다 신령한 빛을 뿜고
그렇듯 안타까움과 슬픔이던
나고 죽고 그 덧없음이
모두가 영원의 한 모습일 뿐이다.

이제사 하늘이 새와 꽃만을 먹이고 입히시는 것이 아니라
나를 공으로 기르고 살리심을
눈물로써 감사하노라. [……]"★8

시인이 '두 이레 강아지만큼' 눈 떠서 접한 '은총'은 온전히 내 것이 되어 내 세계관과 삶의 자세를 바꾸어놓았습니다. 냉철한 이성으로 생로병사에 깃든 영원의 편린을 꿰뚫어 보게 하였으며 천진의 감성으로 '하늘'의 보살피심에 눈물 흘리게 하였습니다.

나는 내 고독의 시간으로 새벽을 택했습니다마는 사람마다 상황마다 그 시간은 달라질 수 있습니다. 그리고 나야 본령이 영성가니까 그 방향으로 얘기를 할 수밖에 없었지만, 그 고독의 시간을 보내는 방법도 다채로울 수 있습니다.

예를 들면 홀로 운전을 하거나 일을 하는 동안 또는 설거지나 청소를 하는 동안, 그 침묵의 기회를 놓치지 말고 자신의 내면과 대화를 시도해볼 수도 있습니다. 주어진 일, 습관이 시켜서 하는 일을 멈추고 잠깐 나 자신에게 묻는 것입니다. '지금 네가 진짜로 원하는 게 뭐야? 너를 어떻게 대해줄까? 사느라고 참 고달프지?'

이는 독백 같지만 엄연한 대화입니다. 매너리즘에 빠진 내가 내면의 '나'와 나누는 소통인 것입니다. 이 대화는 우리가 절친과 나누는 대화보다 훨씬 진솔하고 따뜻합니다.

침묵과 친해지기 위해 가벼운 산책이나 여행으로 시야를 넓힐 수도 있습니다. 오직 나와 일대일로 대면하는 세상 속에 뛰어들면 새삼 진정한 나를 발견할 수 있기 때문입니다.

몰라서가 아니라 잘 안 되니까 '외로움'의 족쇄를 벗어나지 못하는 분들이 있음을 안타깝게 여깁니다. 모르긴 모르되 자존감 또는 자신감의 부족이 가장 큰 문제일 수 있습니다.

이런 분들에게 '고독'은 낭만 나부랭이로만 보일 수도 있습니다. 혹시 격려가 될까 하는 희망에서 나에게 좋은 자극이 되었던 이야기를 리바이벌해드립니다.

미국 시인이자 소설가로 지금 세기 가장 영향력 있는 흑인 여성 중 한 명인 마야 안젤루. 그녀는 자신이 어떻게 불우한 과거를 극복하고 일어설 수 있었는지 이렇게 진솔하게 밝힙니다.

"샌프란시스코에서 살 때 나는 닳고 닳은 회의론자로 지낸 적이 있었다. 더 이상 하느님을 믿지 않은 게 아니라 내가 주로 다니는 동네에는 하느님이 살지 않는 것처럼 느끼던 때였다. 그러다 성악 선생님에게 『진실 안에서 배우는 교훈』이라는 책을 소개받았다.

내게 성악을 가르쳐주었던 프레더릭 윌커슨 선생님은 오페라 가수, 나이트클럽 가수, 대중 가수, 카바레 가수 등 여러 분야의 제자를 두었다. 그는 한 달에 한 번씩 제자들을 모두 초대해『진실 안에서 배우는 교훈』의 일부분을 읽어주었다.

한번은 모두 백인인 다른 학생들과 나 그리고 선생님이 동그랗게 앉아 있었다. 선생님이 나에게 '하느님은 나를 사랑하신다'로 끝나는 대목을 읽게 했다. 나는 그 구절을 읽고 책을 덮었다. 선생님이 '다시 읽어라'라고 말했다. 나는 신경질적으로 책을 펴고 약간 빈정거리는 투로 '하느님은 나를 사랑하신다'라고 읽었다. 선생님은 '다시'라고 했다. 전문가이고 나이도 많고 백인인 다른 학생들 앞에서 나를 웃음거리로 만들려는 건가 싶었다. 일곱 번쯤 다시 읽었을 때 나는 초조해지면서 그 구절 안에 일말의 진실이 깃들어 있을지도 모른다는 생각이 들기 시작했다. 하느님이 정말로 나, 마야 안젤루를 사랑할 수도 있는 일이었다. 그 장중함과 위대함에 눈물이 흘렀다. 만약 하느님이 나를 사랑한다면 나는 놀라운 일들을 이루고, 위대한 일들을 시도하고, 무엇이든 배우고 성취할 수 있었다. 하느님과 함께라면 내가 곧 절대다수인데 어느 누가 나를 거스를 수 있겠는가.

그런 생각을 하면 지금도 나는 겸손해지고, 뼈가 녹고, 귀가 닫히고, 이가 흔들린다. 그런가 하면 또 한편으론 홀가분해진다. 나는 높은 하늘을 넘고 조용한 계곡 밑으로 날아가는 커다란 새다. 나는 은빛 바다 위의 잔물결이다. 나는 완전히 자랄 생각에 몸을 떠는 봄 잎사귀다."[★9]

성악 선생님의 애정 어린 지혜를 통해 얻게 된 마야 안젤루의 깨달음은 아주 단순한 사실에서 비롯되었습니다.

"하느님은 나를 사랑하신다."

그리고 그녀의 명오가 열리자, 그녀는 곧장 이렇게 고백했던 것입니다.

"하느님이 나를 사랑한다면 나는 놀라운 일들을 이루고, 위대한 일들을 시도하고, 무엇이든 배우고 성취할 수 있었다. 하느님과 함께라면 내가 곧 절대다수인데 어느 누가 나를 거스를 수 있겠는가."

그렇습니다. 무조건적인 사랑을 받아본 사람은 자신을 긍정하게 되어 있습니다. 그러므로 훼손된 자존감을 치유하는 최고의 명약도 사랑인 것입니다.

하지만 고독이 깊어지면서 이 사랑도 깊어집니다. 그리고 사랑이 깊어질수록 느낌은 점점 줄어들고 확신만 남게 됩니다. 드디어 사랑의 숨바꼭질이 시작되는 것입니다.

2007년 마더 테레사 수녀의 10주기를 기념하여 발간된 책을 통해 테레사 수녀가 고해 신부에게 보낸 40여 통의 편지가 공개되었습니다. 그 편지에는 신의 존재를 느끼지 못하는 절절한 고통이 담겨 있었습니다.

"보려 해도 보이지 않고 들으려 해도 들리지 않으며 기도하려 해도 말이 나오지 않는다."

마더 테레사의 편지들은 생전에 비밀로 부쳐졌고 편지를 받은 사람들에게도 없애달라는 부탁을 했었습니다.

그런데 공개되고 나자 희한한 일이 벌어졌습니다. 그토록 고통스러운 신의 침묵 가운데서도 끝까지 믿음을 지켰던 모습이 오히려 요지부동의 신앙인들보다 사람들에게 더욱 큰 위로와 확신을 주었던 것입니다. 그녀는 내면의 처절한 고뇌를 통해 의심하는 자들의 위로자가 된 것입니다.

이 편지와 관련하여 나는 우연스럽게 내 생각과 광범위하게 오버랩되고 있는 한 시인의 건강한 시선을 대면하였습니다. 토를 달 것도 없이 블로그에 실린 조병준 시인의 글을 발췌하여 소개합니다.

"······ 평생을 '몸의 고통'과 싸우며 살아야 했던, 자신의 몸이 아니라 '타인의 몸'의 고통과 싸우며 살아야 했던 사람이 신의 존재를 매 순간 확인할 수 있었다면, 그게 차라리 거짓말이 되었을 것이라고 나는 믿는다. 쓰레기터에 버려진 아기들을 보면서 어찌 신의 존재를 회의하지 않을 수 있을 것이며 구더기가 파먹고 있는, 그러나 아직 살아 있는 육신을 만지면서 어찌 신의 부재를 의혹하지 않을 수 있을까. [……] 이미 여러 번 말로 했고 글로 썼던 이야기지만 오늘 한 번 더 반복하련다. 내가 마더 테레사와 사랑에 빠졌던 그 아침의 이야기를. 새벽 6시에 시작하는 수도원의 아침 미사. 마더 테레사는 언제나 바로 저 자리에 저 자세로 앉으셨다. 그리고 어느 날, 그 새벽 미사가 진행되는 동안 잘 알아들을 수 없는 신부님의 강론에 졸리고 지겨워 내가 여기저기 둘러보고 있었을 때 거기서, 마더 테레사는 고개를 끄덕이며 졸고 계셨다. 아, 인간적인, 너무나 인간적인, 그리하여 너무나 신성한…… 가톨릭 신자가 아니었던, 앞으로 가톨릭이 될지 말지 아무도 모르는. 내가 신을 만난 순간이 바로 그 순간이었다. 저 연약한, 저 부서지기 쉬운 몸을 가진 인간이 그렇게 위대한 일을 해냈구나……. [……]"★10

이것이 고독의 또 다른 얼굴입니다. 외로움은 '홀로 혼자'이기에 위로와 사랑을 필요로 합니다. 하지만 고독은 '더불어 혼자'이기에 더 이상 위로와 사랑을 필요로 하지 않습니다. 이런 이유로 외로움은 타인의 고통을 품지 못하지만, 고독은 타인의 고통을 품습니다. 테레사 수녀가 50년간 기쁨보다 고통 속에서 살았다는 고백은 역설적으로 그녀가 그만큼 깊은 고독에 침거했다는 것을 의미하고 있는지도 모릅니다.

이리하여 나는 지금도 고독 예찬론자가 됩니다.

외로움은 사랑의 필요를 호소하는 원초 욕구입니다.

고독은 그 사랑의 샘을 자신 안에서 발견하는 탐색의 장입니다.

외로움이 영글 때는 육신이 처절하게 흐느끼지만, 고독이 영글면 영혼이 기쁨에 벅차 흐느낍니다.

그리고 그리고, 외로움은 손을 안으로 오그라들게 하지만, 고독은 손을 밖으로 내밀게 해줍니다.

Big **Q4**

눈에 보이지 않는 세계를
알 필요가 있을까?

고2 겨울방학인 1월 중순경 눈발이 날리던 어느 날, 나는 무엇에 필요했는지 주민등록 등본을 떼러 관악구청엘 다녀오던 길이었습니다. 열두시쯤엔가 과천에 있던 집에 당도했을 때, 아버지와 어머니가 평소 같지 않게 내 얼굴을 유심히 바라보는 것이었습니다. 약간 수심이 서린 듯도 하고 무슨 비밀을 간직한 듯도 한 눈치였습니다.

당시 과천은 아직 정부종합청사 계획이 서지 않았던 때라 전형적인 농촌 마을이었는데, 우리 집은 대로변에서 구멍가게를 하고 있었습니다. 가게 한복판 뜨겁게 달구어진 연탄난로에 언 손을 녹이는 동안 금세 밥상이 차려졌습니다. 몇 숟가락 먹었을까 했을 때, 아버지가 어머니에게 눈짓으로 뭔가를 채근하는 것 같았습니다. 그러자 어머니가 말문을 열었습니다.

"방금 스님이 다녀가셨다. 연주암 주지스님이라는 것 같던데."

"왜요?"

"느닷없이 '아드님'을 달라는 거야. 큰 스님이 될 감이라고."

"그 스님이 날 안대요?"

"지나가다가 머리를 빡빡 깎은 너를 본 적이 있대. 그냥 무심코 지나

첬는데, 글쎄 그 이후에 자기 꿈에 세 번이나 나타나더래. 바로 오늘 새벽 세 번째 꿈을 꾸었다는 거야. 그래서 부처님의 점지다 싶어 곧바로 내려온 거래."

당시 나는 진학공부에 전념하기 위해 겨울방학 동안 머리를 빡빡 민 채로 지내고 있었습니다. 그게 지나가던 스님의 인상에 남았던 모양입니다.

"그래서 어떻게 되었는데요?"

"그러니 자기에게 보내주면 잘 가르쳐서 훌륭한 스님으로 양성해보겠다는 거야."

"어머니는 뭐라고 그랬어요?"

"손으로 저 십자고상을 가리키며, 우리 집은 성당 다니는 집이라고 말해줬지."

부모님은 몇 차례 이사를 다니던 통에 실제로 성당엔 발 끊은 지 오래되었지만, 십자고상만은 꼬박꼬박 챙겨서 방 정중앙 잘 보이는 곳에 걸어두고 있었습니다.

"스님이 그냥 가시던가요?"

"'아 그러십니까, 그래도 앞으로 두고 보십시오. 아드님은 앞으로 중생을 구제하는 인물이 될 것입니다. 나무관세음보살' 하는 인사말을 남기고 점잖게 물러나시던걸."

지금 스님이 아니지만 신부가 되어 있으니 스님의 예언은 적중한 것일까요? 그래서인지 스님을 볼 때마다 내 안에선 묘한 정이 새삼 아련해집니다.

시방 나는 묻습니다. 어쩌다 종교인이 되었을까. 인터뷰 때마다 여지없이 받는 질문이 "왜 신부가 되기로 결심하셨나요?"입니다.

그러면 나는 "실연을 해서요" 아니면 "뭔가에 홀렸던 거죠, 뭐"라고 장난기 섞어 둘러댑니다. 대학교 2학년 때부터 꼬박 5년간 엎치락뒤치락하며 몸살 앓듯이 고뇌했던 그 긴 과정을 단 몇 분에 요약해줄 재간이 없었기 때문입니다. 여하튼 나는 '영원한 삶'을 위해 몽땅 거는 도박을 감행했습니다.

"하늘 나라는 좋은 진주를 찾는 상인과 같다. 그는 값진 진주를 하나 발견하자, 가서 가진 것을 모두 처분하여 그것을 샀다"(마태 13,45-46).

이는 바로 나를 위한 말이었습니다. 결단의 시간이 압박감으로 밀려오고 있을 때 나는 진해에서 군복무를 하고 있었습니다. 어느 주말 잠깐 머리를 식힐 겸 밀양행 버스에 몸을 싣고 초연히 표충사로 향했습니다. 만일 게서 만나는 스님들의 표정에 행복이 가득하면 '올인'이요 만일 그렇지 못하면 '올아웃'을 결정할 요량이었습니다. 그런데 공교롭게도 어렵사리 도착한 때가 날이 이미 저문 늦은 저녁이었습니다. 도량 주변의 그림자만 구경하다가 "에라, 모르겠다. 이러면 어떻고 저러면 어떠랴. 모든 것은 내 마음에 달린 것인데. 그냥 못 먹어도 고!" 하는 결론을 얻고 돌아왔습니다.

이렇게 내 젊은 시절의 이야기를 비교적 소상히 털어놓는 것은, 그 일거수일투족에 종교심의 흔적이 서려 있기 때문입니다. 나는 유달리 그 종교심의 미친 존재감을 떨쳐버릴 수 없었던 것입니다.

"종교란 무엇인가? 인간에게 왜 필요한가?"

이 물음에 대한 답은 당장 우리 모두의 체험에서 찾아집니다. 급하면 누구나 하느님을 찾습니다. 벼락이나 천둥이 칠 때 자신도 모르게 "아이고! 하느님" 하고 찾게 마련입니다. 비행기가 곤두박질칠 때라면 단 몇 분간이라도 하느님을 찾지 않는 이가 없을 것입니다. 또 수술실에서 마취하기 전에 기도하지 않는 이가 있을까요? 이렇게 우리는 무의식중에 하느님의 존재를 믿어왔습니다. 하느님이 존재하지 않는다고 말하는 이들도 슬픔에 직면하면 본능적으로 하느님을 원망합니다. 그래서 "참호 속에서는 무신론자가 없다"는 말이 있는 것입니다.

또한 사람들은 자기 자신보다 큰 힘을 가진 어떤 것에 기대어 자신의 소망을 이루고 싶어합니다. 이렇게 무엇인가 자신보다 큰 존재에 의지하고자 하는 마음이 바로 '종교심'이라 할 수 있습니다.

이 종교심을 우리는 보다 철학적으로 풀어 말할 수도 있습니다. 즉 사람은 마음속 깊은 곳에서 근원적인 것에 대한 열망을 품고 있는데 그것이 바로 종교심입니다. 일찍이 철학자 소크라테스는 사람이 궁극적으로 추구하는 근원적이고 보편적인 그 무엇을 진선미(眞善美)라 하였습니다. 이 진선미의 특성을 온전하게 지닌 존재를 절대자 또는 신이라고 부릅니다. 그러므로 인간이 품고 있는 절대적으로 참된 것(眞), 절대적으로 선한 것(善) 그리고 절대적으로 아름다운 것(美)에 대한 욕구는 곧 하느님에 대한 욕구인 것입니다.

우리는 인류 역사를 통해 인간이 종교적 동물이라는 것을 알 수 있습니다. 어느 종족이건 어느 민족이건 간에 자신들 고유의 '종교'를 신봉해왔음을 확인할 수 있기 때문입니다. 힘이 센 짐승을 믿을 수도 있습니다. 이를 토테미즘이라 합니다.

자연 속의 정령을 믿을 수도 있습니다. 이를 애니미즘, 곧 정령신앙(精靈信仰)이라 합니다. 서낭당의 잡신 또는 우상을 믿을 수도 있습니다.

이를 민간 신앙 혹은 미신(迷信)이라 합니다.

또 우주에 편만한 신적인 존재를 믿을 수도 있습니다. 범신론(汎神論)이라 합니다.

그리고 창조주 하느님을 믿을 수도 있습니다. 이를 유일신 신앙이라 합니다.

이렇듯 다양하게 나타나는 종교심은 인간에 내재한 본능으로서 자연스러운 현상입니다. 세상의 모든 종교는 바로 이러한 종교심에서 출발하고 있는 셈입니다.

종교 자체에 대한 비판도 늘 있었습니다.

어떤 이들은 종교를 심약한 사람들이 만들어낸 도피처로 치부합니다.

공산주의자들은 종교를 현실의 부조리를 무마하기 위해 부르주아들이 만들어낸 '민중의 아편'으로 몰아세우기도 했습니다.

요즈음 현실론자들은 말합니다. "먹고살기 힘든 판에 종교는 무슨 종교, 절에 다닌다고 또는 교회나 성당에 나간다고 밥이 나와 돈이 떨어져!"

최근 전 세계적으로 전투적으로 종교를 비판하는 이들도 등장했습니다. 『신은 위대하지 않다』를 쓴 크리스토퍼 히친스, 『만들어진 신』을 쓴 리처드 도킨스 등이 대표적입니다.

과연 어느 입장이 맞을까요?

요즘 사람들이 좋아하는 것이 여론조사이니 한번 통계치로 정리해볼까요?

미국 해외선교연구센터(OMSC)의 '세계종교인구 및 세계선교 연례통계'를 따르면, 2010년 현재 세계 인구 총 68억 5245만 7천 명 가운데

각 종교별 분포는 이슬람교 22.61퍼센트, 천주교 16.86퍼센트, 힌두교 13.84퍼센트, 개신교 11.50퍼센트, 중국종교 6.84퍼센트, 불교 6.68퍼센트, 정교회 4.00퍼센트, 민족종교 3.81퍼센트, 성공회 1.26퍼센트, 기타 기독교 0.50퍼센트, 유대교 0.21퍼센트 순으로 나타났습니다. 그리고 무신론자는 2.02퍼센트였습니다.

종교인의 숫자가 무신론자의 숫자보다 압도적으로 높게 나타난 것은 집단적인 착각 때문이었을까요?

여하튼 종교가 인간의 창작물인지의 문제는 아직도 열려 있습니다. 또한 여러 종교 사이의 관계, 특히 서양 종교와 동양 종교 사이의 공통점과 차이를 어떻게 봐줘야 하는지 등과 관련된 비교종교학적 문제는 아직도 논의의 초입에 있다 할 것입니다. 그런데 한때 이 양자 사이를 극렬하게 이간하는 주장이 소란스러웠습니다.

혼란스러웠던 나는 철학계에서 형이상학 분야의 거두인 서강대 석좌교수 정의채 몬시뇰께 고견을 청한 적이 있습니다. 일생을 철학 탐구에 정진하여 독자적인 경지를 구축한 세계적인 석학께서는 다음과 같이 심원한 예지를 펼치셨습니다.

"학문이라는 것은 고색창연한 문화유산과 같습니다. 장구한 역사 속에서 벽돌이 한장 한장 쌓여 건물이 된 것입니다. 세월의 풍상을 겪으면서 지혜가 배어들고 이끼도 끼고 하여 거대한 문화가 창출되는 것입니다. 예컨대 철학이라는 것, 종교라는 것, 신학이라는 것들은 책 몇 권 읽고 그렇게 쉽게 얘기할 수 있을 만큼 간단한 것들이 아닙니다. 1000년에 한 번 나올까 말까 하는 대학자들이 '한 우물'만 파서 달성한 경지들이 집성되어 일련의 학문적 전통이 형성되는 것입니다. 파르메니데스, 플라톤, 아리스토텔레스, 아우구스티누스, 토마스 데 아퀴노, 보나

벤투라, 칼 라너 등이 이룩한 학문체계는 결코 책 몇 권 읽고 비판할 수 있는 것이 아닙니다. 그리고 오늘날 세계적인 지성인들은 모두가 옛날 식민지시대의 정복자적인 접근법을 지양하고 동서 융합해서 하나의 세계를 이루려고 대화를 모색합니다. 동이 서를, 서가 동을 비난하는 것은 이제 어리석은 일이며 시대착오적인 발상입니다. 만일 누가 그런 발상을 조장하고 선동한다면 그것은 젊은이들을 후퇴시키는 결과를 자아내는 불행한 일입니다."

나는 거침없이, 막힘없이 그리고 경계 없이 토로하는 석학의 즉각적인 달변에 공감과 함께 감탄을 금치 못했습니다.

맞습니다. 인류 역사를 더듬어보건대 역사의 심판은 냉엄했습니다. 아무리 그럴듯한 사상도, 아무리 강력한 세력도 한두 세기를 지속하며 추앙받기란 하늘의 별 따기였습니다. 이단사설은 반드시 역사의 심판을 받고 사라져야 했습니다. 억울하게 재판받았던 진리는 또 긴긴 역사 속에서 반드시 복권되었습니다. 그런데 2000년은 결코 짧지 않은 세월이었습니다! 그래서 이 기간의 시험을 거쳐 살아남은 종교를 세계 4대 종교라고 하지 않던가요! 그래서 인류는 오늘날 그리스도교, 이슬람교, 불교, 유교의 진리성을 공히 인정해주고 있는 것이 아니던가요!

이렇듯 참 종교는 장구한 역사를 통해서 그 진정성을 검증받았습니다. 여기에 20세기 최고의 물리학자 아인슈타인이 가세합니다. 그는 자신의 물리학적 천재성으로 우주를 만나고 그 신비에 대하여 이렇게 종지부를 찍었습니다.

"우리가 경험할 수 있는 가장 아름다운 감정은 신비다. 그것은 모든 진정한 예술과 과학의 원천이다. 이 감정을 겪어보지 못한 사람은 [……] 죽은 것이나 다름없다. 최고의 지혜와 가장 빛나는 아름다움으로 현현하지만, 우리의 둔한 능력으로는 그것의 가장 원시적인 형태밖에 파악할 수 없는 불가해한 것이 정말 존재한다는 사실을 아는 것 [······] 이런 앎과 느낌이야말로 모든 진정한 종교성의 핵심이다. 이런 의미에서, 오직 이런 의미에서만 나는 독실하게 종교적인 사람이다."[11]

그는 인간의 종교성을 지극히 과학적인 접근법으로 옹호한 셈입니다.

아무리 그럴듯한 논증 앞에서도 종교는 여전히 선택의 대상입니다. 갖고 안 갖고도 선택이며, 어느 종교를 가질 것인지도 역시 선택입니다.

한 유명한 무종교인 사언더스는 『아메리칸 매거진』에서 '다른 선택'의 가능성을 저울질해보는 자신의 고뇌를 적나라하게 술회합니다.

"당신을 세상에서 가장 외롭고 불행한 사람 가운데 한 명에게 소개하고 싶다. 지금 나는 하느님을 믿지 않는 사람에 대해 말하고 있다. [······] 무덤 다음에 그가 볼 수 있는 것은 몸과 성격을 구성하는 원형질과 정신원형질의 분해뿐이다. 하지만 이런 물질주의의 관점에서 나는 어떠한 희열이나 행복도 발견하지 못한다. [······] 얼굴에는 용감한 표정을 지을 수 있지만 행복하지는 않다. 그는 자기가 어디에서, 왜 왔는지 모르는 채로 우주의 광대함과 웅장함 앞에서 두려움과 경외를 느끼며 서 있다. 그는 우주 공간의 거대함과 시간의 무한함에 질리며 자신의 연약함, 가냘픔, 짧음을 깨닫고서 자신의 무한한 왜소함에 코가 납작해진다. 분명 그는 때때로 자신이 의지할 지팡이를 그리워한다. [······] 어디로 가는지 아무도 모르는 곳에서 헤매고, 헤매고, 헤매는 그 뗏목 위에서 그의 마음은 모든 귀한 삶을 몹시도 동경하고 있다."[12]

하지만 무종교인 사언더스는 계속 망설입니다. 왜일까요. 초월계에 대한 욕구만큼이나 물질계에 대한 욕구 또한 강하기 때문입니다.

일찍이 독일의 대문호 괴테는 『파우스트』에서 이 둘 사이의 싸움을 이렇게 묘사했습니다.

"아아, 두 개의 혼이 나의 가슴 속에 살고 있다. 그리고 서로 멀어지고 서로 반발한다. 하나는 강한 집념으로 애욕에 사로잡히어 현세에 집착한다. 또 하나는 억지로 이 속세를 떠나서 높은 서조의 영계로 올라간다."★13

파우스트의 마음은 또한 우리의 마음입니다. 우리의 마음속에는 땅에 집착하는 의지와 하늘을 동경하는 의지, 지상적 쾌락의 갈망과 천상적 복락의 희구, 이 두 가지가 서로 대립하며 공존하는 것입니다.

20대가 저물어갈 무렵, 나는 영국의 프랜시스 톰슨의 시에 홀딱 매료된 적이 있습니다. 마약중독자였던 그는 자신을 절망의 나락까지 끈질기게 추적하는 신을 '하늘의 사냥개'로 비유합니다.

"나는 그로부터 도망쳤다.
밤과 낮과 오랜 세월을 그로부터 도망쳤다.
내 마음의 얽히고설킨 미로에서
눈물로 시야를 흐리면서 도망쳤다.
나는 웃음소리가 뒤쫓는 속에서
그를 피해 숨었다.
그리고 나는 푸른 희망을 향해
쏜살같이 날아 올라갔다가
그만 암흑의 수렁으로 떨어지고 말았다.
그리고 틈이 벌어진 공포의 거대한 어둠으로부터
힘센 두 발이 쫓아왔다.
서두르지 않고 흐트러짐이 없는 걸음으로

유유한 속도, 위엄 있는 긴박감으로

그 발자국 소리는 울려왔다.

이어 그보다도 더 절박하게 울려오는 한 목소리,

나를 저버린 너는 모든 것에게 저버림을 당하리라! […]"★14

"나를 저버린 너는 모든 것에게 저버림을 당하리라!"

섬뜩한 말입니다. 하지만 저주가 아닙니다. 신이 자신을 등지는 이를 내치겠다는 말이 아닙니다. 이것은 부모를 잃은 고아의 처지를 말하는 것입니다. 아니 굴러온 복을 차버린 사람의 영원한 회한을 말하는 것입니다.

선택은 자유지만 그 결과는 판이할 것입니다. 나는 종교라는 하늘 아래 모든 인간은 '우물 안 개구리'의 처지라고 생각합니다. '우물 안 개구리'라 해서 모두가 똑같지는 않습니다. 그들 중에는 우물 안에서 태어나서 산 개구리가 있고, 우물 밖에서 살다가 어쩌다 빠져 갇히게 된 개구리도 있습니다.

그런데 이들 개구리는 각각 사는 차원이 다릅니다. 우물 안에서 태어난 개구리에게는 자기가 보는 하늘이 전부인 반면 우물 밖에서 살다가 들어간 개구리는 저 밖에 무엇이 있는지 압니다.

우물 밖을 볼 줄 아는 이 안목을 이름 하여 초월적 사유 또는 신앙이라고 부르는 것입니다. 기가 막힌 얘기 아닙니까!

고주망태 시인 천상병은 그 우물 밖 하늘을 힐끗 보았던 모양입니다. 그래서 "나 하늘로 돌아가리라……"라고 귀천(歸天)을 노래했던 음유시인은 오늘 구두를 닦으려고 차례를 기다립니다.

"오늘같이 맑은 가을 하늘 위
그 한층 더 위에, 구름이 흐릅니다.

성당 입구 바로 앞
저는 지금 기다리고 있습니다.

입구 지키는 교통순경이
닦기 끝나면, 저도 닦으려고요.

교통순경의 그 마음가짐보다
저가 못한데서야, 말이 아닙니다.

오늘같이 맑은 가을 하늘 위
그 한층 더 위에, 구름이 흐릅니다."[15]

'맑은 가을 하늘 위 그 한층 더 위'를 바라보는 술 취한 시선이 바로 억제할 수도 금지할 수도 없는 종교심일 터입니다. 그리고 거기 흐르는 '구름'이 바로 바람결에 나풀거리는 신의 옷자락일 것입니다.

4-1 Real Q

기도는 어떻게 하는 건가요?

1636년 병자호란 때, 구포 나만갑이 기록한 글에 기막힌 일화가 있습니다. 엄청난 비가 그칠 기미 없이 쏟아져 내리는 날이었습니다. 바람까지 매섭게 불어 성을 지키는 군사들이 얼어 죽지나 않을까 걱정이 될 정도였습니다. 그때, 인조 임금과 세자가 밖으로 나와 하늘을 향해 빌기 시작했습니다.

"하늘이시여! 오늘 나라가 이 지경에까지 이른 것은 저희 부자의 잘못이 크기 때문입니다. 백성들과 성안의 군사들에게 무슨 잘못이 있겠습니까! 벌을 내리시려거든 저희 부자에게 내려 주시고 다른 모든 죄 없는 백성들을 보살펴주십시오."

임금은 떨리는 목소리로 간절히 빌었고 눈물은 흘러내려 곤룡포를 적셨습니다. 신하들이 안으로 들어갈 것을 거듭 청했지만 그는 미동도 하지 않았습니다.

그런데 실로 신기한 일이었습니다. 얼마 지나지 않아 비가 그치고 밤하늘에 은하수가 나타난 것입니다. 날씨도 그리 춥지 않을 정도로 풀렸습니다. 그 순간 성안의 모든 사람은 감격에 겨워 눈물을 흘리기 시작했습니다.

자신의 어쩔 수 없는 행동을 안타까워하며 군사들과 백성을 걱정했던 인조 임금의 진심 어린 마음이 하늘과 백성에 전해진 것입니다. 그리하여 비를 그치게 하고 백성들의 시위도 막아낸 것입니다.

한마디로 지성감천(至誠感天)이었습니다.

감동적인 사건입니다. 나는 이 역사 기록에 조금의 과장도 없었을 것이라고 믿습니다. 인조 임금은 평소 본격적인 의미의 종교인도 아니었습니다. 하지만 그는 백성들이 다 죽게 된 위급한 상황에서 본능적으로 하늘에 빌었습니다. 그리고 하늘은 그의 기도에 응답했습니다.

이렇듯 인간은 굳이 배우지 않아도 기도하는 법을 압니다. 마치 동물의 새끼들이 태어나자마자 어미젖을 빠는 법을 알듯이 말입니다.

종교마다 기도의 종류와 방법은 다양합니다. 나는 여기서 그런 것들을 일일이 소개할 의향이 없습니다. 다만 내 경험에 바탕을 두어 기도의 방법을 터득하는 데 도움을 드리는 정도로 답을 갈음할까 합니다.

내가 사람들에게서 받아본 질문 중 가장 자주 듣는 것이 기도에 관한 것입니다.

"남편 승진을 위해서 기도해도 되나요? 그런 건 기복기도라고 하지 말라던데요."

"아이 좋은 대학교 가도록 기도해도 되나요? 너무 이기적인가요?"

"기도를 꼭 말로 해야 하나요? 하느님께서 다 아실 텐데."

"왜 하느님께선 다 아시면서 기도하지 않으면 안 주시나요?"

내 답은 한결같습니다.

"세상에 틀린 기도는 없답니다. 다 나름대로 맞는 기도입니다. 다만 수준이 낮은 기도와 수준이 높은 기도의 차이가 있을 뿐이죠."

그러면서 나는 성경의 두 인물이 바쳤던 대조적인 기도를 예로 들려줍니다. 왜냐하면 성경이야말로 기도 체험의 증언이기 때문입니다. 기도에 관해 배우려고 하면서 이 두 인물의 기도를 거르고 넘어간다면, 우리는 가장 결정적인 것을 놓치는 셈이 됩니다.

우선, '고생하며 낳았다'는 뜻을 지닌 야베스는 이름부터 '팔자가 사나운 인생'을 암시합니다. 하지만 그는 이렇게 기도했습니다.

"부디 저에게 복을 내리시어 제 영토를 넓혀주시고, 손수 액운을 막아 어려운 일 당하지 않도록 도와주십시오"(1역대 4,10: 공동번역).

그가 구한 것들은 철저히 세속적인 것들이었습니다. 복, 땅, 액땜, 순탄 등.

놀라운 것은 이 기도가 어떤 전제조건 없이 응답받았다는 사실입니다.

"하느님께서 그가 구한 것을 이루어주셨다"(1역대 4,10: 공동번역).

다음으로, 아구르라는 현자의 기도가 있습니다. 그는 소박한 기도를 바쳤습니다.

"저에게는 당신께 간청할 일이 두 가지 있습니다. 그것을 제 생전에 이루어주십시오. 허황된 거짓말을 하지 않게 해주십시오. 가난하게도, 부유하게도 마십시오. 먹고 살 만큼만 주십시오. 배부른 김에, '야훼가 다 뭐냐?' 하며 배은망덕하지 않게, 너무 가난한 탓에 도둑질하여 하느님의 이름에 욕을 돌리지 않게 해주십시오"(잠언 30,7-9: 공동번역).

그가 하느님께 간청한 첫째 것은 '허황된 거짓말을 하지 않는 것'입니다. 죽기 전의 소원이라고 하기에는 좀 어이없어 보일지 모르겠습니다. 하지만 인생의 굴곡을 경험한 후 지나온 날들을 생각해볼 때, 정말 헛된 것에 매여 산 날이 얼마나 많았나를 깨달은 자의 기도임을 알 수 있습니다.

둘째 것은 "가난하게도, 부유하게도 마시고, 먹고 살 만큼만 달라는 것"입니다. 그 무엇보다 아구르의 기도에서 우리가 배워야 할 것은 우리 삶이 궁극적으로 무엇을 청하는 것이 가장 지혜로운가 하는 것입니다. 그는 자신의 소유가 많아짐으로 말미암아 하느님을 외면하지 않게 되기를 청했습니다. 그는 물질적 부유보다 영혼의 강건함을 청했던 것입니다.

야베츠는 하느님께 '현세적인 축복'을 청한 반면, 아구르는 '오로지 하느님을 잘 섬기고 살 수 있도록 해달라'는 기도를 바쳤습니다. 성경에서는 이 두 기도가 모두 훌륭한 기도의 전형으로 꼽힙니다. 이 사실 역시 우리에게 위로가 됩니다. 어떤 경우 우리는 현실적인 '이해관계' 때문에 기도합니다. 그리고 어떤 경우 우리는 '영혼의 성장'을 위하여 기도합니다. 하느님께는 이 두 기도 모두가 정당하고 가치롭습니다.

첫 번째 체험은 언제나 짜릿합니다. 지금 나는 '통하는 기도'라는 한 가지 제목으로 24회에 걸쳐 TV 특강을 할 만큼 기도에 대한 포괄적인 이해 정도는 갖췄다고 생각합니다. 그런데 지난날을 거슬러 보면 내 영적 걸음마 시절의 기도에는 순진한 힘이 있었음이 느껴집니다. 살짝 고백해보자면 이렇습니다.

내가 처음으로 기도다운 기도를 해본 것은 대학교 1학년 때였습니다. 내게 기도를 가르쳐 준 것은 친구 소개로 알게 된 네비게이토 선교회 형들이었습니다. 그들은 가계부 쓰듯이 기도노트를 작성하며 정기적으로 체험 나눔을 하였습니다. 기도 내용과 응답일자가 대차대조표로 기록된 그 노트엔 아르바이트자리, 월세방, 시험, 금전, 건강 등등 별별 사안들이 다 적혀 있었습니다. 놀라운 사실은 대부분 몇 주 안에 응답보고가 접수되곤 했다는 것이었습니다. 공대를 포함한 자연계열 뿐 아니라 인문계열, 사회계열의 전공자들도 많았는데 하나 같이 성적이 우수했다는 것이 내게 미쁘게 여겨졌습니다. 이것이 기도에 대한 내 기대와 의욕을 자극했습니다.

때마침 기도할 일이 하나 생겼습니다. 어떤 경로를 통해서였는지는 기억이 나지 않지만, 시골 초등학교 동창 연락처가 내 손에 들어온 것이었습니다. 당시 부반장이었던 여학생이었는데 수원 오빠 집에서 대학을 다닌다는 소식과 함께 주소를 전해준 것이었습니다.

"수업이 없는 이번 주 토요일, 수원 역전, ○○시에 만나자."

서설과 후설이 붙었지만 이 약속을 핵심으로 편지를 썼습니다. 그런데 10년의 세월을 넘어 만나는 터에, 전화번호도 없이 달랑 주소 하나 가지고 약속을 잡았으니 아무래도 안심이 되지 않았습니다. 만일을 대비하여 난생처음 진지하게 격식을 갖춰 기도라는 것을 해봤습니다. 서로 일정이 어긋나지 않아 꼭 만날 수 있게 해달라고.

약속장소에서 설렘을 달래며 기다리고 있는데 약속 시각에서 한 시간이 넘도록 친구는 나타나지 않았습니다. '이거 바람 맞은 거 아닌가? 뭔일이 생겼나? 가야 하나, 더 기다려야 하나?' 이런 생각으로 망설이고 있는데, 저만치서 한눈에 알아보겠는 모습으로 친구가 황급히 달려오고 있었습니다.

"야, 오랜만이다. 하마터면 못 만날 뻔했어."

"어떻게 된 일인데?"

"응, 이번 주 내내 큰 오빠네 집에 가 있었거든. 오늘 왠지 느낌이 이상해서 작은 오빠 집에 가봤더니, 네 편지가 와 있는 거야. 읽어보니 약속시간은 이미 지나버렸지만, 그래도 혹시나 해서 냅다 달려와 본 거지. 야, 기다려줘서 고맙다. 화났냐?"

"까짓 거 한 시간쯤은 기다려주는 게 매너 아니겠어?"

나는 친구에게 기도했다는 얘기는 하지 않았습니다. 하지만 마음속으로는 벌써 기도를 하고 있었습니다.

"주님, 감사합니다. 정말 기도를 들어주셨네요. 아, 글쎄 오늘 갑자기 이상한 느낌이 들어서 집엘 들렀잖아요. 그게 다 주님 덕임을 제가 압니다."

뭐가 뭔지도 모르고서 다급하게 바쳤던 기도가 요렇게 희한한 결과를 가져왔었죠. 기도의 첫걸음을 말하는 이 대목에서 살짝 빼놓고 넘어가자니 찝찝할 후환이 은근히 내다보여 기억을 더듬어봤습니다.

기도의 힘은 의탁에 있습니다. 미국의 영성가 헨리 나우웬이 어느 날 그의 아버지와 함께 서커스 구경을 갔습니다. 공연에서 그네 타기 곡예사 다섯 명이 멋진 묘기를 보여주었습니다. 그중 세 명은 '나는' 역이었고, 두 명은 '잡는' 역이었습니다. '나는' 사람들은 공중으로 높이 치솟았습니다. '잡는' 이의 강한 손에 붙들리기 전에는 모든 것이 아슬아슬했습니다.

나우웬은 곡예사들의 용기에 감탄했습니다. 또한 이 아름다운 공연을 보고 '맡김'의 원리를 깨달았습니다.

"상대방이 자신의 손을 잡으려면 일단 내가 잡고 있는 그넷줄을 놓아야 한다. 움켜쥐었던 손을 펴야 비로소 새로운 차원의 삶에 들어설 수 있다. 내가 붙들고 있는 '그네'의 줄을 놓아야 '잡는 이' 야훼 하느님이 내 손을 잡고 아름다운 비행을 할 수 있다. 그래야 꿈의 세계를 날 수 있다."★16

그는 완전한 맡김에 대해서 얘기하고 있는 것입니다. 기도에서 최고의 승부처는 맡기느냐 못 맡기느냐의 고개입니다. 이 고개를 넘으면 새로운 세계가 나타납니다.

항상 자기 그림자를 벗어 던지고 싶어하는 사람이 있었습니다. 그는 그림자를 떼어내기 위해 온갖 방법을 다 써보았습니다. 마룻바닥을 뒹굴고, 물속에 뛰어들기도 했습니다. 하지만 전혀 소용이 없었습니다. 여전히 그림자는 졸졸 따라다녔습니다.

이 고충을 전해 들은 한 현자가 그에게 말하였습니다.

"세상에 그처럼 쉬운 일을 가지고! 조금도 걱정하지 말게."

그는 기뻐 현자에게 물었습니다.

"어떻게 하면 그림자가 떨어지는 겁니까?"

현자는 그를 큰 나무 그늘로 데려가서 이렇게 말하였습니다.

"자신의 그림자를 벗어 던지고 싶은 이는 이처럼 나무 그늘로 들어가면 된다네."★17

자신의 그림자 뒤에 숨으려 하지 말고 큰 그늘 속으로 들어가는 지혜가 필요합니다. 그 안에서는 자신의 고민이 흡수됩니다. 골칫거리가 해결됩니다. 이것이 바로 맡김의 축복입니다.

나는 2010년 2월부터 5월까지 세계적으로 저명한 영성가이자 존경받는 교수였던 토마스 머튼의 책 한 권을 번역하는 은혜를 누렸습니다.

머튼은 어린 시절 부모를 여의고 성장해 영국의 케임브리지대학과 미국의 컬럼비아대학에서 공부했습니다. 스물여섯 살 때 문학박사가 되어 작가로 명성을 날리기 시작했지요. 언론계에서도 알아주던 20세기 대표 지성이었습니다. 젊은 시절 그는 끝없는 행복편력에 빠졌습니다. 재즈클럽 등에서 밤새 술을 마시며 궤변을 즐기기도 하고 온갖 쾌락을 맛보기 위해 세상 구석구석을 찾아다녔습니다. 고뇌와 혼란에 휩싸인 머튼은 오랜 방황 끝에 겟세마니 수도원에 들게 되었는데, 그 즉시 외쳤습니다.

"이곳이 바로 미국의 중심이다."

미국의 중심! 이는 미국에 대한 자긍심으로 가득 찼던 머튼에게 있어서 상징적인 외침이었습니다. 우리 식으로 바꿔 말하자면 바로 '행복의 중심'이라 선언한 셈입니다.

이런 머튼의 책을 번역하는 작업은 그야말로 꿩 먹고 알 먹는 기쁨이었습니다. 머튼도 사귀고 그의 알토란 같은 시도 음미하고! 그중 한 토막을 소개합니다.

"지금이 바로 당신을 만날 때입니다, 주님, 이렇게 밤이 훌륭한 때,
달빛 아래 숲이 활짝 열리는 때,
그리고 살아 있는 생명들이 '오직 현재만이 영원하다'고,
'과거와 미래를 가진 모든 것은 이제 사라질 운명'이라고
멋들어지게 노래 부를 때
[……]

제가 낮에 당신께 생각과 이성으로 기도드렸삽더니,
밤에 당신께서는 저를 대면하시며
생각과 이성을 흩뜨려놓으십니다.

제가 아침에 당신께 빛과 욕망을 갖고 찾았삽더니,
당신께서는 엄청난 온화함으로, 가장 관대한 침묵으로,
이 불가해한 밤에 제게 내려오셔서,
빛을 흩뜨려놓고 모든 욕망을 깨부수셨습니다.

저는 당신께 수백 번 저의 의도를 설명드렸건만,
당신께서는 들으시곤 아무 말씀도 주지 않으시니,
저는 부끄러워 돌아서서 울었습니다.
진정으로 저의 모든 의도들은 아무런 의미가 없었던 것인가요?
진정으로 저의 모든 욕망들은 환상이었던 것인가요?
[……]
어둠 속에서 당신과의 친밀은 너무 단순하고 너무 가까워서 흥분조차
할 수 없습니다."★18

'생각과 이성'이 깡그리 흐트러지고, '빛과 욕망'이 깨부숴지고, 아무
리 '의도'를 설명해도 돌아오는 건 '침묵'뿐인, 그런 기도의 삼매에 머튼
은 빠져들었습니다.
　혹자는 물을 것입니다. 그게 무슨 기도냐? 신의 무자비한 횡포지!
　하지만 머튼은 탄성을 자아냅니다.
　"당신과의 친밀은 너무 가까워서 흥분조차 할 수 없습니다."
　아―, 맞습니다. 그건 흐릿한 이성이 진리를, 희미한 불빛이 눈부신
광원(光源)을, 땅의 소망이 하늘의 뜻을 만나는 순간이었습니다.

　꼭 용광로에 녹아든 쇠붙이처럼 하느님 안에 깊이 잠기어 글을 쓴 머
튼. 그는 이렇듯 심오하게 우리가 가야 할 영적 지대를 안내해주고, 궁

극적인 환희를 맛보게 해줍니다.

지금 이 순간 우리도 행복을 찾아 분주한 삶을 삽니다. 행복을 위하여 돈도 열심히 벌고, 좋은 옷도 입어보고, 널찍한 집도 마련해보고, 맛있는 것도 찾아다니며 먹어봅니다.

하지만 우리는 여전히 목마릅니다. 채우려 할수록 더욱 공허해지는 욕망의 빈터는 도대체 무엇으로 채울 수 있는 것일까요.

어찌할 것인가? 다만 그 눈뜸의 시간을 갈망하며 침묵 지대를 서성일 뿐입니다.

동양과 서양을 아우르는 기도의 대가 십자가의 성 요한은 기도의 절정을 이렇게 노래합니다.

"하늘도 내 것이고 땅도 내 것이며, 국가들도 내 것입니다. 모든 것이 내 것입니다. 하느님 자신도 내 것이고, 그분께서는 나를 위해 존재하십니다. 그 이유는 그리스도께서 내 것이며 모든 것이 내 것이기 때문입니다. 오, 내 영혼아, 그런데 너는 무엇을 청하며 무엇을 추구하느냐?"

핵심입니다. 그러기에 나는 어떠한 계획을 세울 때 무엇보다도 먼저 하느님의 마음을 얻고자 노력합니다. 이렇게 말입니다. "하느님, 하느님이 제 편이 되어주시면, 저는 이 일을 시작하겠습니다. 하지만, 하느님이 제 편이 되어주지 아니 하시면, 당장 접겠습니다."

하느님만 청하십시오. 그러면 다 받을 것입니다.

어려운 일이 생겼을 때만 하는
'얌체기도'에도 응답이 있을까요?

명동성당 주임을 역임한 어느 유명한 신부님에게서 직접 들은 이야기입니다.

어느 행색이 멀쩡한 여자 분이 찾아와서는 대뜸 이렇게 묻더랍니다.

"신부님, 저희가 이 동네에 새로 이사 왔는데, 한번 오셔서 미사 좀 드려주면 안 될까요?"

"안 될 거야 없지요. 날짜를 맞춰보시죠."

그래서 사무장에게 시켜 방문일자를 정하고, 약속된 날 미사도구를 꾸려 알려준 주소로 찾아갔답니다. 집안을 들어가 보니 전혀 신앙인 가정의 분위기가 나지 않더랍니다. 집주인은 절차나 예법도 모르고요. 스스로도 당황스러웠던지 이렇게 경위를 밝히더랍니다.

"사실은요, 제가 좀 망설였죠. 이사를 와서 복을 빌고 싶은데, 무당을 불러 굿을 할까 하다가 요즘엔 서양식이 대세니 서양식 굿을 한번 바치고 싶은 거예요. 그래서 신부님을 모신 거지요."

"네―에! 그러면, 신자가 아닌데 미사를 청했단 말입니까?"

"왜요? 안 되나요?"

그 신부님이 미사를 드려주었는지 아닌지는 기억에 없습니다. 여하튼 성격이 호방하셨던 신부님은 이 사건을 부정적으로 폄하하여 말하지 않으셨습니다. 오히려 한국인 가슴에 유전 인자처럼 대물림되어온 아름다운 종교심성이라고 주석을 다셨습니다.

누구에게나 복을 빌고 싶은 욕구가 있습니다. 이것이 기도의 출발점입니다.

흔히 '기복신앙'은 나쁜 것이니 피하는 것이 바람직하다고 말합니다.

과연 옳은 말일까요? 아닙니다. 기복신앙이란 말 그대로 복을 비는 신앙, 마음 또는 행위를 가리킵니다. 이는 신으로부터 물질적 또는 정신적인 혜택을 찾고 기대하는 종교욕구의 한 부분입니다. 그러니 잘못이 아닙니다. 곧 인간으로서 가지는 자연스러운 행위입니다. 복을 구하는 신앙 자체는 나쁜 것이 아닙니다.

물론 우리가 '기복신앙'이라고 할 때 얼른 떠오르는 골칫거리들이 없는 것은 아닙니다. 바로 이기적으로, 아무 노력 없이 순전히 요행수로, 수단과 방법을 가리지 않고, 심지어는 비윤리적인 방법까지 동원하여 복을 비는 행태들이 있지요. 문제는 이런 것들입니다.

그러니, 구하되 정의에 어긋나지 않게 구해야 한다는 것입니다.

하지만 이것도 우리 인간의 생각입니다. 하느님은 이런 인간의 생각조차 초월한 사랑으로 우리의 기도를 들으십니다.

기도를 잘하려면 '하느님의 심리학'을 잘 알아야 합니다. 하느님과 인간의 관계는 부모와 자녀의 관계와 같습니다. 아니, 그 이상입니다.

말썽만 부리는 자녀가 부모에게 계속 달라기만 한다고 "이런 얌체 녀석! 너는 넉살도 좋구나"라고 면박을 주지 않습니다.

부모는 남들이 '천하의 나쁜 놈'이라고 손가락질하는 자식, 심지어 죄를 짓고 감옥에 간 자식일지라도 미워하지 않습니다. 애끓는 마음으로 면회를 가서 사식과 따뜻한 옷을 넣어주고 용돈을 챙겨줍니다.

이렇거늘 부모 중의 부모인 하느님이 죄스러운 우리의 청이라고 어찌 거절하겠습니까.

하느님께는 '얌체기도'라는 말조차 없을지도 모릅니다.

역설적인 얘기입니다마는 '눈치코치 없는' 사람의 기도가 응답을 받습니다.

옛날 어느 과부가 있었습니다. 힘도 돈도 없는 그녀는 억울한 일을 당했습니다. 과부는 그 고장의 재판관에게 가서 재판을 청했습니다. 요즘으로 치면 고소를 한 셈입니다. 하지만 재판관은 이 사건을 접수하지 않았습니다. 수입도 생기지 않는 피곤한 일로 여겼던 것이죠. 한마디로 고약한 재판관이었습니다. 결국 과부는 고소를 기각당한 꼴이 되고 말았습니다.

그러나 과부는 포기하지 않았습니다. 연일 재판관을 따라다니며 졸라댔습니다. 상황이 다급했기에 체면이고 위신이고, 눈치고 코치고가 다 뭐냐는 식이었습니다. 마침내 재판관이 굴복하여 재판을 해주기로 했습니다. 재판관은 속으로 이렇게 말합니다.

"이 재판 골치 아플 것 같아서 안 해주려 했는데, 하도 귀찮게 하소연하니 그럴 수가 없구나. 귀가 따가워서 견딜 수가 없으니 말이야"(루카 18,4-5 참조).

이 이야기에 등장하는 과부는 종교적으로 열심인 사람 축에는 끼지 못하는 사람이었습니다. 이 과부가 애걸복걸한 이유는 딱 한 가지였습니다. 자신이 억울한 일을 당하여 분통 터진다는 것. 바로 이것입니다.

이 과부의 기도에서 영감을 얻었던지 성찬경 시인은 기도의 정수를
이렇게 그려내고 있습니다.

"은총을 내려주시는구나.
야속하다 싶을 만큼 묘하게
표 안 나게 내려주시는구나.
슬쩍 떠보시고 얼마 있다가
이슬을 주실 때도 있고
만나를 주실 때도 있고
밤중에
한밤중에
잠 못 이루게 한 다음
귀한 구절 하나를 한 가닥 빛처럼
내려주실 때도 있다.

무조건 무조건 애걸했더니
이 불쌍한 꼴이 눈에 띄신 모양이다.
얻어맞아도 얻어맞아도
그저 고맙다는 시늉만을 했더니 말이다.
시늉이건 참이건
느긋하게건 절대절명에서건
즉시 속속들이 다 아신다. 다 아신다.
그러니 오히려 안심이다.

벌거벗고 빌면 그만이다.
은총을 내려주시는구나."★19

건성으로 청하지 않고 '무조건 무조건 애걸'하는 기도.
'얻어맞아도 얻어맞아도 그저 고맙다는 시늉'이라도 하는 기도.
꾸밈없이 '벌거벗고' 비는 기도.
그런 기도를 바칠 줄 아는 사람은 '은총을 내려주시는구나'를 연신 노래할 수 있는 것입니다.

평소 기도하지 않던 사람도, 심지어 스스로 무신론자임을 표방하던 사람도 다급하면 하느님을 찾게 마련입니다. 이는 통계적으로도 드러나는 사실입니다.

미국 오하이오주 클리블랜드에 있는 케이스웨스턴리저브대학교의 엑슬린 박사 연구팀이 하나의 연구를 진행하였습니다. 지난 10년 동안 배우자가 사망하거나 사고를 당하는 등의 아픔을 겪은 사람 수백 명을 대상으로 종교적 신념과 신의 존재 등을 물었어요. 질문을 여러 가지 형태로 만들어 온라인 설문조사를 실시한 것입니다.

결과는 다음과 같았습니다. 응답자 가운데 세 명 중 두 명이 자신에게 불행이 닥쳤을 때 신을 원망한다고 답했고, 그러한 일이 생긴 까닭은 신이 자신을 버렸거나 배신했기 때문이라고 생각했다는 것입니다.★20 여기서 흥미로운 사실은 기도 내용이 주로 원망과 불평이라는 점이었습니다.

물론, 모든 기도가 다 자신이 원하는 방식으로 응답받지는 않습니다. 그것은 전적으로 하느님의 지혜가 선택할 일입니다.

기도 연구가들은 하느님께서 우리에게 응답하시는 방법을 기발하게 설명하기도 합니다.[*21]

첫째, "오냐 주마"(Yes) 식의 응답입니다. 어떻게 됐든 오케이! 그것도 금방 주신다는 말입니다.

둘째, "안 돼"(No) 식의 응답입니다. 사실 '안 돼' 하시는 것도 응답입니다. 그렇다면 왜 안 된다는 건가? 잘못된 것을 구했기 때문입니다. 그러므로 '제대로 된 것을 구하라'는 메시지입니다.

셋째, "기다려라"(Wait) 식의 응답입니다. 아직 때가 아니라는 뜻, '타이밍 딱 맞을 때가 있으니 기다리라'는 메시지입니다. 또 여기에는 스케일의 차이가 반영되어 있습니다. 즉 '더 큰 것을 준비하고 있으니 기다리라' 하는 의미도 서려 있습니다. 일례로 성녀 모니카는 아들 아우구스티누스가 향락과 이단 사상에 빠져 속을 썩일 때, 17년 동안이나 기도했습니다. 사실, 하느님께서 모니카 성녀를 그 오랜 시간 기다리게 한 것은 다른 뜻이 있으셨던 것으로, 곧 아들 아우구스티누스를 큰 인물로 만들어주시기 위함이었습니다. 그리하여 천 년에 한 번 나올까 말까 한 대학자로 만들어 응답해주셨습니다.

넷째로는 "다른 것을 주마"(Other) 식의 응답입니다. 청한 것 말고 더 좋은 것을 주시겠다는 뜻이니 무슨 설명이 더 필요하겠습니까.

여하튼 하느님은 우리에게 이 네 가지 방법으로 응답을 주십니다. 우리는 이를 영적으로 잘 알아들을 필요가 있습니다. 여기에는 깊은 뜻이 있습니다. 곧 하느님께서는 이 과정을 통해서 우리를 매번 한 단계씩 업그레이드시키신다는 것입니다. 무조건 "Yes" 하고 응답을 주실 때는, 사실 내가 업그레이드되고 있는 것이 아닙니다.

아무리 기도해도 이루어지지 않을 때, 우리는 깨달아야 합니다. '내가 성숙하니까 안 된다고도 하시는 구나' 하고 말입니다. 우리의 수준이 높아질수록 점점 더 높은 단계로 초대받게 되는 셈입니다.

그다음 "기다려라" 상태에 이르면 어쩌면 그분의 침묵을 경험할 수도 있습니다. 부재까지도 생각할 수 있습니다. 하지만 이는 우리가 무르익을 때까지, 영적으로 성숙할 때까지 기다리라는 뜻입니다.

마지막으로 "다른 것을 주마" 하실 때, 사실 이때야말로 우리가 하느님께로부터 확실하게 초대받고 있는 때입니다. "이제 더 깊고 넓은 차원으로 올라와라" 하며 관계의 구조조정을 하고 계신 것입니다.

그러니 우리가 진정으로 슬퍼해야 할 때는 하느님께서 "Yes" 하실 때입니다.

"한 단계는 올라가야 하는데, 이렇게 너무 쉽게 들어주시면 나 상급학년 못 올라가는데……." 이렇게 말입니다.

우리가 피해야 할 것은 하느님의 소관을 우리가 침범하여 되고 안 되고를 판단하는 것입니다. 그러므로 '얌체기도'니 '기복기도'니 '이기적인 기도'니 '잘못된 기도'니 하며 남의 기도를 판단하는 것은 금물입니다. 그것은 월권입니다.

기도는 그 응답과 상관없이 이미 그 자체로 위로며 보상입니다.

러시아 작가 보리스 파스테르나크의 소설 『닥터 지바고』의 한 장면에서 그 극적인 예가 발견됩니다. 부유한 변호사에게 유혹을 당한 라라가 절망적인 상태가 되어 교회로 도망치는 장면이 이렇게 그려집니다.

"라라는 신앙인이 아니었다. 그녀는 교리도, 교회의 전례도 믿지 않았다. 그러나 그녀는 삶을 지탱하기 위해서 내면의 음악이 필요했다. 인간은 이러한 음악을 자기 자신의 힘으로는 결코 작곡할 수 없다. 라라는 삶에 대한 하느님의 말씀 안에서 이러한 음악을 발견했다. 그래서 그녀

는 교회로 갔다. 그곳에서 울 수 있었기 때문이다."★²²

교리도 믿지 않는, 전례도 믿지 않는 라라가 교회를 갔습니다. 교회는 곧 하느님의 품입니다. 그러기에 교리를 잘 몰라도, 전례를 잘 몰라도 그냥 가서 그분의 터치를 만나면 우리 안에서 음악이 나오는 것입니다. 순간적으로 작곡되는 곡조 없는 흐느낌의 음악이.

진정한 내면에서 들려오는 음악, 하느님만이 작곡할 수 있는 전율의 음악. 이 음악 속에서 라라는 하염없는 위로의 눈물을 흘렸습니다.

십자가 마리아 수녀는 하염없이 흐르는 '눈물' 속에서 하느님의 위로를 만납니다.

"나는 네가 너무 슬플 때
너와 함께 있고 싶어서
눈물이 되었다

나는 네가 너무 기쁠 때
너와 함께 있고 싶어서
눈물이 되었다"★²³

악한 사람이 부귀영화를
누리는 사례는 대체 뭔가?

명색이 미래사목연구소 소장인 나는 '미래정보'라면 자다가도 눈이 번
쩍 뜨입니다. 내가 미래 트렌드의 단서를 얻어내는 중요한 소스 중 하나
가 TV의 개그 코너들입니다. 한 코너 한 코너가 날카로운 사회 비판이
며, 나아가 대안이기도 합니다. 그 가운데 한때 '이 더러운 세상'이라는
코너가 있었습니다. 모두 알다시피 한 취객의 술주정을 통해서 경쟁사
회에서 소외된 이들의 아픔을 통쾌하게 위로해주는 코너였습니다.

'이 더러운 세상'이라는 말은 공정하지 못한 세상을 가리킵니다. 그 개
그 코너가 높은 인기를 누릴 수 있었던 것은 그만큼 공감하는 이가 많았
다는 얘기입니다. 공정하지 못한 세상에 잔뜩 불만을 품고 있다가 개그
를 촉매로 하여 '빵' 하고 터져 나오는 거죠. 폭소로 말입니다.

물론 꼭 목적이 있어서 개그를 보는 것만은 아닙니다. 그냥 웃음이 좋
아서 봅니다. 풍자는 꼬집는 재미로, 바보 극은 넋 놓는 즐거움으로, 엇
박자 유머는 자지러지는 흥으로, 허허실실 위트는 찔리는 낙으로, 무대
가 바뀔 때마다 웃음소리의 고저강약이 달라지니, 될 수 있으면 꼭 챙겨
서 보려 합니다.

여하튼 불공정한 사회를 희화한 '이 더러운 세상'은, 특히 취업 대란,

88만원 세대, 높은 이직률, 싱글족의 증가, 불신·불만·불안의 3불(不) 등으로 대변되는 젊은 세대의 장탄식일지도 모릅니다.

"악인 중에도 부귀와 안락을 누리는 사람이 많다면, 신의 교훈은 무엇인가?"

악인이 부귀와 안락을 누리는 꼴, 이야말로 '이 더러운 세상'이란 말이 절로 나오게 하는 꼴불견, 목불인견입니다. 이야말로 불공정사회의 전형입니다. 당연히 이 불공정사회를 만든 것은 인간입니다. 더 정확히 말하여 인간의 탐욕과 착취가 그 마지막 배후인 것입니다.

아이러니한 것은 이런 때 인간은 그 책임을 신에게 묻는다는 사실입니다. 그러면서 그것을 묵인한 신의 존재를 의심하는 것이 공인된 정통 코스입니다. 누구도 이런 반응에 대하여 이의를 제기하지 않습니다.

신이 가장 존재하지 않는 것처럼 보일 때는 바로 부조리의 현장에서 신이 침묵하는 듯이 보일 때입니다. 특히 우리가 '악인'으로 부르는 그런 인물이 백주에 범행을 저지르고 버젓이 잘 살고 있는 것을 볼 때, 신은 존재하지 않는 듯이 보입니다.

직장에서 가장 참기 역겨운 일은 평소에는 빈둥거리다가 상사만 나타나면 아부에 능한 직원이 승승장구 승진하는 것을 봐줘야 할 때일 것입니다. 나쁜 짓만 일삼는데 돈이 따라다니는 사람들도 있습니다.

'이런 천하의 나쁜 놈'들에게 벼락을 내리시지 않는 신은 신이 아니거나 아니면 없거나 한 것임에 틀림없다고 누군가 울분을 터트린다 해도, 그의 그 '의로운 분노'는 옳습니다.

고집스럽게 성실의 법칙을 사는 노력파보다 교묘하게 사기의 법칙으로 사는 요령파가 더 잘 사는 꼴을 봐주기란 정말로 분통터지는 일입니다.

만일 신이 있다면 왜 이런 어거지가 용납될 수 있을까요? 초간단 답변을 드리겠습니다.

신은 벌을 주시는 분이 아니기 때문입니다. 적어도 현세에서는 말입니다.

흔히 신은 상선벌악(賞善罰惡)으로 인간의 행위에 보응하는 것으로 알고 있습니다. 하지만 이 상선벌악의 시행은 궁극적으로 사후 또는 종말의 때에 이루어진다고 보는 것이 정설입니다. 현세에서 그 중간평가가 이루어지는 것이 아닙니다. 오직 마지막 때로 유보되어 있을 뿐입니다.

왜 그럴까요? 그 죄인 또는 악한 사람에게 회개(또는 회심)의 기회를 주기 위한 신의 자비가 그 이유입니다. 아무리 악한 사람이라도 양심이라는 것이 있으니 언젠가 그 양심의 가책을 느끼고 마음을 고쳐먹기를 기다려주는 신의 자비가 바로 그 답답한 침묵의 이유입니다.

일부러 성경의 인용을 자제했습니다. 되도록이면 객관적인 입장에서 접근해보려는 취지에서였습니다마는, 들어서 기분 좋은 것이므로 잠깐 한 구절 인용해봅니다.

"아버지께서는 악한 사람에게나 선한 사람에게나 똑같이 햇빛을 주시고 옳은 사람에게나 옳지 못한 사람에게나 똑같이 비를 내려주신다"(마태 5,45: 공동번역).

예수님의 애제자 요한과 야고보는 둘 다 불뚝 성질이 있었습니다. 어느 날 예수님 일행이 사마리아를 지나는 길에서 동네 사람들이 지나가지 못하게 했습니다. 그러자 두 사람이 화가 잔뜩 나서 말했습니다.

"하늘에서 불을 내려다가 벼락을 내립시다"(루카 9,51-54 참조).

이 말에 예수님께서 야단을 치십니다.

"이런! 니네들 성질 좀 죽여라. 성질 좀 죽여. 너희들은 딱 보아네르게스야. 보아네르게스!" '보아네르게스'란 '천둥의 아들'이라는 뜻입니다. 이렇게 일부러 별명을 붙여주심에는 깊은 뜻이 있었습니다.

"사람들이 아무리 악해도 '벌'을 청하는 기도를 올리지 말라. 악인을 복수하려고도 저주하지도 말라. 마음에서 불같은 것이 치밀거들랑 '내 성질이 꼭 천둥의 아들이군!' 하고, 사랑으로 그 분노의 불을 끄라."

이렇듯이 하느님은 현세에서는 벌을 주시는 분이 아니며, 해코지하는 분은 더더욱 아닙니다. 그 대신에 '벌'이 아니라 '매'를 드실 때가 있습니다. 잘되라고 때리는 사랑의 매 말입니다.

벌과 매, 무엇이 다른가? 같은 것 아니냐고 묻고 싶은 사람도 있을 겁니다.

벌은 벌로 끝입니다. 그걸로 사안 종료입니다.

하지만 매는 매로 끝나지 않습니다. 매를 때리실 때는 반드시 그다음에 '더 좋은 것'을 주십니다. 더 발전된 내일, 더 좋은 미래를 꿰뚫어 보셨을 때만 매를 드신다는 말입니다. 그러기에 유다인 현자는 "하느님은 사랑하시는 자에게 매를 드신다"고 말합니다. 혹여 누구든지 현재 고난의 매를 맞는 이가 있다면 "아, 이제 더 좋은 미래가 예비되어 있겠구나!" 하는 희망으로 인내하는 것이 좋겠지요.

이런 식의 매는 맞는 당사자가 그것이 매인 줄 알게끔 주어집니다.

만일 누군가가 시련을 겪는데 그것이 어떤 반성도 깨달음도 가져오지 못한다면 그것은 하느님으로부터 온 것이 아니라 그냥 자기 삶의 인과관계에서 발생한 고생일 따름인 것입니다.

이제 자명하여졌습니다.

만일 여전히 한국 사회에서 '악인 중에도 부귀와 안락을 누리는 사람이 많다면', 그것은 그 만큼 한국 사회가 아직도 불공정한 사회라는 뜻입니다. 이를 책임지고 개선해야 할 주체는 하느님이 아니라 엄연히 대한민국 국민입니다.

요즈음 국민적인 염원이 공정사회입니다. 한마디로 결과지향의 사회문화가 아니라 과정지향의 사회문화가 온전하게 조성될 때 이 여망은 이루어질 것입니다. 이와 관련하여 '정의란 무엇인가'라는 물음이 회자되었습니다. 많은 지성인들이 복잡한 개념정의를 내렸습니다마는, 내 생각에 토마스 데 아퀴노만큼 정의(正義)의 정의(定義)를 똑 부러지게 내린 사람은 없다고 봅니다.

"각자에게 그의 것!"(cuique suum!)

이것이 그의 정의입니다. 완벽합니다. 각자 자신이 땀 흘린 딱 그만큼 권리가 돌아가고, 각자에게 마땅히 해야 할 의무가 에누리없이 분배된 상태, 이것이 정의라는 것입니다.

본 주제가 아니므로 이 정도로 해두겠습니다.

이제 앞에서 하던 얘기의 마무리입니다.

만일 어떤 사람이 "신앙이 없이도 잘만 살더라. 적당히 요령을 부려 돈 많이 벌어서 부귀와 안락을 누리면 그만이지. 종교? 난 그런 거 몰라" 하며 떵떵거린다면, 한번쯤 철학자 파스칼의 말대로 내기를 해볼 것을 권합니다.

"죽은 다음에 천국이 있느냐 없느냐 하는 것은 어차피 확률이 1대 1이다. 있을 수도 있고, 없을 수도 있다. 확률은 똑같다. 자 그렇다면 도박을 해보자. 서로 반대 경우가 사실이라면 결국 손해는 누가 보는가?

천국이 없다고 생각하고 이 세상을 '함부로', '엉망으로' 살았는데 죽어서 보니 하느님도 있고 천국도 있다는 것을 알게 되는 사람인가, 아니면 천국이 있다고 믿고 '열심히' 신앙생활을 했는데 하느님도 천국도 없는 경우의 사람인가?

결국 누가 낭패를 맞이하게 되겠는가?"

분명한 것은 둘 중 하나는 파국의 패를 쥐고 사는 셈이고, 다른 하나는 대박의 패를 쥐고 있는 셈이라는 겁니다.

극단적인 가치관을 가진 사람들을 어떻게 받아들여야 하나?

신학교 시절 수업시간에 지금은 대주교님이 되신 한 교수님이 대뜸 질문을 던지셨습니다.

"여러분, 이 세상에서 가장 무서운 사람이 누구인 줄 아십니까?"

"……? ……?"

"딱 책 한 권 읽고서 뭘 주장하는 사람입니다."

듣고 보니 그럴듯했습니다. 이후 살아가면서 그 교수님 아니, 대주교님의 말씀에 다시금 맞장구를 칠 때가 많았습니다.

결국 광신자나 골수 공산당원의 의식구조도 딱 책 한 권 읽고서 뭔가를 주장하는 사람과 다르지 않습니다.

전 세계를 경악하게 했던 9·11테러는 물론이고 중동에서 끊이지 않고 일어나는 자살 폭탄테러와 연쇄 보복극은 국제 테러조직이 아닌 영웅적인(?) 이슬람 신도들이 벌인 일이었습니다. 조폭이나 테러범보다 더 잔인한 것이 광신도들임을 보여주는 사례들입니다.

이렇게 극단적이지는 않더라도 우리 주변에 온건한 광신도들도 많습니다. 그들은 거만하고 독선적이며, 편견에 사로잡힌 데다, 감수성이라곤 없고, 거칠기 짝이 없습니다. 그들은 지나치게 열심이고 광적으로 용감합니다. 그러나 그들은 사랑, 용서, 관용을 베풀어야 할 때는 광적이지 않습니다.

이렇듯 광신자들, 나아가 근본주의자들은 자기들의 종교성을 공유하지 않는 사람들을 향한 우월감, 거기서 비롯된 배타성, 적대감, 억압, 심지어는 폭력 등으로 자신의 신앙을 실천합니다. 어느 종교에건 이런 광신도들은 꼭 있습니다.

일반적으로 신앙인들은 명목상의 신도와 광신도를 양 극단으로 하여 펼쳐진 스펙트럼 어딘가에 있습니다. 명목상의 신도는 교리도 부실하고 실천도 이냥저냥입니다. 광신도는 교리에 대한 확신이 있고 실천의 열정이 지나치다 싶습니다.

이런 광신도는 일단 편협하거나 왜곡된 교리를 내세우는 종교나 교파에서 배출될 확률이 높습니다. 그러기에 사이비 종교나 일부 극단적인 교단은 아예 광신자 집단으로 고착되기도 합니다.

균형 있는 교리를 내세우는 종교에서도 광신자들이 전혀 없는 것은 아닙니다. 개인적인 성격이 이성보다는 감성에 치우쳐 무엇이건 오버하는 성향이 있을 때, 아무리 바르게 배워도 광신자가 될 확률이 있습니다.

특히 전형적인 광신도들은 심리적으로 지나친 열등감, 분노, 적대감 등을 표출할 출구를 찾고 있죠. 그러다가 신앙이라는 매개를 만나면서 광신 증세로 급발진하는 경우가 적지 않습니다.

이런 광신도는 완장을 찬 공산당원과 내용만 다를 뿐 현상적으로는 크게 다르지 않습니다. 잘못 형성된 가치관이나 이데올로기가 신념화되니까 나타나는 부작용인 것입니다.

"신앙인은 때때로 광인처럼 되는데, 공산당원이 공산주의에 미치는 것과 어떻게 다른가?"
100퍼센트 긍정합니다.
공산주의를 주장한 마르크스는 젊은 시절 주로 분노, 파괴, 야만을 주제로 하는 시를 썼다고 전해집니다. 그 가운데 다음과 같은 것이 있습니다.

"그러면 나는 하느님처럼 뻐기면서 다니겠네.
이 세계의 황무지 사이로
내가 하는 말에 강력한 힘을 부여하면
창조주와 똑같은 기분이겠지."[★24]

광신도의 심리와 공산당원의 심리가 어떻게 흡사한지를 보여주는 좋은 예라 할 것입니다.

그러기에 처음 신앙을 선택할 때 신중에 신중을 기해야 합니다. 여기에는 특히 유념해야 할 두 가지가 있습니다.
첫째, 교리가 보편성을 지닌 종교를 택하는 것이 바람직합니다. 진리는 편협되지 않고 보편적입니다. 이 세상에 현존하는 과학이나 학문의 성과와 상충하는 교리는 일단 보편성을 상실한 것이라 보면 옳을 것입니다. 예를 들면 지나치게 과학을 경멸하는 창조교리를 내세우는 종교라든가, 보편 인류애를 표방하지 않고 '해코지'와 '저주'를 일삼는 잡신을 믿는 종교라든가 하는 유의 종교는 처음부터 고등종교로 봐줄 수 없습니다.

둘째, 평소 지성, 감성, 의지가 조화롭게 균형을 갖춘 인격자가 되도록 수양을 게을리하지 않는 것이 좋습니다. 이 셋이 균형을 이루지 못하고 하나만 과도하게 발달되면 몽상가, 다혈질, 행동파 등으로 기울 수 있습니다. 그리고 이것이 바로 광신도로 가는 첫걸음이 되기 일쑤입니다.

J. 아리아스 신부는 그의 책 『내가 믿지 않는 하느님』에서 광신자들이 신봉하기 쉬운 '극단적'인 하느님 목록을 이렇게 나열합니다.

"그렇다. 나는 이러한 하느님을 결코 믿지 않는다. [······] 물질을 죄악시하는 하느님 [······] 마술사와 요술쟁이인 하느님. [······] 특정한 교회, 특정 종목, 특정 문화, 특정 계층이 독점하도록 허용하는 하느님. [······] 손에 쥐고 있는 법조문에 따라 항상 판결을 내리는 심판관 하느님. [······] 단죄하기를 '즐기는' 하느님. 지옥에 '보내는' 하느님. [······] 자기 집 문밖에서는 굶주림과 비참이 심한데 집안에서는 포식하는 부자들로부터 흠숭을 받는 하느님. [······] 정의를 실천하지 않는 이들의 선심을 흡족하게 여기는 하느님. [······] 인간과 사랑에 빠질 줄 모르는 하느님. [······] 온갖 절망 속에서 내가 희망할 수 없는 하느님을 나는 믿지 않는다. 그렇다. 나의 하느님은 전혀 다른 하느님이시다."

경험에 비추어 보건대, 평소 '오직'을 강조하는 사람이 광신도가 될 소지가 많습니다. '오직 믿음'도 '오직 실천'도, '오직 성장'도 '오직 복지도', '오직 우'도 '오직 좌'도, '오직 사랑'도 '오직 정의'도 다 위험합니다.

바야흐로 (지식)융합의 시대가 무르익고 있습니다. 이와 함께 종교 간

소통이 점점 소중해지는 시대로 진입하고 있습니다. 누구든지 자신의 종교에 열심할 권리는 있으나, 타종교에 대하여 배타적 증오심을 품을 권리는 없습니다.

우리나라는 종교가 번창한데
사회 문제는 왜 그렇게 많나?

1920년대부터 1960년대까지 미국 코미디계를 주름잡았던 그루초 마르크스가 어느 날 로스앤젤레스 거리를 걷고 있었습니다. 한 신부가 로만칼라 차림으로 어느 번잡한 거리를 지나가다가 그를 발견하였습니다. 신부는 그에게 다가가서 물었습니다.

"실례지만 당신은 그루초 마르크스가 아니신가요?"

코미디언은 특유의 몸짓으로 담뱃재를 털면서 눈썹을 움직여가며 대답했습니다.

"네, 맞습니다. 신부님."

신부는 "당신이 이 세상에 즐거움과 웃음을 선사한 데 대해서 감사드리고 싶습니다"라고 인사치레를 했습니다.

그러자 코미디언이 이렇게 대답했습니다.

"신부님, 저는 당신이 이 세상의 모든 즐거움과 웃음을 빼앗아 가신 데 대해 감사드리고 싶군요."

신부들이 세상에게서 즐거움과 웃음을 앗아간 덕에 코미디언으로서 인기를 누리고 있는 셈이니 '신부님, 감사합니다' 소리가 절로 나왔다는 얘기가 됩니다. 비판이라기보다는 또 한 번 웃음을 주려는 코미디언의 재치였겠지요. 그래도 혹시나 하고 성찰이 되는 것은 사실입니다.

어느 정도는 사실을 반영하고 있다고 고백해야 할 것 같습니다. 이 에피소드는 비단 신부에 관한 얘기만이 아닙니다. 종교인 그리고 종교 일반에 관한 것입니다. 종교인들의 가르침이 얼마나 자주 위협적이고 두려우며, 판결문처럼 엄숙하고 비인간적이며, 생명력이 없는가를 풍자한 것입니다.

"우리나라는 두 집 건너 교회가 있고, 신자도 많은데 사회범죄와 시련이 왜 그리 많은가?"

나는 이 물음 역시 교회만 겨냥한 것이 아니라고 여깁니다. 종교의 사회정화 기능에 관해서 묻고 있다고 생각합니다.

과연 종교는 건강한 사회문화 조성에 얼마나 영향을 끼치고 있을까요?

이것이 궁금하여 한국종교사회윤리연구소(소장 김홍권)에서 연구에 착수했습니다. 2007년 통계청 자료를 근거로 종교와 범죄율의 상관관계를 분석한 결과 다음과 같았습니다.

각 종교의 형사범 발생률을 비교한 결과(2006년 대검찰청 통계 참조), 비종교인(기타 종교 포함)은 15명당 1명, 원불교는 30명당 1명, 불교는 31명당 1명, 개신교는 39명당 1명, 천주교는 105명당 1명으로 나왔습니다. 이에 의하면 비종교인의 범죄율이 종교인의 범죄율보다 현저하게 높음을 알 수 있습니다.

그리고 이후 '대검찰청 2009 종교별 범죄율 통계'에서도 비슷한 결론이 나왔습니다. 일반 범죄율의 경우 비종교인이 45.2퍼센트, 종교인 21.8퍼센트, 종교의 유무를 답하지 않은 사람이 33.0퍼센트를 기록했습니다. 일반 범죄율 역시 비종교인이 종교인보다 두 배 이상 높은 것으로 나타난 것입니다.

한마디로 이는 사회범죄와 시련의 책임이 직접적으로 종교인에게만 돌려져서는 안 된다는 점을 강변하고 있습니다.

종교는 사회에 과연 어떤 기능을 하는가? 이를 역사·사회·문화적으로 조사해봤더니 흥미로운 결과가 나왔습니다.

첫째로, 건전한 사회 기강을 위해서 '종교의 보호벽'이 필요하다는 것입니다.

세계사를 볼 때 어느 문명이든 도덕이나 종교가 튼튼하게 버티고 있을 때는 망하지 않았다고 합니다. 로마가 멸망한 것도 결국은 도덕적인 타락에서 기인하였다고 합니다. 현대 사회는 부패, 범죄, 가정 붕괴, 약물 남용 등이 만연해 있습니다. 대중 매체만 하더라도 성의 타락과 폭력 등이 너무 노골적이어서 어느 채널로 피해야 할지 알 수 없을 정도입니다. 이것들은 개인의 도덕적 선택의 결과입니다. 그런데 더 깊이 이야기하자면 한 개인의 문제라기보다는 사회와 문화의 풍토 문제라고 할 수 있습니다. 이는 도덕과 종교의 제약으로부터 자유로울 권리, 무제한의 선택권을 옹호하던 근대 계몽주의와 자유주의가 낳은 부작용입니다.

무신론자요 세속주의자였던 귄터 루이는 세속주의를 옹호하려는 책을 쓰고자 통계 자료들을 조사했습니다. 그런데 놀랍게도 작업을 마치고 난 후 생각을 바꾸어 신앙생활을 권장하게 되었다고 합니다. 그는 결론적으로 다음과 같이 말합니다.

"청소년 비행, 성인 범죄, 편견, 혼외 임신, 결혼생활의 갈등과 이혼 등 모든 문제에서, 믿음을 가진 그리스도인들에게는 이런 도덕적 실패

나 사회적 병리 현상이 현저히 적었다."

둘째로, 종교가 인간의 행복한 삶에 크게 기여한다고 합니다.

미국의 의학 연구에 따르면, 교회에 정기적으로 참례하고 신앙에 따라 일관성 있게 행동하는 사람들이 정신적으로나 육체적으로 더 잘산다는 것이 확인되고 있습니다. 예를 들어 알코올 남용이 신앙이 없는 이들에게서 많다는 사실, 종교활동에 참여하는 것과 범죄를 피하는 것 사이에 밀접한 상관관계가 있다는 사실, 신앙심이 높을수록 우울증이나 스트레스 수준이 낮아진다는 결과, 교회 참례 여부가 결혼의 안정성을 예측할 수 있는 가장 중요한 요소라는 통계, 심지어 종교인이 종교가 없는 사람들보다 훨씬 장수한다는 사실 등이 보고되었습니다. 임상 경험과 연구 결과도 '인간의 행복과 복지에 결정적인 인자들은 우리의 영적인 신념과 도덕적인 선택'임을 말해줍니다.

셋째로, 종교가 질병의 치유를 촉진시킨다는 사실입니다.

인간의 유전자는 하느님을 믿을 때 영적 차원의 치유력이 발휘되도록 설계되어 있다고 합니다. 하버드대학의 허버트 벤슨 교수는 최근 의학 연구가 유전자 속에서 영적 차원의 잠재된 치유력을 발견할 단계에 이르렀다고 말합니다. 비록 벤슨 자신은 그리스도인이 아니지만, 그는 인간에게 내재한 '종교적 정향성'에 대해 이렇게 말합니다.

"인간은 하느님께 정향된 존재로 만들어져 있다. [……] 우리의 유전자 청사진은 무한한 절대자를 믿는 것을 우리 본성의 일부로 만들어두었다."

앞에 언급된 것들로만 보아도 종교인의 사회·문화적 삶의 질이 비종교인의 그것보다는 비교적 높은 것이 사실입니다.

그럼에도 비난의 대상이 되는 것은 기대치에 못 미치기 때문일 것입니다. 분발할 필요가 있는 대목입니다.

20세기 인도의 성자 마하트마 간디는 "나는 그리스도는 좋아하지만 그리스도인은 좋아하지 않는다"라는 유명한 말을 남겼습니다. 이는 그리스도인들이 그리스도의 가르침대로 살지 못하고 있다는 사실을 지적한 말입니다. 이에 대해 영국의 유명한 추기경 뉴먼이 뼈 있는 말을 하였습니다.

"믿음은 '실재 동의'(實在 同意)이지 '개념 동의'(槪念 同意)가 아니다."

믿음은 어떤 교리를 머리로만 끄덕이는 것이 아니라 온몸으로 받아들이는 것이라는 얘기입니다.

늘 자신의 부족을 성찰하며 완전을 향하여 하루하루 나아가는 겸손한 걸음을 멈추지 말아야 하는 것이 종교의 유무와 상관없이 모두가 견지해야 할 자세일 것입니다.

"교회는 죄인들을 위한 병원이지 성자들을 모신 박물관이 아니다."

누구의 말인지는 모르겠으되 이 말은 뭇사람들에게는 양팔 벌린 초대이며, 신앙인들에게는 자기성찰의 거울입니다.

PART 03

내 인생의 비밀코드

Big Q8

이 세상에 신이 있다면
대체 어디에 숨어 있나?

　한평생 들은 강의 가운데, 나는 1970년대 말 명동 전진상교육관에서 매주 있었던 함석헌 선생님의 노자 강의를 잊을 수 없습니다. 시대의 사상가께서 말쑥한 백발에 도인의 체취를 풍기며 한복 차림으로 정좌한 모습은 흡사 하늘에서 막 내려앉은 고결한 학이었습니다.

　거기서 선생님은 동서양을 넘나들며 철학자들의 사상을 자유분방하게 풀이해주셨습니다. 그 때 들은 노자의 『도덕경』 첫머리 해설은 당시 내 사고의 지평이 확 트이도록 해주었습니다.

　"도가도 비상도, 명가명 비상명"(道可道 非常道 名可名 非常名).

　"도를 도라고 부를 수 있으면 그것은 늘 그러한 도가 아니고, 이름을 이름으로 부를 수 있으면 그것은 늘 그러한 이름이 아니다."

　여기서 '도'는 무엇이고, '상'은 무슨 뜻이며, '이름'은 무엇을 가리키는지 아직도 의견이 분분하지만, 나는 그런 논의와 관계없이 하나의 깨달음을 얻었습니다. 그것은 어떤 개념 안에 실재를 담아내는 것은 불가능하다는 사실이었습니다.

　이 깨달음은 우리의 지식, 지혜, 언어, 개념이 지닌 한계를 확연히 인식하도록 도와주었습니다.

"신(하느님)의 존재를 어떻게 증명할 수 있을까?" 이 물음에 답하기 전에 먼저 짚고 넘어가야 할 물음이 있습니다. 그것은 "과연 신의 존재는 증명될 수 있는가?" 하는 것입니다. 실망스럽게도 그 답은 "No!"입니다. 왜 그럴까요? 바로 방금 앞에서 언급한 개념의 한계 때문입니다.

이를 가리켜 8세기 이슬람교 성인 라비아 알 아다위야는 간명하게 말했습니다.
"설명하는 자는 거짓말을 하는 것이다.
그의 존재 속에서 네가 지워져버리고,
그리고 그의 존재 속에서 네가 여전히 존재하는,
어떤 것의 진정한 형태를 어떻게 묘사할 수 있겠는가?"

그의 표현대로 신은 한마디로 '그의 존재 속에서 네가 지워져버리고, 그리고 그의 존재 속에서 네가 여전히 존재하는, 어떤 것'입니다. 그렇거늘 누가 그의 '진정한 형태'를 '묘사 할 수' 있겠습니까? 따라서 '설명하는 자는 거짓말을 하는 것'입니다.
이 논리를 따른다면 '증명'하려는 그 어떤 시도도 궁극적으로 '설명'의 범주를 벗어날 수 없으니 결국 '거짓말'에 다름 아니라는 얘기가 됩니다.

20세기를 대표하는 사상가 카를 힐티는 같은 통찰을 보다 직설적으로 전합니다.
"설명하지 못하는 것이 신의 본질이다. 그렇지 않으면 신은 신이 아니며, 신을 설명할 수 있는 인간은 인간이 아니다."
같은 취지를 아우구스티누스는 삼단논법으로 말합니다.
"인간은 유한하다. 하지만 신은 무한하다.

유한한 것은 결코 무한한 것을 밝혀낼 수 없다.

따라서 유한한 인간은 결코 무한한 신을 밝혀낼 수 없다."[1]

서양사에서 천 년에 한 번 나올까말까 하는 지성으로 꼽히는 논객의 군더더기 없는 논리에 누가 이의를 달겠습니까. 경험주의 철학자 베이컨은 한결 친절한 어투로 우리에게 궁극적 실재에 대한 사유법을 가르쳐줍니다.

"단적으로 말해서 신은 철학의 문제가 아니라네. 신은 철학 바깥에 존재하기 때문이지. 철학의 대상은 인간과 우리 눈에 보이는 자연에 한정되어야 한다는 뜻이야. 알지도 못하고, 보이지도 않는 것에 대해 논한다는 것은 없는 돈으로 집을 사겠다는 생각과 다를 바 없다네."

이 말에 질문자는 고개를 갸웃하며 다시 물었습니다.

"그러면 선생님께서는 신이 없다고 생각하십니까?"

베이컨은 고개를 가로저으며 대답했습니다.

"아닐세. 나는 신을 믿고 숭배하네. 하지만 지식으로 신을 규명할 수 있다고 생각하지는 않네. 사실 신에 대한 우리의 지식은 전무한 상태 아닌가. 이런 상황에서 신을 지식으로 규정한다는 것은 위험천만한 일이 아니겠는가. 그러기에 나는 다만 신을 숭배하고 찬미할 뿐, 결코 신을 철학의 연구 대상으로 삼지는 않는다네. 알 수 없는 것에 대해 이론을 전개하겠다는 것은 허공에 뜬 채로 잠을 자겠다는 것과 다를 바 없다네. 알아듣겠나?"[2]

베이컨의 이 말은 우리가 조금만 우리의 처지를 '있는 그대로' 직시하기만 하더라도 금세 수긍이 가게 마련입니다. 광활한 우주에 떠도는 모래알과도 같은 지구에서 살고 있는, 점보다 미소한 존재인 인간이 과연 삼라만상의 비밀에 대하여 얼마나 인식할 수 있을까요? 이를 생각하면 자신 안에 집적된 지식이 얼마나 알량한가를 깨닫게 됩니다. 그러니 '신' 이라는 개념 앞에 지식이니 철학이니 하는 것, 증명이니 설명이니 하는 것이 얼마나 초라한 몰골이겠습니까.

이런 이유로 앞에 소개된 카를 힐티는 그의 이야기를 마저 합니다.

"모든 존재 및 생성의 근원으로서의 신은 설명할 수도, 증명할 수도 없다. 또한 그래야 하는 것도 아니다. 오히려 우리는 우선 신을 믿고, 그다음에 몸으로 경험해야 한다. 이것은 거듭 확실하게 말해두지 않으면 안 될 명제다."[*3]

참고로 소개하거니와 이런 제한성에도 신의 존재를 증명하려는 시도들은 있어왔습니다.

대표적으로 '존재론적 논증'과 '목적론적 논증' 그리고 '우주론적 논증'이 있습니다.

존재론적 논증은 중세 신학자 안셀무스의 주장으로 하느님이란 개념의 정의가 하느님의 존재를 함축한다는 것입니다. 안셀모는 하느님을 '하느님 그분보다 더 큰 존재를 생각할 수 없는 분'이라고 정의했습니다. 이런 분은 반드시 존재하게 마련이라는 것입니다.

목적론적 논증은 토마스 데 아퀴노가 제창했습니다. 모든 만물의 질서와 아름다움에는 그 배후에 어떤 설계자가 있음을 암시한다는 주장입니다. 이 주장이 하느님의 존재를 증명해주지는 못하더라도, 암시하는 데까지는 나아간다는 사실에 많은 사람들이 동의합니다.

역시 토마스 데 아퀴노가 제창한 우주론적 논증이란 이 세상의 만물은 다 그 원인을 가지고 있는데, 그 최초의 원인자가 바로 하느님이라는 주장입니다.

"아무것도 스스로 움직일 수 없다.

그러나 모든 것은 움직이고 있다.

따라서 모든 것을 움직이게 하는 존재가 있음을 알 수 있다.

아무것도 스스로의 움직임에 대한 원인이 될 수 없다.

그러나 모든 것의 움직임에는 반드시 원인이 있다.

따라서 모든 것의 원인이 되는 원인이 있다."

하지만 독일의 철학자 칸트는 그의 유명한 『순수이성비판』에서 이런 증명이 사실상 불가능함을 적시하였습니다. 그는 인간의 순수이성은 인간의 유한성 탓에 무한한 실재인 신을 인식할 수 없다고 보았습니다. 대신에 실천이성이 신의 존재를 요청할 뿐이라 하여, 신 존재 논증과 관련된 오랜 논쟁에 종지부를 찍었습니다. 칸트의 주장은 철학계에서 아직도 유효한 것으로 인정받고 있습니다.

신의 존재 증명이 이렇게 골치 아픈 것일진대, 신앙인들이라고 갈등하지 않겠습니까.

한번은 이런 일이 있었습니다. 원래 고해소에서 들은 것은 발설할 수 없지만, 특수 사안이 아니므로 살짝 들춰봅니다. 고해소에 앉아 있는데 창호문 저쪽에서 남자 목소리가 고해를 시작했습니다.

"저는 하느님의 존재를 의심했습니다. 하느님이 정말 계신지 안 계신지 확신이 들지 않습니다."

"신앙생활 몇 년 하셨죠?"

"한 30년 됩니다."

"그러면 30년 동안 꼬박 하느님의 존재를 의심하면서 지냈단 말입니까?"

"네, 잘 믿어지지 않아서요."

"그건 죄가 아닙니다."

"네? 죄가 아니라구요?"

"그럼요. 죄가 아니라 손해입니다."

"손해요?"

"아무렴요. 30년이라는 귀한 세월을 손해 본 셈이죠. 30년 동안 의심만 하느라 허송하여, 일단 하느님의 존재를 믿으면 시작되는 기도의 도움, 평화와 행복, 그리고 은총, 이렇게 좋은 것들을 못 누리셨잖아요. 그러니까 손해를 보신 거죠."

그렇지 않은가. 풀리지 않는 문제 때문에 첫걸음도 떼지 못했으니. 누가 알겠는가. 일단 의심의 강을 넘고 나면 혹시 전혀 예상치 못했던 새로운 세계가 체험될지.

"신은 왜 자신의 존재를 똑똑히 드러내 보이지 않는가?"

증명되지 않는 것이 신의 본질임을 인정한다고 해도 남는 물음이 있습니다. 그렇다면 신이 자신의 존재를 똑똑히 드러낼 수는 없는가? 왜 그러지를 않는가? 바로 이런 물음들입니다.

답을 대신하여 환기할 겸 잠시 자연계로 눈을 돌려봅시다. 상상의 나래를 타고 잠시 그들의 세계로 들어가 봅시다.

개미는 2차원을 사는 곤충이고, 코끼리는 3차원적 존재입니다. 개미는 과연 코끼리라는 존재를 어떻게 인식할까요? 개미는 자신의 한평생 코끼리 몸통을 기어 다녀도 '코끼리'라는 실체를 파악하지 못할 것입니다. 모르긴 몰라도 좀 부드러운 바위 평원쯤으로 느끼지 않을까요.

그런데 개미가 코끼리의 존재를 파악할 수 없는 것은 누구의 책임입니까? 당연히 개미의 한계 탓입니다. 이렇듯이 2차원적인 존재가 3차원적 존재를 온전히 인식한다는 것은 불가능한 일입니다. 하지만 그렇다고 전혀 그 실재를 알아채지 못하는 것은 아닙니다. 그럼에도 개미가 코끼리의 부위별로 다른 질감을 느낄 수 있는 것처럼, 2차원적인 존재들은 3차원적 존재들의 다양한 단서를 부분적으로 포착할 수는 있습니다. 요컨대 (부분적)체험가능성과 (완전)파악불가능성이 공존하는 셈입니다.

이를 인간과 신의 관계에 적용하면 어떻게 될까요? 한마디로 이 예가 상징하는 (부분적)체험가능성과 (완전)파악불가능성 사이의 괴리가 무한대로 커질 것이라는 추정으로 귀결된다고 볼 수 있겠습니다. 현대 물리학의 연구 성과를 따르면 지금까지 우주는 11차원까지 파악되었다고 합니다. 만일 신이 존재한다면 그 너머의 차원까지 관통하여 실재할 것임은 당연한 이치입니다. 이에 비할 때 인간은 단지 3차원적 존재일 뿐입니다.

남는 문제는 3차원적 존재가 11차원적 존재를 어떻게 인식할 수 있을까 하는 것입니다. 어쩌면 개미가 코끼리의 실재를 파악하는 일보다 더 어려울 것입니다. 결론은 간단합니다.

"(만일 신이 존재한다면) 인간은 신의 존재를 부분적으로는 체험할 수 있다. 하지만 완전히 파악하는 것은 불가능하다."

신이 아무리 자신의 존재를 스스로 증명하고 자신의 존재를 드러낸다고 하더라도 '3차원 세계'에 갇혀 있는 인간의 한계로 말미암아 인간은 그 존재를 "있는 그대로" 인식할 수 없습니다. 마치 흑백 TV로는 3D 내지 4D 컬러 영상물을 수신할 수 없는 것처럼 말입니다.

인간은 오감을 통하여 세상을 파악합니다. 오감 중에서 촉각, 후각, 미각을 통해서 약 10퍼센트의 정보가 수용됩니다. 그리고 청각을 통하여 20퍼센트가 수용되는데 가청 영역은 16~2만 헤르츠로 제한된다고 합니다. 나머지 70퍼센트가 시각을 통해 파악되지요. 그렇지만 우리가 그나마 볼 수 있는 세계는 우주의 4퍼센트에 지나지 않는다는 것입니다. 이것만 보더라도 인간이 받아들이는 정보의 양이 얼마나 미미한가를 알 수 있습니다.

신의 존재 인식과 관련된 이런 인간의 가능성과 한계성을 생텍쥐페리는 이렇게 설파합니다. 저 유명한 『어린 왕자』의 한 부분입니다.
"중요한 것은 눈에 보이지 않는다. 지금 우리가 보고 있는 것은 단지 껍데기에 불과하다. 중요한 것은 눈에 보이지 않는다. 사람이 어떤 것을 정확하게 볼 수 있는 건 오직 마음으로 볼 때이다."

그가 말하는 '마음'은 무엇일까요? 사람들은 이를 일컬어 '영안'(靈眼)이라 부릅니다. 파스칼은 이를 오감(五感)을 넘어선 '여섯 번째 감각'이라 이름 붙였습니다. 전통적으로 서양에서는 이를 라틴어로 'sensus fidei' 곧 '신앙감각'이라 불러왔습니다.

어떻게 부르건 인간은 이 특별한 눈을 통해 신의 존재를 드러내는 편린들을 단서 삼아 신의 존재를 직감합니다. 여기서부터는 신은 '증명되는 존재'가 아니라 '체험되는 존재'로 인식됩니다. 그리하여 사람들은 이제 신의 '증거자'로 자처하게 되는 것입니다. 예를 들어봅시다.

시인 고은은 물끄러미 석양을 바라보다가 이렇게 노래했습니다.

"초등학교 유리창마다
석양이 빛나고 있다

그 유리창 하나하나가 실컷 신들이었다."[4]

그는 그가 만난 신의 흔적을 멋들어진 시로 그려낸 것입니다.

故 박완서 작가는 자신이 만난 신의 손길에 대해 이렇게 적었습니다.

"나는 내 눈으로 한번 똑똑히 분꽃이 피는 모습을 지켜보고 싶었습니다. 갑자기 봉오리가 활짝 벌어질 줄 알았는데 지키고 앉았으니까 왜 그렇게 안 벌어지는지요. 나는 기다리다 기다리다 지쳐서 약간 느슨해진 꽃봉오리를 손으로 펴려고 했습니다. 잘 안 되더군요. 인내심이 부족한 나는 기다리다 지쳐서 잠깐 자리를 떴다 와보니 분꽃은 용용 죽겠지, 하는 얼굴로 활짝 피어 있었습니다. 그런데 글쎄 내가 억지로 펴려 했던 꽃봉오리만이 피지 못하고 축 늘어져 있지 뭡니까. 어른들한테 일렀더니 손독이 올랐다고 하더군요. 내 어린 손도 독이 되는데 어떤 인자한 힘이 꽃을 피웠을까?

그건 보이지 않는 힘에 대한 내 최초의 경이였습니다."[5]

대한민국 최고의 지성 가운데 하나인 이어령 교수 역시 이 증거자의 반열에 자신의 이름을 올렸습니다. 그는 시력을 잃어가는 딸의 고통 앞에서 자신이 아버지로서 해준 것은 아무것도 없다는 사실에 무력감을 느꼈습니다. 그러나 딸이 오랫동안 믿어온 하느님은 그녀에게 기쁨을 주고 상처를 치유해주었습니다. 그러기에 그는 "딸이 믿는 대상에 대해 지성이 아닌 경배의 대상으로 다가가고 그런 믿음을 딸과 함께 공유하고 싶다"는 심경에 이르렀습니다.[6]

그는 증언합니다.

"저는 딸에게 이렇게 말했습니다. 나의 지식과 돈이 너를 구하지 못했다. 정말 네가 주 안에서 편안함을 얻었다면, 새로운 생명을 얻었다면, 나의 무력이 증명된 것이 아니냐. 내가 이 무력함에 매달려 지금까지 살았구나. 동행하자. 지금 자신은 없지만 네가 시력을 잃어가면서 본 빛을 나에게도 보이게 해 달라."[7]

하지만 여전히 신은 숨바꼭질하는 존재입니다. 계신 듯 아니 계신 듯, 알 듯 모를 듯 존재하는 분이 신이기 때문입니다.

소설가 최인호가 그 이유를 이렇게 밝힙니다.

"이런 종교적 우화가 있다. 하느님이 지상으로 내려와 자신의 존재를 감추고자 하셨다. 하느님은 인간이 쉽게 발견할 수 없는 곳에 숨기로 하셨다. 하느님은 바닷속에 숨을까 아니면 깊은 산 속에 숨을까 망설이다 마침내 인간이 발견하기 힘들어할 만한 좋은 장소를 발견하셨다. 바로 인간의 마음속이었다.

인간은 하느님이 너무나 가까운 장소에 숨어 계셔 오히려 하느님을 찾지 못한다. 우리의 눈이 사물을 볼 수 있지만 눈 자체는 볼 수 없듯이 우리의 칼이 무엇이든 벨 수 있지만 칼 자체는 벨 수 없듯이."[8]

그러기에 체험자는 말합니다.

"어리석은 자 마음속으로 '하느님은 없다' 말하네"(시편 14,1).

좀 더 신랄하게 인간의 내면을 파고들어 보면 신의 존재는 이제 '신이 과연 존재하느냐 아니냐' 하는 객관적인 사실에 달려 있지 않습니다. 오히려 그것과는 상관없이 마음의 선택에 달려 있는 측면이 다분합니다. 애당초 '없었으면 좋겠다'고 생각하는 사람은 모든 것을 동원하여 이 바람을 증명하려 하고, '있었으면 좋겠다'고 기대하는 사람은 어떤 불리한 상황에서도 신의 존재를 강변하려 하는 것입니다.

어느 대학의 수업시간, 신의 존재에 대한 여러 역사적 사상들이 검토되고 있었습니다. 그곳에 하느님을 믿지 않는 학생이 있었습니다. 그는 쉬는 시간에 교수가 잠시 나간 사이 당돌하게 교단 앞으로 걸어나가 칠판에 이렇게 적었습니다.

'God is no where!'(신은 아무 데도 없다)

그러자 이번에는 다른 학생이 조용히 걸어 나갔습니다. 그는 앞의 학생이 칠판에 써놓은 문장에서 'w'를 앞으로 옮겨 띄어쓰기를 바꾸어놓았습니다. 그랬더니 순식간에 정반대의 문장으로 둔갑해버렸습니다.

'God is now here!'(신은 지금 여기에 있다)

그곳에 있던 학생들은 그 기막힌 반전에 모두 감탄할 뿐이었습니다.

똑같은 현상을 보고도 반응이 정반대로 나타나는 경우가 드물지 않습니다. 신의 존재에 관해서도 마찬가지입니다.

인류 최초로 대기권 밖을 여행한 구소련의 우주비행사 유리 가가린은 한눈에 보이는 지구를 내려다보면서 이렇게 말했다고 합니다.

"하늘에 신은 없었다."

반면에 아폴로 12호를 탑승했던 미국의 우주비행사 제임스 어윈은 이렇게 말했다지요. "저 멀리 지구가 오도카니 존재하고 있다. 이처럼 무력하고 약한 존재가 우주 속에 살아가고 있다는 것, 이것이야말로 신의 은총이라는 사실을 아무런 설명 없이도 느낄 수 있었다……."

Big **Q9**

신이 이 세상을 창조했다는
증거가 있나?

유다인 우화에 이런 이야기가 있습니다. 하느님이 우주를 창조하시기 전 천사들을 먼저 창조하시고 그들과 대화를 나누셨습니다.

"내가 세상을 창조하고 그 세상에서 가장 으뜸 되는 피조물로 인간을 창조하려고 하는데 어떻게 생각하는가?"

'의'의 천사가 대답했습니다. "하느님, 인간을 창조하지 마세요. 그들은 온갖 불의로 이 세상을 망쳐놓을 거예요."

'거룩'의 천사가 대답했습니다. "하느님, 인간을 창조하지 마세요. 그들은 온갖 더러움으로 이 세상을 망쳐놓을 거예요."

'빛'의 천사가 대답했습니다. "하느님, 인간을 창조하지 마세요. 그들은 온갖 어둠으로 이 세상을 망쳐놓을 거예요."

그때 '사랑'의 천사가 대답했습니다. "하느님, 인간을 창조하셔야 합니다. 인간을 창조하시면 이 세상은 불의하고 더러워지고 어둠에 잠길지 모릅니다. 하지만 그럼에도 나는 그들을 사랑하시는 하느님의 사랑을 이야기할 것입니다. 그리고 그들이 새로워지고 하느님께서 기대하시는 사람이 되도록 그들을 하느님 앞으로 인도할 것입니다. 모든 만물이 다 그를 포기해도 하느님은 포기하지 않으신다는 것을 알려줄 것입니다."

사랑의 심오한 본질을 꿰뚫어 안다면, 창조주 하느님을 발견할 수 있으리라는 메시지가 담긴 이야기입니다.

신이 우주만물의 창조주임을 어떻게 증명할 수 있을까요?

내가 신학교에 다니던 시절 들었던 이야기입니다. 누구에게나 그렇듯이 제자인 나에게 교수 신부님들은 까마득히 높은 존재로서 존경의 대상이었던 시절이었습니다.

하루는 그렇게 존경스러운 교수 신부님께서 지그시 눈을 감고 당신의 은사 신부님 이야기를 꺼내셨습니다. 故 최민순 신부님의 일화였습니다.

최민순 신부님은 그 옛적에 단테의 『신곡』을 번역하실 만큼 언어의 귀재셨고 시인이셨습니다. 그분이 하루는 아침 수업을 시작하기에 앞서 환하게 미소를 지으시더니 이렇게 말하시더랍니다.

"여러분, 내가 오늘 아침 산책을 하다가 시상을 하나 주웠는데, 한번 들어보세요.

'꽃을 본다.
꽃의 아름다움을 본다.
꽃의 아름다우심을 본다.'

어때요, 괜찮지요?"

내겐 괜찮은 정도가 아니었습니다. 우주의 철리가 사통팔달로 내 의식을 덮치는 순간이었습니다. 훗날 나는 비슷한 감흥을 아우구스티누스의 글에서 느꼈습니다.

"땅의 아름다움에게 묻고, 바다의 아름다움에게 묻고, 드넓게 퍼져가는 대기의 아름다움에게 묻고, 하늘의 아름다움에게 묻고…… 이 모든 실재하는 것에게 물어보십시오. 모든 것은 이렇게 대답할 것입니다. '보세요, 우리는 이렇게 아름답지 않습니까.' 그들의 아름다움은 하나의 고백입니다. 변화하는 이 아름다움들을 변하지 않는 아름다움이신 분이 아니면 그 누가 만들었겠습니까?"

만물의 창조주로서 신의 존재는 사실 이론적인 '증명'의 문제가 아니라 체험의 문제였습니다. 체험한 사람들의 고백이었던 것이지요. 바로 이런 의미에서 칼릴 지브란은 "믿음이란 마음속의 앎이요, 증거의 테두리를 넘어서는 앎이다"라고 진술했습니다.

그 체험이라는 것이 '착각'일 수도 있고 '작위'일 수도 있고 '허구'일 수도 있습니다마는, 여하튼 제삼자가 어떤 사람의 체험고백 자체를 부인하거나 평가할 권리는 없습니다.

눈을 비비고 보면 창조의 단서는 도처에 있습니다.

『로빈슨 크루소』라는 책에 무인도 백사장 이야기가 나옵니다. 배가 무인도에 도착했습니다. 그 섬은 분명히 무인도였습니다. 그런데 백사장에 사람의 발자국이 나 있었습니다. 그걸 보고 사람들은 누군가가 이곳에 표류하여 살고 있을지도 모른다는 생각을 할 수 있었습니다. 그 발자국을 따라 추적하다가 마침내 원시의 자연 속에서 홀로 생명을 이어가고 있는 로빈슨 크루소를 발견하였습니다.

깨끗한 모래사장에 사람의 발자국이 나 있다면 우리는 무엇을 짐작할 수 있을까요? 틀림없이 '아, 누군가가 앞서 지나갔구나' 할 것입니다. 이러할진대 온 우주에, 대자연 속에 남겨두신 하느님의 숱한 발자국들을 우리는 그냥 스쳐 지나갈 수 있을까요?

   민족시인 만해 한용운은 대자연의 아우라에 휘감겨 '알 수 없어요'를
노래했습니다.

"바람도 없는 공중에 수직(垂直)의 파문을 내이며
고요히 떨어지는 오동잎은
누구의 발자취입니까.

지리한 장마 끝에 서풍에 몰려가는
무서운 검은 구름의 터진 틈으로
언뜻언뜻 보이는 푸른 하늘은
누구의 얼굴입니까.

꽃도 없는 깊은 나무에 푸른 이끼를 거쳐서
옛 탑(塔) 위에 고요한 하늘을 스치는
알 수 없는 향기는
누구의 입김입니까.

근원은 알지도 못할 곳에서 나서
돌부리를 울리고
가늘게 흐르는 작은 시내는 굽이굽이
누구의 노래입니까.

연꽃 같은 발꿈치로 가이 없는 바다를 밟고

옥 같은 손으로 끝없는 하늘을 만지면서
떨어지는 해를 곱게 단장하는 저녁놀은
누구의 시(詩)입니까.

타고 남은 재가 다시 기름이 됩니다.
그칠 줄을 모르고 타는 나의 가슴은
누구의 밤을 지키는
약한 등불입니까."★9

불자 만해 한용운의 고백 아닌 발견은 성경의 다음 진술과 통하는 것
이었습니다.
"세상이 창조된 때부터, 하느님의 보이지 않는 본성 곧 그분의 영원한
힘과 신성을 조물을 통하여 알아보고 깨달을 수 있게 되었습니다. 따라
서 그들은 변명할 수가 없습니다"(로마 1,20).

자연세계가 창조주의 증명입니다.
아이들이 즐겨 읽는 윌리엄 스타이그의 『노랑이와 분홍이』라는 글에
다음과 같은 이야기가 나옵니다.

나무로 된 두 인형이 태양 아래 낡은 신문을 깔고 누워 있다가 깨어납
니다. 한 인형은 노란빛, 다른 하나는 분홍빛입니다.
갑자기 노랑이가 일어나 앉으면서 묻습니다. "넌 우리가 여기서 뭘 하
고 있는 건지 아니?"
"아니, 난 여기 어떻게 오게 되었는지도 모르겠어"라고 분홍이가 말
합니다.

이렇게 해서 두 인형 사이에 그들 존재의 기원에 대한 논쟁이 시작됩니다. 분홍이는 자기들의 멋진 모습을 훑어보고 나서 "누군가가 우리를 만들었음에 틀림없어"라고 결론을 내립니다.

노랑이는 이에 동의하지 않습니다. "우리는 우연일 뿐이야"라고 말하면서, 있었음직한 일로 시나리오를 짜봅니다. "나뭇가지 하나가 나무에서 부러져 뾰족한 바위에 떨어졌을지 몰라. 그래서 가지 한쪽이 쪼개져 다리가 되었을 수도 있어. 어쩌면 번개가 쳐서 팔과 손가락이 만들어졌을 거야. 눈이랑 귀랑 콧구멍은 어쩌면 나무에 구멍을 뚫는 딱따구리가 만들었을지도 모르지."

노랑이는 계속 주장합니다. "시간만 충분하다면, 예를 들어 천 년, 백만 년, 어쩌면 이백오십만 년 정도의 시간이면 별의별 이상한 일들이 다 일어날 수 있다구. 우리라고 아니란 법 있어?"

두 인형의 논쟁은 한 남자가 등장하면서 중단됩니다. 그는 인형들을 집어 들고서 이리저리 점검하더니 이렇게 말합니다. "페인트가 잘 말랐구나." 남자는 인형들을 겨드랑이에 끼고 집으로 돌아갑니다.

남자의 팔 아래에서 노랑이가 분홍이의 귀에 대고 속삭입니다. "이 사람이 누구지?"★[10]

도대체 이분이 누구지? 바로 이것이 우리 각자가 대답해야 할 물음입니다. 그런데 물음을 한번 던졌으면 집요하고 진지하게 그 답을 추적하는 자세가 중요합니다.

우리는 사소한 일에 대해서는 밤잠을 설치며 고민을 하면서도, 우리의 기원을 찾는 물음에 대하여는 건성건성 생각합니다. 세상에서 가장 의미심장한 물음을 던져놓고 먼 산 바라보듯 뒷짐만 지고 있는 격입니다.

이런 경우를 빗댄 이야기가 있습니다. 샐리라는 여인이 하루는 미용실에 갔습니다. 미용사가 머리를 자르는 동안 두 사람은 이런 저런 대화를 나누었습니다. 그러다 하느님 이야기가 나왔습니다. 미용사가 말했습니다.

"난 하느님이 존재하지 않는다고 생각해요. 그냥 밖에만 나가봐도 안 계시다는 게 뻔히 보이잖아요. 하느님이 있다면 이 세상에 아픈 사람들이 왜 그렇게 많겠어요? 버려진 아이들은 또 어떻고요. 하느님이 있다면 그런 고통이나 아픔은 없을 거예요. 사랑의 하느님이 있다면 그런 일들을 허용해서는 안 된다고 생각해요."

샐리는 잠시 생각에 잠겼지만 언쟁을 벌이고 싶지 않아 대꾸 하지 않았습니다. 미용사가 머리 손질을 마치자 샐리는 밖으로 나왔습니다.

잠시 후, 샐리는 미용실 앞에서 어떤 여자와 마주치게 되었는데 그 여자는 마구 헝클어진 긴 머리에다 지저분하기 짝이 없는 모습을 하고 있었습니다. 샐리는 다시 미용실 안으로 들어가 미용사에게 말했습니다.

"그거 알아요? 미용사는 존재하지 않아요."

"아니, 무슨 말씀이세요? 내가 여기 있는데. 조금 전에 손님 머리도 다듬어드렸잖아요."

"아니에요. 미용사는 없어요. 미용사가 있다면 밖에 있는 저 여자처럼 더럽고 헝클어진 머리를 하고 다니는 사람은 없을 거예요."

그러자 미용사가 이렇게 대꾸했습니다.

"아니요, 미용사는 분명히 존재해요. 문제는 사람들이 미용사에게 오지 않는다는 거죠."[★11]

아무렇게나 의심을 던져놓고 더 이상 골치 아픈 고민을 안 하겠다는 심산에서 막무가내로 나오는 미용사의 말에 화딱지가 난 샐리의 심정을 나는 잘 압니다.

바로 그것입니다. 의심 자체가 문제가 아니라 의심이 생겨도 제대로 알아보려 하지 않는 게 진짜 문제인 것입니다.

신의 존재에 대한 가장 강력한 증거는 죽음의 증언입니다. 소설 『흑산』에서 나는 그 증거의 일단을 발견했습니다. 정약종은 실존인물입니다. 형은 정약전 아우는 정약용, 당대 유교의 명가 출신이었습니다. 서학(西學) 박해 시절, 그는 신의 존재를 부인하면 살 수 있었지만 극구 죽음의 길을 택했습니다.

"정약종은 위관의 심문에 이끌리지 않았다. 정약종은 자신의 마음과 행동을 스스로 진술했고, 그 이외의 질문에는 대답하지 않았다. 침묵이 매를 불렀고 다시 침묵으로 매에 대답했다.

……정약종, 너의 사호는 무엇이냐?

……아우구스티노다. 사호가 아니라 세례명이다.

……해괴하구나. 네 아비가 지어준 본명을 버린 까닭이 무엇이냐.

……본명으로 돌아간 것이다. 새롭게 태어남이다.

……정약종, 너는 반가의 자식으로 태어나 어려서 『소학』을 배웠고 반듯한 인성을 갖추었을 터인데, 어찌 그리 황잡한 헛것에 들려 있는가. 너의 이른바 천주가 실재해서 세상을 주관하고 있음을 네가 증명할 수 있느냐?

……증명할 수 있다. 쉬운 일이다. 어린아이가 웃으면서 걸어올 때, 나는 천주가 실재함을 안다. 그대들이 국법의 이름으로 백성들을 가두고 때릴 때 저들의 비명과 신음이 천주를 증명한다. 그대들의 악행을 미워하고 또 가엾이 여기는 내 마음을 통해서 천주는 당신을 스스로 증명하신다. [……]

정약종은 칼을 받을 때, 하늘을 바라보며 누워서 죽게 해달라고 요청했다. 형리가 그의 청을 받아들였다. 이승에서의 마지막 사치였다.

 ……주여, 어서 오소서.

 정약종은 하늘을 우러르며 웃으면서 칼을 받았다. 도성 쪽으로 날이 저물고 서강 쪽 하늘에 노을이 번져 있었다. 그의 웃음은 평화로웠고 큰 상을 받는 자의 기쁨으로 피어나 있었다."★12

 당대를 대표하던 천재 가문 3형제 중 둘째, 유불선(儒佛仙)에 달통했던 정약종에게 신의 존재는 목숨과 바꿔도 아깝지 않은 진리였던 것입니다.

내가 사는 이유를 찾을 방법이 있을까요?

나처럼 장래 꿈이 줏대 없이 바뀐 사람도 많지는 않을 것입니다.

초등학교 때 사람들이 꿈을 물으면 나는 머리만 긁적거렸습니다. 남들이 다 되고 싶다던 '대통령'을 내 입으로 발설해본 적은 한 번도 없습니다. 대답을 못 했던 것은 되고 싶은 인물이 없어서가 아니라 '다' 되고 싶었기 때문입니다. "아직 하나를 고르는 것은 시기상조다. 조금 더 고민해본 후 선택하자"는 것이 실제 속셈이었습니다.

그러다 잠깐 '형사'가 되고 싶었던 적이 있습니다. 당시 고물TV로 꼭 챙겨보던 「수사반장」의 최불암 때문이었습니다.

중3 때 적성검사에서 '변호사'에 소질 있다는 소견이 거의 100퍼센트 가까이 나와 변호사도 잠깐 고민해봤습니다. 그렇지만 그것도 잠시, 공고를 진학하면서 바로 접어버렸습니다.

고1 때는 장래인물 란에 '군인'이라고 적기도 했습니다. 뜬금없긴 하지만 옆 친구가 쓴 걸 보고 친구 따라 강남 가듯 적은 것입니다.

고2 때는 이제 철이 좀 들었는지 '공학박사'를 꿈꾸었습니다.

그리고 막상 공대에 진학하자, 채 1년도 못 되어 내 내면에서 일종의 가치관 전쟁이 일어났습니다. 공대생인 내 안에는 오히려 철학적, 인문학적, 나아가 사회학적 물음들이 꽉 차 있었습니다. 자기 정체성을 추구하며 사춘기를 막 치르는 소년처럼 나는 그 물음들의 포로가 되었습니다. 나중에 알고 보니 순서는 달랐지만 당시 내 주위를 맴돌았던 물음들은 독일의 철학자 임마누엘 칸트가 던졌던 저 유명한 물음과 거의 합치했습니다.

"내가 알 수 있는 것은 무엇인가? 그래서 내가 마땅히 해야 할 일은 무엇인가? 내가 희망으로 삼아도 좋은 일은 과연 무엇일까? 인간은 무엇인가?"

나는 이 정신적 몸살을 장장 5년 동안 앓았습니다. 그러다 해군 학사 장교 소위 때 사제가 되기로 마음을 굳혔습니다. 드디어 평생 사명을 발견한 날이었습니다. 나는 지금도 이날을 기억하며, "인생 최고의 날은 자신의 사명을 발견한 날이다"라고 했던 카를 힐티의 말에 공감합니다.

길을 찾아 헤매던 대학 시절 내게 절실히 필요했던 것은 멘토였습니다. 하지만 내 주변에는 멘토가 없었습니다. 워낙 엉뚱한 고민을 하고 있었기 때문입니다. 꿩 대신 닭이라고 나는 책이나 대중매체에서 멘토를 발견하고 짝사랑하듯 모셨습니다. 이순신 제독의 '백의종군', 도산 안창호의 '무실역행', 김홍섭 판사의 '고뇌하는 양심', 김수환 추기경의 '겸손한 용기', 그리고 근현대 중국 사상가 오경웅 박사의 '스케일 있는 학문' 등이 지금껏 내 인생의 가이드라인이었습니다. 내 인생 멘토들의 가르침은 그대로 내 삶 안에서 살아 숨 쉬고 있습니다.

'감투나 보상에 무관하게 밑바닥을 뛴다.'
'글로벌 시대 대한민국의 옹골찬 건융을 위하여 백방으로 응원한다.'
'단 한 영혼의 정의를 위해서도 고뇌하는 양심으로 산다.'
'겸손한 용기로 말하고, 바보 카리스마로 품는다.'

'동서양을 아우르는 지평, 하늘과 땅을 잇는 지혜로 사유한다.'

이와 같은 생의 지침들을 선물한 멘토들을 대학생활 이후에도 연이어 만났습니다마는, 지면 관계상 이쯤에서 봉합해두겠습니다.

이제 본래 물음으로 돌아가 보겠습니다. 자기 인생의 목적을 어떻게 설정할 것인가? 각자의 목적은 선택하는 것인가, 주어지는 것인가? 나는 일단 둘 다 맞는다고 말해두고 출발하겠습니다.

먼저, 우리는 각자 자기 인생의 목적을 선택하는 것이라고 말할 수 있습니다. 그러면 어떻게? 바로 자신이 좋아하는 일을 목적으로 삼는 것입니다.

1960년부터 20년 동안 미국 브루클린연구소에서 아이비리그 예비 졸업생 1500명을 대상으로 '직업선택 동기에 따른 부의 축적 여부'를 조사하였습니다. 한마디로 어떤 소신 하에 얼마나 벌었는가를 알아보았다는 것이지요. 1500명의 졸업생 중 1245명(83퍼센트)은 '돈을 많이 버는 일'을 선택했고, 255명(17퍼센트)이 '좋아하는 일'을 선택했습니다. 20년이 지난 1980년, 그 1500명 중에서 백만장자가 된 사람은 101명이었습니다. 그런데 여기서 놀라운 결과가 발견되었습니다. 백만장자 101명 중 100명이 '좋아하는 일'을 선택한 사람이었고, 나머지 단 1명만이 '돈을 많이 버는 일'을 선택한 사람이었다는 것입니다.[13]

의미 있는 통계입니다. '돈을 많이 버는 일'을 선택한 사람보다 '좋아하는 일'을 택한 사람이 의외로 크게 연연하지 않았던 백만장자가 될 확률이 100배나 높다니 말입니다.

대학 졸업 후 박물관에서 마룻바닥 청소를 하며 새 인생을 출발했던 청년이 있었습니다. 첫날 그는 박물관장으로부터 이런 핀잔을 들어야 했습니다.

"대학씩이나 졸업한 사람이 어떻게 이런 일을……, 쯧쯧."

청년은 맑은 미소로 대답했습니다.

"박물관 마루라면 다릅니다."

청년은 매일 한 시간 일찍 출근하여 성실하게 일했습니다.

그러는 동안 박제과에 자리가 생겨 정식 직원이 되었고 몇 년 후엔 고래를 연구, 세계적인 고래박사가 되었습니다. 그 후에는 세계 유일의 공룡 알을 발견, 동물 연구에 큰 공헌을 하기도 했습니다. 그가 바로 미국 자연사박물관장을 지냈으며 세계적인 동물학자로 이름을 떨친 로이 채프먼 앤드루스입니다.

또 이런 얘기도 있습니다. 세계적인 과학자 파스퇴르는 파리의 에콜 노르말에서 물리와 화학을 공부했고, 다방면에서 뛰어난 재능을 보인 학자였습니다. 그는 프랑스 정부에서 세운 파스퇴르연구소의 소장까지 지냈지만 생활은 언제나 가난했습니다.

하루는 제자가 그의 집을 방문하고서는 민망한 표정을 지으며 이렇게 물었습니다.

"선생님께서는 지금까지 연구한 업적만으로도 많은 돈을 벌 수 있는데 왜 돈 벌 생각을 안 하십니까?"

그러자 파스퇴르는 껄껄 웃으며 이렇게 대답했습니다.

"자네는 처음에 돈을 벌기 위해 과학자가 되었나? 분명 아닐 걸세. 발견하는 기쁨, 진리에 좀 더 가까이 다가서는 것에 흥미를 느껴서일 거야. 내가 돈을 벌려고 마음먹었다면, 특허권을 따 엄청난 부를 쌓을 수도 있었겠지. 대신 나는 돈에만 정신이 팔려 그 많은 연구를 해내지 못했을 걸세. 신이 내게 준 임무는 세계 인류의 구원과 행복을 위해 지금처럼 이렇게 연구에 매진하는 것일세."

설령 그 결과의 차이를 무시한다 하더라도, 이 양자의 선택 사이에는 이미 과정상의 차이가 있습니다.

인간이 추구하는 가치에는 행복, 기쁨, 평화 등의 '목적가치'와 이 목적가치를 이루는 데 도움이 되는 부귀, 권세, 명예 등의 '수단가치'가 있습니다. 우리가 궁극적으로 원하는 것은 목적가치입니다. 수단가치는 그 자체로 의미가 없습니다. 예를 들어 은행에 저금한 100억 원은 그것이 좋은 용도에 사용되지 않으면 종잇장에 지나지 않는 것입니다. 그것이 자신에게 어떤 보람을 창출해낼 때에야 가치를 지닐 수 있습니다.

반면에 꽁보리밥을 먹어도 행복하다면 부귀나 권세가 굳이 필요치 않습니다. 따라서 수단가치에 매여서 이미 누리고 있는 목적가치를 과소평가한다면 무척 불행한 일입니다. 이미 자신이 목적가치를 이루고 있다면 그 자체로 행복한 것입니다.

다음으로, 우리 각자에게 인생의 목적은 주어지기도 합니다. 이를 우리는 사명이라 부릅니다.

스위스의 저명한 심리학자 칼 융의 다음 말은, 사명 혹은 소명에 대하여 뚜렷한 느낌이 없는 독자들에게 일말의 도움이 될 것입니다.

"처음부터 나는 인생에서 이루어야 할 사명이 운명적으로 내게 주어졌음을 감지했다. 그 느낌은 내적 안정감을 주었다. 비록 내가 그 운명을 나 자신에게 증명할 수는 없었지만, 운명이 내게 스스로를 증명했다. 내가 운명을 확신한 것이 아니라 운명이 나를 확신했다."[14]

선택이 되었건 사명이 되었건, 자신의 목적을 발견한 사람은 이미 절반을 이룬 셈입니다. "시작이 반이다"라는 말이 괜히 있는 것이 아닙니다.

마르셀 프루스트는 우리가 추구하는 목적이 새로운 눈으로 늘 새롭게 재조명될 필요가 있음을 암시합니다.

"발견이라는 진정한 항해의 목적은 새로운 풍경을 찾는 것이 아니라 새로운 눈을 갖는 것이다."

우주적 여운을 남긴 채 우리 곁을 떠난 故 스티브 잡스는 마치 단명을 자위하듯 말합니다.

"여정은 (목적지로 향하는 과정이지만, 그 자체로) 보상이다."

Big **Q10**

창조와 진화에 관한 생각은
영원히 평행선인가?

어느 날 느닷없이 정진석 추기경 비서실에서 연락이 왔습니다. 모 일간지가 마련한 물리학자 장회익 교수(서울대 명예교수)와의 대담에 나가달라는 요청이었습니다. 본래 공학도였던 추기경이 평소 과학적 식견을 모아 발간한 과학 관련 저술 『우주를 알면 하느님이 보인다』를 발간하고서의 일입니다. 그와 연관되어 대담 섭외가 들어왔으나 일정상 사정이 어렵게 되었으니 대신 나가달라는 청이었습니다. 부족함을 알면서도 오로지 순명하는 마음으로 수락했습니다.

꼭지 취지는 이러했습니다. '다윈 탄생 200주년, 『종의 기원』 150돌, 물리학자-신부의 열린 대화'.

대담은 문화면을 통으로 할애해 두 번에 걸쳐 연재될 계획이라 했습니다.

주최 측에서 사전 준비를 위하여 장회익 교수의 저술 몇 권을 보내주었습니다. 읽어보니, '이거 잘못 수락했구나' 하는 후회가 생겼습니다. 공부 과정으로 보나 현재 위상으로 보나 대단한 학자라는 생각이 들었습니다. "허나, 어쩌랴. 이미 엎질러진 물인걸."

그래 대담이 이루어졌습니다. 대담은 J일보 백성호 기자의 사회로 진행되었습니다. 억지 부리지 않고 인정할 건 인정하고 어필할 건 어필하면서 솔직하게 임했습니다. 대담 진행에 함께한 스태프들이 모두 만족해하는 것을 보고, 가능성을 보았습니다. 진화론과 창조론이 어깨동무할 수 있다는 일말의 희망을 보았던 것입니다.

여기 나는 그날의 대담을 요약하는 것으로, 앞의 질문에 답하고자 합니다. 대담을 정리한 기사의 말머리는 이렇습니다.

"종교(창조론)와 과학(진화론)은 상대를 어떻게 바라보나. [……] 대담에선 파격과 관통, 그리고 고개 끄덕임의 숨결이 수시로 오갔다. 우리가 알던 '상식'은 곳곳에서 깨졌다."[★15]

● 신이 인간을 빚었나

성경은 창세기 1장 27절에서 '하느님의 모습으로 사람을 창조하셨다'(God created man in his image)고 했다. 반면 진화론자들은 빅뱅 이후 지구 생물의 진화 과정에서 인간이 나왔다고 본다. 창조론과 진화론은 출발역부터 갈린다. 과연 성경 속 창세기 편을 양쪽은 어떻게 볼까.

장 교수: 우주 안에서 인간이 존재하게 된 것은 놀라운 신비다. 그런데 우리는 과학을 통해서 이 '신비'를 파악하기 시작하고 있다. 그 중요한 단서가 진화론에서 나온다. 그럼 성경을 기술할 당시는 어땠을까.

차 신부: 그들은 어떻게 봤나.

장 교수: 피카소의 그림을 보라. 사람 얼굴을 실제와 달리 찌그러뜨렸다. 왜 그런가. 피카소는 사실을 그린 게 아니기 때문이다. 예술적 직관을 그린 거다. 성경도 마찬가지다. '나는 누구인가', '삶의 의미는 무엇인가'에 대한 종교적 직관을 기록한 거다. 그게 창세기의 내용이다. 그런데 피카소의 그림을

실제 얼굴의 사진이라 해석하고, 거기서 얼굴 모습만 찾으려 한다면 어떻게 되겠나. 작품성을 놓치게 된다. 성경도 마찬가지다. 성경의 표면적인 문자만 붙들면 성경에 담긴 진수를 놓치게 된다. 결국 본질은 놓치고 껍질만 붙드는 셈이다.

차 신부: 그건 정확한 이해다. 성경이 어떤 과정을 거쳐서 기록됐는지를 알면 쉬워진다. 성경은 창세기가 아니라 출애굽기(모세가 이스라엘 백성과 함께 이집트를 탈출하는 편)부터 쓰였다. 해방 사건이 먼저 있었고, 이 엄청난 기적을 통해서 하느님을 깨닫게 된 거다. '그 누군가가 누구냐?', '그가 하늘과 땅을 지어낸 분이다'란 인식과 함께 성경을 기술한 것이다.

● 빅뱅과 천지창조–공존할 수 있는가
성경에는 천지창조에 7일이 걸렸다고 기록돼 있다. 마지막 날은 하느님(하나님)도 일을 마치고 쉬셨다고 했다. 반면 과학자들은 빅뱅으로 말미암아 이 우주가 생겼다고 한다.

차 신부: 빅뱅으로 말미암아 시간과 공간 그리고 이 우주가 생겼다고 한다. 그래서 어떤 이는 신이 없다고 한다. 그게 아니다. 하느님은 빅뱅 이전부터 계신 분이다. 또 천지창조에 24시간씩, 실제 7일이 걸렸다고 믿는 기독교인도 있다. 성경 해석 방법이 미숙한 거다. 그건 은유적 표현이다. 창조론과 진화론은 대립하지 않는다. 우리는 진화론 속에도 창조의 손길이 있다고 본다.

장 교수: 과학자들은 정말 이 우주에 엄청나고 놀라운 질서가 있음을 느낀다. 그건 알아갈수록 더 높아지고, 더 심오해진다. 그래서 궁극적 결과에 대해 미리 단정 짓지 않는다. 과학자들은 계속 찾아갈 뿐이다. 성경에 '내 형상을 함부로 만들지 말라'는 게 이 뜻이 아닌가 싶다. 우주는 계속 변화하고, 무언가를 향해 나가고 있다.

차 신부: 굉장히 중요한 말씀이다. 그걸 철학적·신학적 용어로 '초월성'이라고 한다. 점점 더 새로운 것이 열린다는 거다. 그래서 과거의 것을 자기 스스로 파괴할 줄 알아야 한다.[16]

● 신의 존재? - 성경인가, 자연인가
장 교수: 초기 과학자들은 어떤 사람이었을까. 독실한 기독교인이었다. 성직자도 꽤 있었다. 그 시대에는 하느님이 쓰신 두 권의 책이 있었다. 하나는 '성경'(Book of Scripture)이고 또 하나는 '자연의 책'(Book of Nature)이다. '스크립처'와 '네이처' 서로 운율도 맞다. 성경과 자연, 그 속에서 과학자들은 하느님의 뜻을 찾으려 했다. 자연 속에 하느님이 새겨놓은 말씀을 읽으려 했다.
차 신부: 과학은 자연법, 종교는 영원법을 다룬다. 그런데 둘은 양자택일의 대상이 아니다. 우리(가톨릭)는 영원법 안에 자연법이 있다고 본다. 창조론 안에 진화론이 있다고 본다.
장 교수: 다윈의 신앙이 구체적으로 어땠는지는 모르겠다. 그러나 과학자로서 느끼는 공감대가 있다. 다윈도 처음에는 생명이 그렇게 거대한 자연의 질서로 연결됐다는 걸 몰랐을 거다. 그걸 알았을 때 대단히 놀랐을 거다. 성경에 쓰인 문자대로의 신앙과는 다를 수도 있다. 다윈은 한 단계 더 깊이 들어간 내면적인 신앙을 가졌으리라 생각한다.
차 신부: 1916년과 1997년, 두 차례에 걸쳐 '과학자들의 신앙'을 조사한 자료가 있다. 결과가 흥미롭더라. 첫 조사에서 과학자의 40퍼센트가 유신론적 입장을 보였다. 그리고 80년의 세월이 흘렀다. 강산이 여덟 번 바뀌었다. 과학도 놀랄 만큼 발전했다. 과연 1996년에 실시한 조사에선 과학자의 몇 퍼센트가 유신론적 입장을 보였을까. 답은 40퍼센트로 똑같다. 결국 궁극의 초월적 영역에 대한 선택은 주관적인 것이다.
장 교수: 알베르트 아인슈타인도 '신'이란 단어를 많이 썼다. 많은 경우 이것

은 자연의 질서를 말하는 은유적 표현이다. 그러면서 그는 한 걸음 더 나갔다. 그는 자연의 신비를 보라고 했다. 그걸 보면서 깊은 종교적 감흥을 느끼지 못하면 이상한 거라고 했다. 그건 특정 종교를 말한 것이 아니다. 본질적인 신앙적 체험을 이야기한 거다. 사람들은 흔히 기적이나 이적(異蹟)을 통해 신을 찾으려 한다. 아인슈타인은 달리 말했다. 자연의 질서를 함부로 벗어나는 게 신이 있다는 증거가 아니라고 했다. 오히려 자연의 오묘한 질서가 존재한다는 사실 자체가 신이 있다는 증거라고 했다.

◆ 생명과 신, 나와 우주의 관계
차 신부: 이스라엘은 중동이다. 유럽이 아니라 아시아다. 그래서 성경은 동양적 사고에 더 가깝다. 그리스와 로마의 이분법적 사고가 아니라 동양 특유의 통합적 사고다. 그래서 종교도 '부분'과 '전체'를 함께 보는 시야가 필요하다.
장 교수: 공감한다. 개인적으로 내겐 '생명이란 무엇인가'가 큰 숙제였고 화두였다. 우주는 끊임없이 변화한다. 모든 게 놀랍고 신비하다. 그중에서도 '생명'이 특히 그렇다. 생명을 볼 때도 '부분'과 '전체'를 함께 봐야 한다. 생명은 낱낱으로 떨어져 존재하는 게 아니다. 내가 지금 혀를 움직여 말하고 있다. 무슨 에너지로 움직이나. 태양 에너지로 움직이는 거다. 이렇게 촘촘한 인과의 실타래로 엮인 것. 그게 생명이다.
차 신부: 그건 물리학자로서 이해하는 생명의 내재적인 메커니즘이다. 좀 더 듣고 싶다.
장 교수: '낱생명'인 내가 진정한 생명이 되기 위해서는 태양과 지구로 구성된 생명의 전체 틀, 곧 '온생명' 안에서 그 한 부분으로 엮어져 있어야 한다. 마치 나뭇잎이 나무 전체를 떠나 나무 노릇할 수 없는 것과 같다. 그래서 '나'는 온생명이면서 동시에 낱생명이라는 이중의 주체성을 갖고 있다.

◆ 진화와 창조, 그 궁극의 지향점

성경에는 '나는 알파요, 오메가다'란 구절이 있다. 알파는 시작, 오메가는 끝으로 풀이된다. 종교와 과학, 창조와 진화는 어떨까. 그 끝에 과연 궁극적인 종점이 있을까.

차 신부: 일종의 메타포(은유)다. 이 현실계에서 이해하자면 '나는 창조자다, 나는 섭리자다'라는 말로 알아들을 수 있을 뿐이다. 물론 차원을 넘어선 세계에선 알파도, 오메가도 필요가 없을 거다.

장 교수: 그 문제를 다룬 이가 고생물학자이자 가톨릭 사제인 테이야르 드 샤르뎅이다. 그는 과학을 바탕으로 신학의 그림을 그렸다. 물질의 단계, 생명의 단계, 인간의 단계를 거쳐 신의 궁극적 섭리에 이르는 '오메가 포인트'를 제시했다. 그건 시사하는 바가 크다. 우주는 끊임없이 변하고 있다. 정지된 게 아니다. 생명이 처음 시작된 35억~40억 년 전에는 나를 구성하는 모든 분자가 지구상을 떠돌아다니는 먼지 덩어리에 불과했다. 지금은 어떤가. 그 먼지 덩어리가 변하고 변해서 내가 됐다. 생각하고 말하고 있다. 내가 누구인지 묻는 존재, 우주에 대해 묻는 존재가 출현한 거다. 앞으로는 더 놀라운 일이 생길 거다. 과학자는 다만 여기에 대해 열려 있을 뿐이다.

차 신부: '오메가 포인트'에 대해 철학자들은 진·선·미가 하나가 되는 곳이라고 말한다. 신앙적 측면에서 보면 요한묵시록 21장 4절(그들의 눈에서 모든 눈물을 씻어주실 것이다. 이제는 죽음이 없고 슬픔도 울부짖음도 고통도 없을 것이다)에 나오는 '눈물도 없으리라'는 세계를 지향하는 것이라고 본다.

장 교수: 모든 것의 근원이고, 모든 걸 포괄하는 어떤 것. 과학은 그 최종 원리를 증명할 수는 없다. 최종 원리는 항상 가정으로 남는다. 우리는 과정 중에 있을 뿐이다. 그래서 '겸손함'과 '열려 있음'이 중요하다. 그래서 과학은 초월과 종교에 대해서도 문을 열어놓고 있다. 차 신부의 말대로 종교가 과학

을 바라보며 문을 열어두고 있듯이 말이다.(기사 작성: 백성호, 배노필)[★17]

    이렇게 대담은 끝났습니다. 승자도 패자도 없는 대화처럼 아름다운 대화는 없는 것 같습니다. 그날 대화가 그랬습니다. 그런데 가정에서의 대화는 좀 달라요. 자녀들이 학교에서 과학 수업을 받기 때문에 부모와의 대화가 이렇게 되기 일쑤입니다.

    "많은 사람이 진리가 무엇인지 안다고 믿고 있지. 우린 오늘 온종일 수많은 사상이 마치 진리인 것처럼 제시되는 전시회를 보지 않았니?"

    열다섯 살 된 딸 캐티와 함께 여러 과학 전시관을 둘러보고 난 후 아버지가 건넨 말입니다. 아버지는 마치 자연 스스로가 우주를 창조하여 생명의 신비를 만들어낸 것처럼 이야기하는 영상물, 인간이 적자생존의 원리를 따라 오랜 진화의 결과로 등장하게 되었다는 사상을 담은 영상물 등을 보고 마음이 불편해졌던 것입니다.

    "아빠, 그건 과학이라구요. 과학은 증명된 사실이죠."

    마치 교사가 학생을 가르치듯 캐티가 말했습니다.

    "대부분은 그저 철학일 뿐이었단다, 캐티야."

    "아녜요, 그렇지 않아요."

    "아냐, 그래. 이곳 대부분의 전시관은 서로 다른 것에 대해 얘기하고 있을 때에도 한 가지 진리만을 말하고 있지. 그건 다음과 같은 이야기일 뿐이야. 우연히 우주가 생겨났고, 우연히 지구는 생명이 존재하기 좋은 상태였으며, 우연히 생명이 생겨나 새와 벌과 나비가 되었고, 우연히 인간이 존재하게 되었으며, 우연히 인간이 머리가 좋아 세계의 모든 문제가 언젠가 인간의 기술적인 재능 앞에 무릎을 꿇게 되리라는 것이지. 그게 이야기의 끝이야."[★18]

    또 호기심 많은 고등학생의 머릿속은 평화로울 날이 없을 것입니다.

"그렇다면, 태초에 7일 만에 천지를 창조했다는 창세기의 이야기가 거짓이란 말인가?"

고등학교 1학년인 존이 요즈음 과학 서적을 읽다가 빅뱅 이론을 접하고는 의문에 빠져 던진 물음입니다. 빅뱅 이론은 우주 과학계에 거의 정설로 자리 잡고 있는 학설이지요. 이 학설에 의하면 우주가 태초의 '대폭발'로 생겨났으며 우주는 지금도 계속 팽창 과정에 있다고 합니다.

존은 계속 묻습니다.

"하느님이 천지를 창조했다는 것은 천체 물리학의 빅뱅 이론과 상충하고, 또 생물들을 식물, 동물, 인간의 순으로 창조했다는 교리는 생물학의 진화론과 부딪치는데, 도대체 무엇이 진실일까?"

창조론과 진화론, 무엇이 맞는가?

워낙 방대한 주제기에 나 자신이 그것을 밝힐 전문가가 아님을 먼저 고백할 수밖에 없습니다.

그러므로 앞의 대화를 참조로 하여 창조론과 진화론의 관계에서 미진한 부분만 언급해보겠습니다.

우선 그 안에도 다양한 가설들이 있지만 고전 및 현대 진화론의 요지는 다음과 같습니다.

진화론은 인간을 비롯한 모든 세상 만물이 '우연히 자연적으로' 발생했다고 보는 입장입니다. 즉 정신(또는 영혼)과 물질을 포함한 만물은 낮은 차원의 상태에서 높은 차원의 상태로 진화 발전을 한다고 보는 이론입니다. 자연적으로 발생한 최초의 아주 저급한 생명체가 오랜 세월을 지나는 동안 형태와 기능이 복잡하고 정교한 고등 생물로 진화해 현재와 같은 다양한 체계를 이루고 있다고 봅니다.

먼저, 지구상에서 한없이 많은 세월이 흐르는 가운데 단순한 원자나 분자가 외부의 어떤 자극을 받아서 복잡한 화합물이 되었다고 말합니다. 그런 후, 오랜 시간이 지나면서 화합물들이 반응을 일으키다 우연히 원시 생물이 탄생했다는 것입니다. 아메바 같은 원시 생물이 점점 고등한 생물로 진화되어 척추동물인 어류가 되었고, 어류에서 양서류, 파충류, 조류, 포유류로 계속 계통을 밟아 진화되었다는 것입니다.

모두들 학교에서 그렇게 배웠고, 많은 사람이 이것을 믿고 있습니다. 그런데 여기에도 의견이 분분합니다. 특히 한 종(種)에서 다른 종으로의 진화를 설명하는 방식에는 통일성이 없습니다. '우연적인 에너지', '돌연변이' 등으로 인한 진화의 가능성만을 이야기할 뿐 어느 것 하나 분명하지 못합니다. 여러 이론이 있으나 어느 것도 정설로 받아들여지지 못하는 한계를 안고 있지요.

같은 DNA 연구 결과를 놓고 유전자 유동(gene flow), 돌연변이(mutation), 유전자 재조합(recombination)이라는 신개념으로 진화론을 설명하려는 시도가 있는가 하면, 그 반대로 창조론을 입증하는 자료로 해석하려는 시도도 있습니다. 가령 저명한 생명과학자인 마이클 베히 같은 이가 그렇습니다. 그는 『다윈의 블랙박스』라는 책에서 DNA에 대한 생화학적인 연구 결과를 토대로 고도의 지성을 지닌 창조주로부터 미리 설계되지 않고서는 DNA 구조가 그렇게 질서정연할 수가 없다는 주장을 하기도 했습니다.

이처럼 (대)진화론은 문제가 있는 것으로 드러났지만 같은 '종' 안에서의 미미한 발전까지 부인되지는 않습니다. 실제로 요즈음의 생명공학이나 유전공학에서는 같은 '종' 안에서는 발전, 곧 진화가 가능하다는 것을 입증하는 예가 많이 발표되었습니다. 유전자 변이를 통한 품종 개량이 바로 이를 뒷받침합니다. 이런 의미에서 이른바 '소진화론'은 인정되고 있다고 봐도 좋을 것입니다.

그렇지만 확실한 것은 진화론은 인간이 어떤 과정을 통해 생성되었는지는 설명할 수 있어도 태초에 창조주가 있었는가 없었는가에 대해서는 답을 할 수 없다는 사실입니다. 이런 의미에서 진화론이 반드시 창조론에 배치된다고도 말할 수 없습니다. 오히려 상호 보완적인 관계에 있다고 볼 수 있습니다.

현대 가톨릭교회의 입장을 대변하는 제2차 바티칸 공의회의 '사목헌장'은 이렇게 밝혔습니다.

"모든 학문 분야의 탐구는, 그것이 참으로 과학적 방법을 따르고 윤리 규범을 따라 이루어진다면, 절대로 신앙에 대립될 수는 없다. 왜냐하면 세속 사물이나 신앙의 내용은 다 함께 하느님 안에 그 근거를 두고 있기 때문이다"(36항).

신앙에 바탕을 둔 종교와 합리성에 입각한 과학은 서로 보완적 관계를 가질 수 있습니다. 둘 다 진리라면 서로 일치하게 되어 있습니다. 다른 한쪽이 거짓일 경우에만 충돌하는 것입니다. 故 요한 바오로 2세 교황이 "진리는 진리와 상충하지 않는다"라고 천명한 것은 이 같은 맥락에서입니다.

창조론과 진화론 사이에 새롭게 끼어든 것이 우주 대폭발, 즉 빅뱅 이론입니다.

빅뱅 이론은 우주가 대폭발로 시작되었다는 이론입니다. 첨단 과학장비와 이론을 동원하여 우주 탄생의 시기와 과정을 관측한 결과 우주는 시·공간이 하나로 응축된 어느 한 점(點)에서 탄생되었다는 결론에 이르렀습니다.

빅뱅 이론은 1940년대 후반에 러시아 출신의 미국학자 조지 가모프가 우주의 초기 상태를 규명하려 했던 것에서 출발합니다. 1947년 가모프가 원시 원자 이론을 확장하여 제안한 것으로 지금부터 100억~200억 년 전에 1016K(절대온도 K=273.15+섭씨온도) 이상의 초고온과 1014g/cm3 이상 초고밀도의 원초 물질이 폭발하여 오늘날과 같은 우주가 형성되었다고 발표하였습니다. 이것이 빅뱅 이론이며 이후 많은 과학자의 연구를 통해서 사실로서 받아들여지고 있습니다.

이 새로운 이론은 과학계에 청천벽력과 같은 것이었습니다. 이 이론이 의미하는 바는 궁극적인 기원에 대한 물음이 더는 종교적 교리만의 문제가 아니라는 것이었습니다. 과학 자체가 우주는 먼 과거의 어느 시점에 갑자기 존재하게 되었다는 것을 말하고 있는 셈이었습니다. 그래서 링컨 바넷은 그의 저술 『우주와 아인슈타인 박사』에서 이렇게 말하였습니다.

"여기서 피할 수 없는 결론은 모든 만물에는 시작이 있다는 것이다. 과거의 어느 때, 어떤 방법이었든 우주의 과정은 시작되었고, 별들에는 불이 붙었으며, 광대한 우주의 장엄한 광경이 존재하게 되었다."*[19]

쉽게 말해서 우주 밖에 있는, 자연계를 초월하는 어떤 존재가 이 우주를 존재하도록 만들었음에 틀림없다는 것입니다. 이 결론은 성경의 주장이 아니라 과학적인 증거를 문자 그대로 읽은 결과 얻어졌다는 데 의의가 있습니다.

일부 과학자들은 그 빅뱅조차도 '우연히' 일어났다고 주장하지만, 이것은 사실상 난센스입니다. 창조주의 치밀한 설계 없이 단지 우연히 그랬을 확률은 극히 희박합니다. 인쇄소에서 폭발 사고가 일어났는데 그 충격으로 활자들이 날아가 저절로 백과사전 하나를 만들 가능성보다도 더 희박합니다. 물론 요즘은 인쇄하는 데 활자를 쓰지는 않지만요.

따라서 대폭발이 사실이라 하더라도 하느님의 '초자연적인 개입'이 있었기에 이와 같이 질서정연한 우주가 되었다는 설명이 훨씬 큰 설득력을 지닌다고 볼 수 있습니다.

지금까지 과학과 신앙, 나아가 우주학과 신학의 접점을 확인해봤습니다.

도대체 왜 아무것도 없지 않고 무엇인가가 있는 것인가? 나아가 우주의 생성 과정에서 어떻게 하여 바로 이러한 혹성(지구)이 생겨났으며, 그위에 생물이 생겨나고, 드디어 인간이 생겨났는가? 이것은 우주학적 물음입니다.

물음은 계속됩니다. 대폭발 '전에' 무엇이 있었는가? 좀 더 정확히 묻는다면 대폭발을 가능케 한 조건(에너지·물질·시간·공간)은 무엇이었나? 우주학적 물음은 당연히 순수이성의 경계를 넘는 신학적 물음이 되고, 이는 우주학자들에게도 하나의 심각한, 신뢰에 관한 물음이 됩니다. 창조주 하느님께 대한 신앙이 빅뱅 이론을 보완하고 있는 것입니다.

우주를 관찰하던 뉴턴이 태양계의 모형을 만들었습니다. 모든 행성이 적절한 주기에 맞춰서 자전과 공전을 하도록 했지요.

지나가던 한 무신론자가 그걸 보고는 뉴턴에게 말했습니다.

"이야! 역시 자네는 훌륭한 과학자군. 태양계를 이처럼 정교하게 표현하다니!! 자전과 공전 주기가 정확하게 일치하다니 놀라운걸."

뉴턴이 답했습니다.

"그것을 만든 사람은 아무도 없다네. 저절로 만들어진 걸세."

"아니, 사람을 놀려도 정도가 있지. 이 정교한 게 어떻게 저절로 만들어지나?"

"당신은 이보다 훨씬 더 정교하고 질서정연한 우주도 '저절로' 만들어졌다고 믿으면서, 겨우 이 모형 하나가 '저절로' 만들어졌다는 말은 못

믿나?"★20

'저절로'는 궁극적인 답이 되지 못합니다. 우주가 '저절로' 생겼다고 해명하는 것은 우리의 궁금증을 온전히 해소해주지 못합니다. 우리의 존재에 대한 의문을 확실히 해소해줄 답은 오직 창조주 하느님이십니다.

다시 우주론적 고뇌에 잠겨봅니다.

우주의 무수한 별이 본래 있었던 어떤 물리학적인 원리에 의하여 한순간 생겨났죠. 그리고 저토록 치밀하게 운행되고 있습니다. 그런데 그모든 것이 우연히 그렇게 된 것이라고 믿어버리면 모든 것이 다 설명되는 것인가? '됐다!' 하고 손 탁탁 털고 일어설 수 있는 것인가? 어떻게 저 오묘한 천체계의 질서가 우연일 수 있단 말인가? 하느님의 창조 없이 그게 가능한 일인가?

죽어 있는 물질이 생명체가 되어서 수백 수천의 식물과 동물이 생겨났고 마침내 말할 줄 알고 노래하고 즐거워할 줄 알며 고뇌할 줄 알 뿐아니라, 문명을 창조할 줄 아는 인간이 생겨났습니다. 그런데 이것이 단지 우연의 어리석은 장난 때문이었을까요? 하느님의 창조 없이 가당한일이었을까요?

Big **Q11**

과학이 더 발달하면
세상이 완전히 달라질까?

요즘은 잘 모르겠습니다마는 1970년대 말 학생들 사이에서 영어공부 거리로 『타임』지 읽기가 유행했습니다. 그때 나는 거기 소개된 빅뱅 이론을 밑줄까지 쳐가며 읽었습니다. 그 결론부에 대강 이런 내용이 있었습니다.

"바야흐로 과학자들은 여태 아무도 오르지 못했던 산 정상을 오르기 직전에 이르렀다. 빅뱅 이론, 이것이야말로 현대 과학의 쾌거다. 그 정상에 오르면 창조의 비밀이 드러날 것이다. 그런데 산 정상에 오르게 되면 과학자들은 경악할 것이다. 신앙의 성자들이 정상 온천수에 몸을 담근 채 유유자적 목욕을 하면서 창조주를 찬미하는 것을 보게 될 것이니."

1980년 졸업과 동시에 『타임』지는 끊었지만 그해 기사는 여기서 한 걸음 더 나아간 사실을 전하고 있습니다.

"신이라고? 신은 마르크스에 의해서 하늘에서 쫓겨났고 프로이트에 의해 무의식으로 추방되었으며, 니체에 의해 그 죽음이 선포되지 않았던가? 또한 다윈은 신을 경험의 세계 밖으로 내쫓지 않았던가? 그런데 상황이 꼭 그런 것만은 아니다. 언제부턴가 사유와 논증의 세계에서 조용한 혁명이 일어나 신이 되돌아오고 있는 것이다. 20년 전만 해도 이런 혁명이 일어나리라고 예측한 사람은 아무도 없었다. 뿐만 아니라 더 재밌는 사실은 이런 일이 신학자들과 일반 신자들 사이에서가 아니라 총기 발랄한 전문 철학자들로부터, 즉 지식인들 사이에서 일어나고 있다는 점이다. 오랫동안 이들은 신의 존재가 자신들의 수준 높은 토론에는 맞지 않는 주제라고 금기시했었던 무리였다. 그러나 이들 철학자 사이에서 이제는 신의 존재 가능성에 대한 논의가 이전 세대보다 훨씬 가치 있는 문제로 존중되고 있다."[★21]

이 글의 요지는 1980년대를 기점으로 신의 존재에 관한 논의가 철학자들 사이에서 '뜨거운 주제'로 급부상하기 시작했다는 사실입니다.

약 100년 전 그러니까 19세기 말에서 20세기 초, 철학계에는 기고만장한 과학만능주의에 편승하여 무신론이 급속히 확산되었습니다. 인류가 과학기술적으로 진보하면 할수록 종교는 점점 약화될 것이고 마침내 소멸되리라는 예측이 빠르게 유포되었습니다. 이 관점에서 보면 종교는 인류의 진화 과정에서 특정 시대의 요구를 충족시키는 역할을 담당할 뿐이었습니다. 파악이 안 되고 통제도 안 되는 위험투성이인 세상에서 인류가 난관을 헤쳐 나오는 데 종교의 힘이 필요했다는 것입니다. 하지만 이제 첨단 과학이 미해결의 문제들을 하나씩 둘씩 해결할 만큼 진보하고 있으니, 머잖아 종교가 필요 없는 때가 올 것이라고 무신론자들은 예단하였습니다.

그러나 1960년대를 정점으로 하여 그 추세는 전혀 예상치 못한 방향으로 흘러갔습니다. 사라질 것으로 예견되었던 종교가 사라지기는커녕 오히려 더 가파른 기세로 확장되었습니다. 종교 인구가 급격히 늘어났습니다. 이와 더불어 생활 전반에서 종교성을 상실해가는 현상을 뜻하는 '세속화' 현상은 '탈세속화' 현상으로 역전되어버렸습니다.

또 하나의 흥미로운 통계는 많은 과학자가 신과 자신들의 일이 서로 공존하지 못할 이유가 전혀 없다고 보고 있다는 사실을 드러내주고 있습니다.

이러한 주장을 뒷받침하는 두 개의 유명한 연구가 1916년과 1997년에 이루어졌습니다. 앞서 소개한 대담에서 밝혔던 통계 기사를 보다 충실히 인용해보자면 다음과 같습니다.

"1997년 영국의 과학잡지 『네이처』에 실린 미국 조지아대 법대 에드워드 라슨 교수와 래리 위덤의 조사 결과, 미국 과학자들의 40퍼센트가 신의 존재와 내세를 믿는다고 응답했다.

이는 81년 전인 1916년 미국 과학자들을 대상으로 실시된 종교관 조사 결과와 일치하는 것이어서 주목된다. 당시에도 조사 대상 과학자의 40퍼센트가 신을 믿는다고 응답했었다. 연구팀은 81년 전 당시 제임스 류바가 『미국의 과학자들』이란 명사 인명록에 수록된 과학자들을 대상으로 조사한 방식을 그대로 활용, 1995년 판 『미국의 남녀 과학자』인명록에서 추출한 과학자들을 조사 대상으로 삼았다.

당시 조사를 실시했던 제임스 류바는 과학자의 40퍼센트가 유신론자라는 사실에 놀라워하면서 과학문명의 발전에 따라 미래의 과학자들 가운데는 무신론자 비율이 증가할 것으로 예측했었다.

라슨 교수는 "신의 존재와 내세를 믿는 과학자들이 80년 전에 비해 조금도 줄어들지 않았다는 사실이 매우 놀랍다"고 말했다." ★22

놀라운 사실입니다. 지난 세기 80년간 이뤄진 과학발전의 총량은 가히 그 이전까지 인류가 이뤄온 총량을 훨씬 능가한다 할 것입니다. 하지만 그런 엄청난 변화에도 신의 존재를 믿는 과학자의 비율은 전혀 줄지 않았습니다.

"과학이 끝없이 발달하면 신의 존재도 부인되는 것이 아닌가?"

이는 과학과 종교의 관계에 대한 물음입니다. 과학과 종교의 관계를 더듬어보면 크게 3단계 과정을 거쳐왔다고 볼 수 있습니다.

먼저, 과학이 종교의 그늘에서 발전하던 시기가 있었습니다. 고대에서부터 중세에 이르기까지 과학은 '천동설'을 당연한 진리로 여기며 그 틀 안에서 무리 없이 발전했습니다.

그러다가 우주 과학과 천체 이론이 소위 '코페르니쿠스적' 전환을 이루고 활발하게 전개되면서 오랫동안 종교와 과학은 서로 적대적인 관계를 유지했습니다. 종교는 천동설을 부인하는 과학을 무신론적이라고 몰아붙였고, 과학은 점점 기고만장해지면서 더더욱 무신론 쪽으로 치달았습니다.

그러나 근래에 들어와서 종교와 과학은 긴 세월의 우여곡절 끝에 화해관계에 들어섰다고 해도 틀리지 않습니다. 중세 교황청은 지동설을 주장했다고 해서 갈릴레오를 파문했지요. 그런데 1992년, 수백 년이 지난 그 일에 대해 사과했습니다. 이는 우리에게 시사하는 바가 큽니다.

이러한 애증관계의 역사를 모르는 사람들은 여전히 과학과 종교 사이에 전쟁이 벌어지고 있다고 믿습니다. 앞에서 이야기한 3단계 변화 과정 중에서 아직도 두 번째 단계를 벗어나지 못한 사람들의 경우입니다.

이제 세 번째 단계에 이른 사람들은 종교와 과학의 양자택일을 강요하는 어리석음을 피할 줄 압니다.

"아는 것이 힘이다"라는 말을 해서 유명해진 프랜시스 베이컨이 뼈 있는 말을 했습니다.

"약간의 과학(a little science)은 사람을 하느님으로부터 멀어지게 한다. 더 많은 과학(more science)은 그를 하느님께 다시 돌아가게 만든다."

선무당이 사람 잡는 법입니다. 부족한 과학이 종교를 거부하는 것입니다. 그러기에 "종교 없는 과학은 온전히 걸을 수 없으며, 과학 없는 종교는 온전히 볼 수 없다"(Science without religion is lame, religion without science is blind)는 명언은 영구적으로 유효할 것입니다.

"언젠가 생명의 합성 무병장수의 시대도 가능할 것 같다. 이처럼 과학이 끝없이 발달하면 신의 존재도 부인되는 것이 아닌가?"

이미 앞에서 기술한 내용으로 얼추 답변이 된 셈입니다. 이렇게 하여 우리는 과학이 아무리 발전해도 종교는 사라지지 않을 것이고, 따라서 신의 존재도 부인되지 않는다는 결론에 도달하였습니다.

하지만 이 '나노' 세계를 안방 드나들듯이 넘나드는 현대 과학의 성취를 합리적으로 설명하는 것은 여전히 종교의 과제임에 틀림없습니다.

하버드대학교의 화학자 조지 화이트사이즈 교수가 언급하고 있듯이 21세기에 가장 복잡한 과학 문제 중 하나는 생명의 기원입니다.

현대 생물학의 연구 성과를 따르면 미세한 아메바의 세포핵에서 발견되는 정보의 양은 『브리태니커 백과사전』 전질보다 더 많다고 합니다. 더욱이 인간의 DNA는 상상을 초월하는 방대한 양의 정보를 저장하고 있을 뿐 아니라 컴퓨터와 같이 그 정보들을 처리합니다.

무신론자들은 이러한 DNA의 궁극적 기원, 곧 생명이 어떻게 시작되었는지에 대해 아무런 단서도 가지고 있지 않습니다. 그들은 생명의 기원에 대해 "행운, 그것은 행운이다"라고 애매하고 난해한 입장을 취할 뿐입니다. 이것이 과연 가장 합리적인 설명일까요? 그와 같은 방대한 정보가 무계획적이고 불합리란 물질 진화의 과정에서 '우연히' 생길 수 있을까요?

이전에 무신론자였던 안토니 플류는 DNA가 포함하는 정보의 내용을 연구하다가 신의 존재에 대한 자신의 견해를 바꿨습니다. 그는 DNA에 내장된 엄청난 양의 정보에 경탄하면서 이렇게 결론을 내렸습니다.

"우리가 이 지구상에서 보는 것처럼 '끝이 있고, 자가증식'을 하는 이러한 생명체의 기원에 대해 만족할 만한 유일한 설명은 무한한 지성을 가진 설계자가 있다는 것이다."

만일 외계에서 최신 컴퓨터에 다 저장할 수 없을 만큼 복잡한 어떤 메시지가 도착했다고 해봅시다. 그렇다면 그것은 의심할 여지 없이 지성을 가진 외계인이 존재한다는 증거로 받아들여질 것입니다. 따라서 그 이상의 정보를 공유한 인간 DNA에 대한 가장 합리적인 설명 역시 신적인 존재를 인정해야 가능하다는 것입니다.*[23]

물론 여전히 반론은 있습니다. 굳이 그 반론들을 다 열거하지 않겠습니다. 확실한 것은 그 반론들의 대부분이 어떤 과학적인 귀결이 아니라는 점입니다. 처음부터 무신론적 입장을 정해놓고 선입견을 안은 채 연구를 시작한 것이지요.

처음부터 닫혀 있는 견해는 어떤 증거로도 열 수 없는 철옹성입니다. 이런 사람에게는 경탄의 문도, 진리의 문도 꽁꽁 닫혀 있게 마련입니다. 인간의 지식은 우주의 비밀 앞에 초라하기 짝이 없음을 깨달아야 할 것입니다.

말년의 아인슈타인이 연구를 게을리하지 않는 것을 보고 제자가 물었습니다.

"선생님은 이미 그렇게 해박한 지식을 가지고 계신데 어째서 배움을 멈추지 않으십니까?"

이에 아인슈타인이 재치 있고도 뼈 있는 대답을 했습니다.

"이미 알고 있는 지식이 차지하는 부분을 원이라고 하면 원 밖은 모르는 부분이 됩니다. 원이 커지면 원의 둘레도 점점 늘어나 접촉할 수 있는 미지의 부분이 더 많아지게 됩니다. 지금 저의 원은 여러분 것보다 커서 제가 접촉한 미지의 부분이 여러분보다 더 많습니다. 모르는 게 더 많다고 할 수 있지요. 이런데 어찌 게으름을 피울 수 있겠습니까?"

아인슈타인의 경우와 같이 과학자는 첨단 지식을 접할수록 우주의 실체와 생명의 기원 문제가 점점 더 미궁으로 빠집니다. 모르는 것이 점점 더 많아지기 때문입니다. 그런 까닭에 그는 다음과 같은 결론에 도달했습니다.

"경험할 수 있는 무언가의 배후에 우리 마음이 파악할 수 없는 무언가가 있으며, 그 아름다움과 숭고함이 오직 간접적으로만 그리고 희미하게만 우리에게 도달한다고 느낄 때, 그것이 바로 종교다. 그런 의미에서 나는 종교적이다."

물론 그가 믿은 신은 자연을 생성·운행시키는 이법(理法)의 신이었습니다. 이법신과 인격신 하느님은 서로 대립하고 있는 듯이 보이지만 사실상 차이가 없습니다. 거의 합치에 가까운 교집의 관계에 있기 때문입니다.

인간은 위대합니다.

특히 인간의 이성과 상상력은 무한도전의 저력을 지니고 있습니다.

하지만 이 만물의 영장인 인간이 살고 있는 집, 지구는 우주에서 별

축에도 끼지 못할 만큼 미소합니다. 우주에 떠도는 평범한 별 하나에 지나지 않는 태양계, 그 태양계에 딸린 행성 하나에 불과합니다.

그 지구 위의 먼지 같은 존재인 인간이 지금껏 집적한 정보량 역시 여전히 초라하고 알량합니다.

아직도 탐구해야 할 미지의 영역은 거시적으로나 미시적으로 거의 무한대입니다.

그렇거늘, 이 미지의 엄위 앞에 누가 감히 아는 체를 할 수 있으며 교만할 수 있겠습니까. 묘사도 무색하고, 설명도 하릴없어지는 우주의 장관 앞에 누가 정녕 입을 다물 수 있겠습니까.

그 칠흑의 미지, 그 가공할 블랙홀, 그 창공을 향하여 아스라이 무지개 뜰 때, 우리는 워즈워드처럼 심장의 고동을 들을 따름입니다.

"창공에 무지개 뜨는 걸 볼 때, 내 가슴은 뛰네!"

PART 04

피할 수 없는 물음

악인의 길과 선인의 길은
미리 정해져 있나?

　이 물음은 이 세상 모든 부조리의 기원을 묻는 물음과 맞물려 있습니다. 이 세상에서 자행되는 폭행들은 정녕 누구의 책임일까요?

　철학자 니체는 아직 중세의 먹구름이 걷히기 전, 그가 살던 시대의 구역질 나는 사회적 병폐를 참다못하여 마침내 "신은 죽었다"고 선언하기에 이르렀습니다. 일체의 악과 불행의 책임을 신에게 돌리는 관점들은 혹은 점잖게 혹은 거칠게 혹은 저항적으로 제기되었습니다.
　시인 박인환의 「검은 신이여」는 차라리 온건한 신앙고백에 속합니다.

"저 묘지에서 우는 사람은 누구입니까.
저 파괴된 건물에서 나오는 사람은 누구입니까.
검은 바다에서 연기처럼 꺼진 것은 무엇입니까.
인간의 내부에서 사멸(死滅)된 것은 무엇입니까.
일 년이 끝나고 그다음에 시작되는 것은 무엇입니까.
전쟁이 뺏아간 나의 친우는 어데서 만날 수 있습니까.
슬픔 대신에 나에게 죽음을 주시오.

인간을 대신하여 세상을 풍설(風雪)로 뒤덮어 주시오.
건물과 창백한 묘지 있던 자리에
꽃이 피지 않도록.

하루의 1년의 전쟁의 처참(悽慘)한 추억은
검은 신(神)이여
그것은 당신의 주제일 것입니다."★1

참담한 학살극에 우리의 '당신'은 침묵만 하는 듯이 보여도, 여전히 그
것은 '당신의 주제'임에 틀림없습니다.
그렇다면 신은 왜 그것을 '당신의 주제'로만 여길 뿐 미리 막지 않는
걸까요?

나는 이 물음을 예수님을 배반한 이스카리옷 유다의 경우와 연결시켜
고민해본 적이 있습니다. 성경을 근거로 하여 사실적으로 접근했기에
독자 중에는 약간 어렵게 느껴지는 이도 있을 것입니다. 그렇지만 깊이
있는 고뇌의 실마리가 될 수 있지 않을까 하는 기대를 갖고 그대로 옮겨
봅니다.

유다에 관한 객관적인 정보

유다는 카리옷 시몬의 아들이었다. 열두 사도가 언급되는 대목에서 유다
는 항상 꼴찌로 나온다. 이때부터 기분이 좀 나빴을 것이다. 유다는 사도들
중에서 회계, 즉 돈 주머니를 맡았다. 회계는 중요한 직책이다. 이 회계가 잘
해야지 어디 가서 얻어먹고, 잠도 제대로 자고 하는 것이다. 또한 유다도 하
느님의 능력을 받아 귀신을 쫓아내고 병을 고친 일이 있었다.

그런데 훗날 역사는 유다에 대하여, "그는 악마였다. 도둑이었다. 배반자였다"라고들 평가한다.

어떻게 해서 유다가 예수님을 배반했을까? 사람들은 추측만 할 따름이다. 요한복음서에는 이 단서를 보여주는 한 대목이 있다(요한 12,1-8 참조).

어느 날 예수님께서 베타니아에 있는 마르타와 마리아의 집에 가셨다. 마르타는 늘 하듯이 그날도 예수님의 밥상을 차린다. 그 사이 마리아가 그 비싼 옥합 향유를 가져와 예수님 발치에 뿌리고 머리카락으로 그 발을 쓰다듬고 있었다. 마리아는 괜히 향유를 발라드린 것이 아니었다. 예수님도 의미가 없고 내용이 없으면 내버려두지 않으셨을 것이다. 후에 말씀하시기를 "벌써 내 죽음을 다 예고하고 한 것이다"라고 하셨던 것을 기억할 일이다.

그러나 유다는 그것을 보고 바로 돈 계산으로 들어간다(요한 12,5 참조). "아니, 저 비싼 향유를 저렇게 낭비할 수가 있는가? 저것을 팔아서 가난한 사람들을 도와주면 얼마나 좋을까?"

그래서 마리아에게 가서 투덜댄다. "아니, 이걸 그냥 나한테 주님의 이름으로 봉헌하지! 그러면 내가 가난한 사람들한테 가서 착한 일을 할 텐데!"

유다가 이 말을 한 것은 진심에서가 아니라 일단 받아서 '삥땅 치려고' 한 것이었다. 성경에는 이렇게 표현되어 있다.

"그가 이렇게 말한 것은, 가난한 이들에게 관심이 있어서가 아니라 도둑이었기 때문이다. 그는 돈주머니를 맡고 있으면서 거기에 든 돈을 가로채곤 하였다"(요한 12,6).

결국 유다는 예수님을 따라다니면서 재미가 '쏠쏠했던' 것이다. 예수님이 치유를 해주고 나면, 항상 유다가 뒤에 가서 "내놔! 우리도 먹고 살아야 돼. 내놔!" 이러면서 돈을 챙겼던 것이다.

예수님은 어떤 때는 이런 유다를 내버려두셨다. 아무리 예수님이지만 이

슬만 먹고 살 수는 없기에 사실 헌금을 받아야 했다. 물론 사전에는 안 받고 감사 예물로만 받았다. 유다는 여기서 조금씩 '삥땅'을 치는 재미가 짭짤했던 것이다.

배반의 변주곡

그렇다면 유다가 예수님을 팔아넘긴 이유는 무엇이었을까. 그 이유는 유다가 전체적인 상황을 보며 다음과 같은 판단을 했기 때문이었을 것이다.

"이제 예수님이 한물갔구나. 자꾸 죽는다는 얘기나 하시고……. 이분 따라다녀 봐야 남는 것이 없겠구나."

이것이 가장 현실적인 이유였을 것으로 추정된다. 유다가 일단 돈 욕심이 많았던 것은 사실이다. 어떤 명분에서건 그는 예수님을 팔아넘기려고 작정했다. 요한복음서는 이런 유다가 "이제 더 이상 이분한테는 나올 것이 없구나" 하고 결론내리며 사탄의 꾐에 넘어갔음을 시사해준다(요한 13,2 참조).

중요한 것은 지금부터다. 유다가 예수님을 팔아넘긴 것으로 끝난 것이 아니다. 유다는 그 후 예수님이 어떻게 되는지를 가만히 지켜보았다. 아무리 그래도 그동안 든 정이 있지 않겠는가. 돈에 눈이 어두워 팔아넘기기는 했지만, 그래도 예수님이 적당히 풀려나기를 바랐을 것이다. 그런데 보니까 사형선고를 받고 만 것이다. 그동안 자기가 스승으로 따르던 분이 사형선고를 받으니 그는 덜컥 양심의 가책이 느껴진다. 그래서 은전을 돌려주며 이렇게 말한다.

"풀어주십시오. 물립시다"(마태 27,3-4 참조).

유다는 후에 있을 일이 두렵기도 하였다. 하지만 그들은 일언지하에 거절한다.

"우리와 무슨 상관이냐? 그것은 네 일이다"(마태 27,4).

이후의 사태에 대한 기록은 마태오 복음서와 사도행전이 조금 다르다. 마태오 복음서에서는 유다가 "자살했다"고 되어 있고, 사도행전에서는 "거꾸로 떨어져서 배와 내장이 터졌다"고 되어 있다. 표현은 다르지만 내용은 같다.

그러면 유다가 성전에 내던지고 간 은돈 서른 닢은 어떻게 되었을까. 후에 사람들이 "이거, 이거, 아주 불경한 돈이다"라고 하며 그것으로 땅을 사서 '피의 밭'이라고 이름을 붙였다. 그리고 그 땅은 이방인의 묘지가 된다.

결국 유다는 뒤늦게 뉘우쳤지만, 예수님의 연민을 보지 못하고 자기연민에만 빠졌다. 이것이 그가 비극적인 죽음을 맞이한 까닭이었다.

미련을 품는다

"나는 죄인입니다"(마태 27,4 참조)라고 뒤늦게 고백한 유다는 은전 서른 닢을 되돌려주는 것을 거절당하자 끝내 자살함으로써 '비극의 주인공'이 되었다.

사실 유다가 예수님을 팔아넘긴 것보다 베드로가 예수님을 세 번 배반한 것이 더 면목없는 일이었다. 그런데 베드로는 살아난 반면 유다는 자기연민에 빠져 헤어나지 못하고 비운의 죽음을 맞이하고 말았다.

유다의 문제는 바로 여기에 있다. 오늘날 이 시대에도 유다처럼 절망한 사람이 있다면 자아의 늪에서 빠져나와야 한다. 그럴 수 없다면 구제불능이다.

유다의 슬픔을 이렇게 묵상해본다.

미련을 품는다. 아니 희망을 품는다.

"나는 죄인입니다"(마태 27,4 참조).
유다는 뉘우치며 고백했다.
"없었던 일로 합시다. 그건 본의가 아니었습니다."
유다는 은전 서른 닢을 그들에게 돌려주었다.

그들이 거절하자 유다는 절망하였다.

그리고 유다는 "차라리 태어나지 않았더라면"(마태 26,24)
더 좋았을 비극의 주인공이 되었다.

유다의 죽음은 애처롭다.

유다의 잘못은 배반보다도 자책에 있었다.

그는 '자아'의 늪에 갇혀 있었다.

그는 문제를 스스로 해결하려 하였다.

그의 죽음은 '스스로'가 초래한 비운이었다.

유다의 눈물은 그래서 더욱 처연하다.

유다의 죽음은 우리를 위한 경종(警鐘)이다.

진짜를 보지 못하고 가짜를 탐욕하는 우리,

잇속에 눈멀어 제 꾀에 넘어가는 우리,

매양 소탐대실(小貪大失)하는 헛약은 우리,

바로 우리를 위한 스캔들이다.

유다의 죽음은 준열(峻烈)한 가르침이다.

이 시대의 유다들, 유다의 후예들을 위한 일침이다.

면목이 없기로는 더할 나위 없었을 베드로를 보라는,

자기심판의 눈물 너머 회개의 눈물을 흘리라는,

벌이 아닌 자비의 하느님을 바라보라는,

'피의 밭'으로가 아니라 기회의 벌판으로 향하라는,

내일의 유다들을 위한 뼈아픈 교훈이다.

'혹여'의 토 달린 쓰라린 초대이다.

미련을 품는다. 아니 희망을 품는다.[*2]

이 글을 읽으면서 짐작하였겠지만, 우리의 출발점 "신은 왜 악인을 만들었는가?"라는 물음의 답은 인간이 지닌 '자유의지'에 있습니다.

하느님께서는 처음 유다를 부를 때부터 그가 스스로 목숨을 끊을 때까지 시종일관 그에게 자유를 허락하셨습니다. 유다는 자신의 가치관과 노선에 따라 그때그때 자신의 결정을 내렸습니다. 삥땅 치기도, 배반도, 후회도, 자책도, 급기야 절망도 자신의 자유가 선택하는 대로 취했을 뿐입니다.

그런데 베드로는 달랐습니다. 예수님의 죽음 앞에서 세 번 배반한 이후 그는 크게 뉘우쳤습니다. 이후 그는 모든 자유를 반납하고 하느님 처분대로 살았습니다. 그는 자기심판의 눈물 너머 회개의 눈물을 흘렸고, 벌이 아닌 자비의 하느님을 바라보았고, '피의 밭'으로가 아니라 기회의 벌판으로 향했습니다. 그리하여 훗날 베드로는 첫 번째 교회의 수장이 되었습니다. 제1대 교황이 된 것입니다.

여기서 악인과 선인의 전형적인 차이가 발견됩니다.

악인은 끝까지 하느님으로부터 완전히 독립하여 모든 결정을 자신의 자유의지로만 내립니다. 소통도 의논도 반납도 일절 없습니다. 바로 자유의지의 독점적 남용입니다.

이에 반하여 선인은 자신의 자유의지를 하느님과 소통하며 사용합니다. 때로는 의논하고 때로는 반납하면서 자유의지를 지혜롭게 운용합니다. 바로 자유의지의 조화로운 선용입니다.

하지만 악인의 길과 선인의 길은 미리 정해지는 것이 아니라 결국은 선택입니다. 자유의지를 어떻게 사용할 것인가를 결단하는 순간 그 길이 갈리는 것입니다. 그조차도 일관되고 항구적인 것이 아니라 자신의 변덕에 따라 수시로 바뀔 수 있습니다.

"신은 왜 악인을 만들었는가?"

이제 답의 절반은 말한 셈입니다. 신은 악인을 만든 것이 아니라 자유의지를 지닌 인간을 만들었을 뿐입니다. 악인도 선인도 신이 만드는 것이 아니라 인간의 선택과 결단이 만드는 것입니다.

그러면 '자유의지'란 대체 무엇인가? 인간의 책임을 물을 때면 왜 장마다 꼴뚜기처럼 자유의지가 거론되는가? 이 점을 집중적으로 헤아려 볼 차례입니다.

태초에 하느님께서 인간을 창조하실 때, 인간을 만물의 영장으로 세우시며 인간에게만 특권을 주셨는데 그것이 자유의지였습니다.

"인간이 악을 행할 줄 아시면서 왜 자유의지를 주셨느냐"고 묻는 사람들이 많습니다. 똑똑한 질문 같지만 깊이 생각해보지 않은 질문입니다. 만약에 그랬다면 인간은 시키는 대로만 움직이는 로봇에 지나지 않을 것입니다. 생각해보십시오. 친구나 애인이 스스로 행할 줄 모르고 '내가' 시키는 대로만 한다면 얼마나 답답하겠습니까? 그들이 나에게 예상치 않은 기쁨이나 선물을 줄 수 있겠습니까? '너 내 선물을 사오거라' 해서 받으면 그것이 기쁩니까, 아니면 자발적으로 마음이 담긴 선물을 사오면 기쁩니까? 바로 이 점 때문에 하느님은 인간이 스스로 행동을 선택할 수 있는 존재로 만드셨던 겁니다. 물론 인간이 당신을 배반할 수 있다는 위험을 감수해야 했습니다. 하느님 편에서 이것은 대단한 사랑의 모험이었습니다.

바로 이 대목이 역사상 위대한 철학자, 신학자, 영성가들이 하나같이 경이롭게 수긍하는 하느님의 위대함입니다.

아무리 그래도, 근세기 들어 수많은 전쟁과 학살을 지켜본 현대인들은 '전능하신 하느님'의 전능하심에 회의를 갖기 시작했습니다.

하느님은 선하시다고 하는데 어떻게 세상에 히틀러 같은 살인마가 나왔는가? 하느님은 왜 히틀러가 600만 명의 유다인을 학살할 때 그 비극을 저지하지 않으셨는가? 무고한 사람들이 고통당하도록 왜 카다피와 김정일 같은 독재자를 용납하시었는가? 왜 전능하신 하느님이 세상의 극악한 폭력에 대하여 침묵만 하시는가? 왜 저 많은 사람이 억울하고 처참한 죽음을 당하도록 구경만 하신단 말인가?

나치 시대에 아우슈비츠를 경험했고 1986년 노벨평화상을 받기도 했던 유다인 엘리 위젤은 이 물음에 대한 대답 대신 다음과 같은 글을 남겼습니다.

슬픈 천사의 얼굴을 한 어린이가 교수형 당하는 것을 목격한 날, 무시무시한 날들 중에서도 가장 소름 끼치는 그날, 소년은 뒤에 있던 어떤 사람이 신음하듯 내뱉는 말을 들었다.
"하느님은 어디에 있는가?"
그때 내 안에서 어떤 목소리가 대답하는 것을 들었다.
"하느님이 어디 있느냐고? 여기 교수대에 매달려 있지."*★3

이처럼 유다인이 발견한 대답은 하느님은 사람들이 고통 받는 순간에 못 본 체하고 침묵만 하고 있지 않다는 것이었습니다. 하느님은 교수대에서 함께 처형되었던 것입니다.

배반, 모반, 심지어 거부까지 감수하고 인간에게 자유의지를 주신 것은 하느님의 사랑이 갖는 속성 때문이었습니다. 사랑은 상대에게 선택의 자유를 주는 것입니다. 그런데 사랑이신 하느님께서는 사랑의 속성상 '함께 아파하실 수밖에' 없습니다.

연민을 표현하는 영어의 'compassion'이나 독일어의 'Mitleiden'도 '함께 고통을 당하는 것'을 뜻합니다. 하느님께서 스스로 고통을 모르면서 인간의 고통에 동참한다고 하는 것은 오히려 하느님을 인간과는 무관한 존재로 만들어버립니다. 고통을 모르는 비정의 하느님, 무감각한 하느님을 우리는 인격신으로, 사랑의 하느님으로, 자비의 하느님으로 고백할 수 있을까요. 이를 나치 시대에 '암살범'으로 몰려 처형당한 디트리히 본회퍼 목사는 다음과 같이 말했습니다.

"고통 받지 않는 하느님은 인간을 고통에서 해방시키지 못합니다."

이것이 사랑의 역설입니다.

고통중의 고통을 단장(斷腸)의 고통, 곧 창자가 끊어지는 고통이라 부릅니다.

이에 얽힌 이야기는 예사롭지 않습니다. 진나라의 환온이 촉 땅을 정벌하기 위해 여러 척의 배에 군사를 나누어 싣고 양자강 중류의 협곡인 삼협을 통과할 때 있었던 일입니다.

환온의 부하 하나가 원숭이 새끼 한 마리를 붙잡아서 배에 실었습니다. 어미 원숭이가 뒤따라왔으나 물 때문에 배에는 오르지 못하고 강가에서 슬피 울부짖었습니다. 이윽고 배가 출발하자 어미 원숭이는 강가에 병풍처럼 펼쳐진 벼랑에도 아랑곳하지 않고 필사적으로 배를 쫓아왔습니다. 배는 100여 리쯤 나아간 뒤 강기슭에 닿았습니다. 어미 원숭이는 곧바로 배에 뛰어올랐으나 그대로 죽고 말았습니다.

그 어미 원숭이의 배를 갈라 보니 너무나 애통해한 나머지 창자가 토막토막 끊어져 있었습니다. 이 사실을 안 환온은 크게 노하여 원숭이 새끼를 붙잡아 배에 실은 그 부하를 매질한 다음 내쫓아 버렸다고 합니다.★4

원숭이의 모성애는 단장의 지경까지 이르렀습니다.

우리를 향한 하느님의 사랑이 꼭 이와 같습니다. 이제 인간의 불행은 하느님의 불행이며, 인간의 울부짖는 소리는 하느님의 울부짖는 소리입니다.

왜, "자식이기는 부모 없다"는 속담이 있지 않습니까. 왜 못 이깁니까? 힘이 모자라서 못 이깁니까? 아닙니다. 사랑 때문에 못 이기는 것입니다. 사랑 때문에 져주는 것입니다.

하느님은 악인 히틀러를 만든 것이 아닙니다. 인간 히틀러를 만든 것입니다. 이 히틀러는 성자가 될 수도 있고 폭군이 될 수도 있었습니다. 그는 자신의 자유의지로 폭군의 길을 택한 것입니다.

자유의지의 선택이 어떻게 운명을 바꾸는지를 잘 드러내주는 얘기가 있습니다.

천재 화가 레오나르도 다 빈치가 「최후의 만찬」을 그릴 때의 이야기입니다. 예수의 모델을 찾기 위해 애를 쓰던 그는 교회에서 용모가 수려한 성가대원을 발견했습니다. 그를 모델로 삼아 그림을 그리려고 마음먹었는데 그 청년이 로마에 가서 공부를 하게 되어 모델을 바꾸었습니다.

오랜 세월이 걸려 그림은 거의 완성되었으나, 예수를 배반한 제자 이

스카리옷 유다만 그리지 못하고 있었습니다. 그러던 어느 날 다 빈치는 아주 타락한 모습의 어떤 사람을 발견하고 그를 모델로 하여 그림을 완성했습니다.

그런데 알고 보니 유다의 모델은 오래전 예수의 모델로 삼으려던 바로 그 청년이었습니다. 청년은 유학 시절 방탕한 생활을 한 탓에 심성이 나빠져 얼굴마저 변해버렸던 것입니다.

같은 사람이 자신의 자유의지를 어떻게 쓰느냐에 따라서 예수의 얼굴이 될 수도 있고 유다의 얼굴이 될 수도 있다는 이야기입니다.

아무리 설명을 해보아도 악의 근원은 여전히 불가사의입니다. 이 글로 악의 모든 것을 해명하지 못했음을 고백합니다. 아마도 만족스러운 답은 영원히 불가능할지도 모릅니다. 하지만 그렇다고 속단은 금물입니다.

"우리의 지성이 우주의 심연을 다 헤집고 다녀도 고통에 대한 합당한 대답을 찾을 수 없다면, 글쎄, 그렇다면, 답은 없다는 말이다!"
이런 식의 결론이야말로 고도의 맹신이라고 티머시 켈러는 단언합니다. 그는 이런 주장의 핵심에 자리 잡은 오류를 앨빈 플란팅가의 '진드기' 예화로 까발립니다.

만일 강아지를 찾겠다고 작은 텐트 안을 들여다봤는데 보이지 않아서 그 안에 강아지가 없다고 추정하는 것은 합당합니다. 그러나 진드기를 찾는답시고 작은 텐트 안을 다 뒤졌지만 보이지 않는다 하서 그 안에 진드기가 없다고 결론 내리는 것은 합리적이지 않다는 것입니다. 왜냐하면 이 곤충은 눈으로 볼 수 없기 때문입니다. 그는 되묻습니다.
"악의 존재에 대해 훌륭한 이유가 있다면, 그 이유는—진드기보다는 강아지처럼-우리의 지성으로도 이해될 것이라고 가정하는 사람들이 많다. 하지만 그럴 이유가 어디 있단 말인가?"[★5]

물론, 불가지론이 이 주장의 취지는 아닐 것입니다. 오히려 명쾌한 이유가 실제로는 있음에도 불구하고 '없다'고 단언하는 짧은 지성의 섣부른 결론이 지닌 위험을 지적하고 있는 것입니다.

요점입니다.

사랑은 인간의 배반을 무릅쓰고 자유의지를 주었습니다.

사랑은 인간의 반란까지도 끌어안고 자유의지를 회수하지 않았습니다.

사랑은 "그래서 우리가 저지른 모든 악행의 책임은 당신께 있습니다"라는 인간의 탄원까지 수용하면서 그 책임을 짊어졌습니다.

사랑은 이제 우리에게 묻습니다. "너희가 원하는 것이 무엇이냐?"

사랑은 이제 우리를 향해 애소합니다. "오냐, 오너라. 내가 다 용서해주고, 다 들어주고 다, 다 통섭해주마."

다 용서하면 행복해진다고요?

미국의 한 병원에서의 일입니다. 어느 환자가 수술을 받았는데 회복되기는커녕 증세가 자꾸만 악화되어갔습니다.

주치의를 비롯한 의료진이 연일 모여 환자의 상태를 체크하고 분석해보았지만 그 이유를 도통 찾아낼 수 없었습니다. 의학적인 시술도 완벽했고 병 역시 그리 심각한 것이 아니었는데도 환자가 소생할 기미를 보이지 않았습니다. 다들 긴장하기 시작했습니다.

그날도 의료진이 모여 회의를 하고 있었는데, 한 의사가 조용히 일어나 자리를 뜨더니 환자를 찾아갔습니다. 그런 다음 환자에게 정중히 사과했습니다.

"저는 선생님의 수술 준비를 도왔던 의사입니다. 그런데 마취 상태에 있던 선생님께 제가 그만 심한 농담을 했습니다. 그게 자꾸만 마음에 걸려 사과를 하고 싶었지만 기회를 못 얻고 여기까지 왔습니다. 저를 용서해주시겠습니까?"

환자는 눈이 휘둥그레졌으나 이내 입가에 미소가 번졌습니다.

"나도 모르는 일을 어떻게 용서하나요? 하지만 그렇게까지 자신에게 진실한 의사를 만났다는 것이 제게 행복입니다."

놀랍게도 그날부터 환자의 병세는 눈에 띌 정도로 호전되기 시작했습니다. *6

참으로 무서운 메시지를 담고 있는 이야기입니다. 굳이 귀담아듣지 않아도 우리 귓가를 스쳐 지나가는 말들이 어떻게 우리 내면에 상처로 남게 되는지, 그리고 그것이 '용서'라는 절차를 통하여 소멸되지 않으면 얼마나 우리 자신에게 해악이 되는지를 드러내주는 예입니다.

많은 사람이 용서를 일생의 숙제로 안고서 살고 있음을 봅니다.

어떤 사람은 "죽어도 그를(또는 그녀를) 용서할 수 없다"고 이를 박박 갑니다.

어떤 사람은 "용서를 하고는 싶은데 잘 안 된다"고 하소연합니다.

어떤 사람은 "이미 용서했는데, 갑자기 미움이 되살아났다"며 어쩔 줄 몰라합니다.

어떤 때는 용서하지 못하는 이유가 더 그럴듯하게 들리기도 합니다.

도스토예프스키의 『카라마조프가의 형제들』에 이런 내용의 대사가 있었던 것으로 기억합니다.

"나는 온 인류를 사랑할 수 있다. 그들 모두를 나는 사랑한다. 그것은 어려운 일이 아니다. 그러나 나는 단 한 사람 사랑할 수 없는 사람이 있다. 그가 나에게 한 잘못은 내가 아무리 용서하려 해도 용서가 되지 않는다. 그것이 어려운 일이다."

자신과 크게 상관이 없는 일에 대해서는 용서하기가 어렵지 않지만, 자신과 관계된 일에서는 하찮은 것도 용서되지 않는다는 고백이었습니다.

나치 치하에서 호된 학정을 겪은 독일인 헬무트 틸리케는 나치 정권을 절대 용서할 수 없다며 다음과 같이 말했습니다.

"용서라는 일은 결코 간단한 것이 아니다. 우리는 이렇게 말한다. '좋아, 상대가 잘못을 알고 용서를 빌기만 한다면 다 용서하고 싸움을 끝내지.' 우리는 용서를 상호 교환하는 것으로 만든다. 그것은 곧 양쪽 모두 '저 쪽에서 먼저 시작해야 돼' 하고 말하는 것과 같다. 그리고 상대방이 눈짓으로 무슨 신호라도 보내지 않는지 혹은 상대의 편지에 미안함을 표하는 작은 표시라도 없는지 매처럼 잔뜩 눈만 굴린다. 나는 언제나 용서할 준비가 되어 있다. 그러나 나는 절대 용서하지 않는다. 그러기에는 내가 너무 옳은 것이다."[*7]

헬무트 틸리케만이 아닙니다. 우리도 "상대방이 공식적으로 사과하기 전에는 절대!"라며 용서의 문을 걸어 잠근 채 보복의 가슴앓이로 뒷걸음질칠 때가 너무 많습니다.

"당한 건 난데 왜 내가 먼저 용서해야 해?"

그렇게 버티며 꿈쩍도 하지 않으려 합니다.

"저 사람은 이번 일을 통해 무언가 깨달아야 해. 한동안 속 좀 끓이게 내버려둬야지. 본인한테도 그게 이로울 거야. 행동에는 결과가 따른다는 걸 배워야만 해. 내가 먼저 손을 내미는 건 말이 안 되잖아."

나도 이런 항변을 수없이 들어왔습니다.

"나는 절대로 그놈을 용서할 수가 없어요. 내가 당한 상처를 생각하면 용서하려고 해도 안 돼요."

이렇게 용서의 어려움을 겪고 있는 사람들에게 나는 두 가지를 지적합니다.

우선, 산수를 못 하니까 용서를 못하는 것이라고.

"한 번 계산해보세요. 만약 미움이 내 맘속에 있어 품고 살면 누가 잠을 못 잡니까? 내가 잠을 못 잡니다. 그러면 누가 병에 걸립니까? 바로 납니다. 내가 병에 걸리면 이제 누가 일찍 죽습니까? 이것 역시 납니다. 내가 이렇게 되면 누가 좋아하겠습니까? 내가 미워했던 그놈이 좋아합니다. 딱 계산이 나오잖아요. 그러니 용서를 안 하면 나만 손해 보는 것입니다."

그러니 용서를 못 하는 것은 이기적이지 못해서 못 하는 것이라고.

"결국 용서는 나를 위해서 하는 것입니다. 용서는 그놈에겐 아무 득도 되지 않으니 아까워하지 마세요. 내가 살기 위해서, 내가 평화롭기 위해서 용서하는 것입니다. 한번 눈 딱 감고 해보세요. 그러면 기쁨이 와요! 행복이 솟아요!"

'용서'라는 말뜻이 재미있습니다.

한자로 '容恕'는 받아들이고 소화하고 수용하는 것을 의미하는 '容'과 헤아려서 이해하는 것, 그 마음을 알아주는 것(如心)을 의미하는 '恕'가 더해진 것입니다. 그러니까 동양적인 의미에서 용서는 소화하고, 헤아려주고, 마침내 상대방의 입장이 되어주는 것을 의미합니다.

영어로 용서는 'forgive'입니다. '위한다'는 'for'와 '주다'라는 뜻의 'give'의 합성어입니다. 또 'pardon'이라는 단어도 있는데 'don'은 라틴어 'donum', 즉 선물을 의미합니다. 그러니까 무조건, 거저 베푸는 것이 용서라는 것입니다.

우리는 여기서 동양적 사고방식과 서양적 사고방식의 차이를 엿볼 수 있습니다.

동양에서는 보다 근원적인 방법을 제시하였다고 볼 수 있습니다. 소화하고, 헤아려주고, 상대방의 입장이 되어주면 사실 모든 것이 끝납니다. 다 청산됩니다.

그런데 서양에서는 실용적인 방법을 제시합니다. 소화하고 헤아리다가 오히려 미움의 수렁에 빠질 수 있기 때문입니다. 말하자면, 이렇습니다. 용서치 못할 합당한 이유가 있다고 하자. 좋다. 옳다. 인정한다. 그러나, 그래도, 선물처럼 거저 베풀어라 이겁니다. "그까짓 거 그냥 줘버려!"라는 식입니다. 내 생각에 여기에는 아무래도 그리스도교의 복음 사상이 깔려 있는 것 같습니다.

거듭 말하지만, 용서는 자기 자신을 위한 결단입니다. 자기를 진정으로 사랑하는 사람은 용서할 줄 압니다.

용서하지 않으면 그 분노와 미움이 독이 되어 본인을 해치기 때문입니다. 용서의 길을 몰라서 화병이 들어 죽는 경우를 자주 봅니다. 다 그런 것은 아니지만 지독한 미움이 암의 원인이 되기도 한답니다. 미움의 독을 풀어내는 길이 바로 용서입니다.

부정적인 감정들이 가득 차면 우리 몸이 견디지 못합니다. 열이 나고, 가슴이 답답해지고, 심장이 아프고, 소화가 안 되고, 잠을 이룰 수 없고, 안절부절못하고……. 가슴에 가득 차 있는 적개심, 분노, 화는 우리의 몸과 영혼을 죽이는 독소들입니다. 정신 의학에서 말하는 울화병은 화날 일이 전혀 없는 상황에서도 가슴에 화가 부글부글 끓고 신체에 이상이 생기는 병을 일컫습니다.[8]

미국 존스홉킨스대학 연구팀에 따르면, 화를 잘 내는 사람은 55세 이전에 심장병이 발병할 확률이 그렇지 않은 사람에 비해 3배나 높고 심장마비에 걸릴 가능성 역시 5배나 높다고 합니다. 하버드대학의 미틀만

박사도 분노를 잘 해결하지 못하는 사람은 심장마비를 일으킬 확률이 2.3배 증가한다는 연구 결과를 내놓았습니다.[9]

나다니엘 호손은 『주홍글씨』에서 증오가 인간의 영혼을 어떻게 황폐화시키는지 잘 보여줍니다. 아내 헤스터에게 배반당한 칠링워스는 죄의 심판을 하느님께 맡기기를 거부하고 평생 복수심으로 삽니다. 그 결과 그는 결국 악마처럼 되어 불행을 자초하였습니다. 용서만이 살 길입니다.

용서해야 속박에서 자유로워집니다.

신약에서 가장 빈번하게 사용된 '용서'라는 그리스어 단어를 문자 그대로 풀어보면 '자신을 풀어주다, 멀리 놓아주다, 자유롭게 하다'라는 뜻입니다. 과거에 매달려 수없이 되뇌며 딱지가 앉기 무섭게 뜯어내는 것이 '원한'입니다. 상처가 영원히 아물지 못하도록 하는 거죠.

용서하지 않을 때 스스로 '과거의 감옥'에 갇히게 됩니다. 그것은 용서를 할 수 있는 '통제권'을 타인, 즉 원수에게 내어주고서 자기 자신은 상대방의 잘못으로 입은 상처에다 미움의 속박까지 당하는 운명을 자초하는 것입니다.

미국으로 이민한 한 랍비가 이런 고백을 했다고 합니다.

"미국에 오기 전에 아돌프 히틀러를 용서해야 했습니다. 새 나라에까지 히틀러를 품고 오고 싶지 않았습니다."

용서를 통해서 '치유'받는 최초의, 유일한 사람은 바로 '용서하는 자'입니다. 진실된 용서는 포로에게 자유를 줍니다. 용서를 하고 나면 자기가 풀어준 '포로'가 바로 '자신'이었음을 깨닫게 됩니다.

넬슨 만델라는 이러한 용서의 철학을 보다 깊이 터득한 인물이었습니다. 미국 제42대 대통령 빌 클린턴이 기억하는 그는 용서의 대장장이였습니다. 클린턴의 자서전에는 그 두 사람이 나눈 대화가 이렇게 기록되어 있습니다.

클린턴이 만델라에게 물었습니다. "취임식에 대통령을 가뒀던 교도관들을 초대한 건 정말 훌륭한 일이라고 생각합니다. 하지만 정말 그들을 미워하지 않습니까?" 만델라가 대답했습니다. "미워했지요. 아주 오랫동안 말입니다. 그러다 어느 날 채석장에서 망치질을 하다가, 그들이 내 정신과 마음 말고는 모든 걸 가져갔다는 것을 깨달았습니다. 나는 그것만은 내주지 않으리라 결심했습니다."

클린턴이 다시 질문했습니다. "마지막으로 감옥에서 나올 때, 속에서 다시 증오가 솟아오르지 않던가요?"

"그랬지요. 그러다 생각했습니다. '이 사람들은 나를 27년이나 가두었다. 그들을 증오한다면 나는 계속 갇혀 있는 거나 다름없다.' 나는 자유롭고 싶었습니다. 그래서 털어버렸지요."*10

1918년 템부족 족장의 아들로 태어난 넬슨 만델라는 1993년 드 클레르크와 함께 노벨평화상을 수상했습니다. 1994년 남아공 첫 흑인 대통령에 선출되었습니다. 그는 취임 후, '진실과화해위원회'를 결성하여 보복이 아닌 용서와 화해에 주력했습니다.

물론 용서해야 한다는 것이 사회의 불의나 구조적인 악에 대해서 눈 감아줘야 한다는 것을 의미하진 않습니다. 소외계층이나 서민층의 삶을 더욱 악화시키는 부의 편중과 착취, 인권을 유린하는 고문과 학대, 수많은 고아를 양산하고 죄 없는 양민을 죽음으로 몰아넣는 폭력과 테러, 전쟁 등에 대해서 모르는 척하거나 관대한 입장을 취하는 것은 결코 옳은

처사가 아닙니다.

시인이자 구도자인 칼릴 지브란은 예수님께서 이르셨듯이 용서라는 문제를 가장 근원적으로 해결하는 길은 아예 단죄하지 않는 것이라고 말합니다. 그는 우리의 섣부른 판단이 얼마나 위험한 것인지 이렇게 경고합니다.

"그대들은 누구에겐가 잘못을 저지른다.
또한 그대 자신에게도.
의로운 자가 사악한 자의 행위 앞에서
전혀 결백할 수 없으며
정직한 자가 그릇된 자의 행위 앞에서
완전히 결백할 수는 없는 것.
그대들은 결코 부정한 자와 정의로운 자를
사악한 자와 선한 자를 가를 수 없다.
이들은 다 태양의 얼굴 앞에 함께 서 있기 때문이다.
[……]
정의란, 그대들이 기꺼이 따라가려는
법의 정의란 무엇인가?
바로 뉘우침이 아니겠는가.
죄인의 가슴에서 뉘우침을 빼앗지 마라.
뉘우침이란 청하지 않아도
한밤중에 찾아와
사람들을 깨우며 스스로를 응시하도록
만들고 있으니."

그렇습니다. 용서하는 것 이전에 판단하지 않는 것, 단죄하지 않는 것이 더 지혜로운 길입니다. 그럴 때 상대에게 뉘우침의 기회가 생깁니다.

자유로운 마음으로
살 수 있는 방법이 있나?

한 10년 전쯤 어떤 분이 나를 집으로 초대했습니다.

"제가요, 우리 남편 다 구워삶아놨으니 한번 오셔서 좋은 말씀 좀 해주세요. 신앙을 좀 갖도록요."

그런가 보다 하고 방문했습니다. 그 남편은 날 대하고 겸연쩍어했습니다. 그러더니 아내가 잠깐 찻상을 준비하러 부엌으로 간 사이에 내게 거의 귓속말로 입을 열었습니다.

"저 솔직히 말해도 됩니까?"

"그럼요, 좋으실 대로요."

"사실은 저 신앙 갖기 싫습니다. 아직 젊은데 술도 더 마시고 싶고 바람도 좀 피우고 싶거든요."

내심 당황스러웠지만 나는 쿨하게 말해주었습니다.

"그러시다면, 억지로는 마시고 믿고 싶을 때 믿으세요. 신앙은 누가 시킨다고 가져지는 게 아니거든요."

찻상을 차려온 아내는 속도 모르고 연신 남편을 닦달했지만, 나는 아무 말도 못 들은 체 잡담만 하다가 돌아왔습니다.

돌아오는 길에 깨달았습니다.

죄였구나! 사람들 앞에 태산처럼 가로막고 있었던 것이 죄였구나!

누구나 묻습니다. 정말 죄라는 것이 있나? 그렇다면 죄의 기준은 뭐지? 여기에 더하여 이 책의 질문자는 그 죄의 책임 소재까지 묻고 있습니다.

확실한 사실은, 죄의 있고 없음은 몰라도, 최소한 '죄의식'은 있다는 것입니다. 옛날 어느 수도원의 원장이 많은 수도원생 가운데 유독 한 제자만을 특별히 사랑했습니다. 다른 제자들은 원장이 인간 차별을 한다고 뒤에서 투덜대며 그 제자를 미워했습니다.

어느 날 원장은 모든 제자들에게 새를 한 마리씩 나누어주며 "아무도 없는 곳에서 죽여 오라"고 했습니다. 얼마 후, 모든 제자가 새를 죽여 가지고 왔습니다. 그런데 원장이 사랑하는 제자만 산 채로 가지고 왔습니다. 제자들은 그가 원장의 말씀에 불순종했음을 비난하며 회심의 미소를 지었습니다. 원장이 사랑하는 제자에게 물었습니다.

"자네는 왜 새를 죽여 오지 않았나?"

"원장님, 저는 아무도 안 보는 곳을 찾을 수가 없었습니다. 어디를 가도 하느님께서 저를 보고 계셔서 새를 죽일 수가 없었습니다."*[11]

이 제자는 벌써 죄의식의 괴로움을 염두에 두고 있었습니다. 그에게는 '아무도 없는 곳'이란 존재하지 않았습니다. 어디를 가도 하느님의 눈을 피할 수 없었던 것입니다.

프로이트는 많은 환자들을 상담한 결과 질병, 특히 정신질환의 주요 원인이 '죄의식'이라는 사실을 밝혀냈습니다. 그는 죄의식이 인간의 원초 본능(id/libido)과 초자아(super ego)의 갈등에서 생긴다고 봤습니다. 그가 말하는 초자아는 전통, 관습, 종교 등입니다. 인간의 본능이 이런 것들의 지시를 따르지 않을 때 죄의식이 생긴다는 것입니다. 그러므로 사람이 죄의식을 벗어나는 것이 살길이라는 거지요. 그러기 위해서는 "초자아로부터 자유로워야 한다"고 프로이트는 결론 내렸습니다. 요컨대, 종교(전통, 관습)가 사람에게 죄의식을 자아내기 때문에 아예 종교를 버려야 한다는 주장이었습니다.

이러한 가설 위에 그는 종교를 비판했습니다. 종교는 사람을 구원하지 않고 오히려 사람에게 죄의식만 조장한다는 것입니다. 본래 '선'도 없고 '악'도 없다는 것입니다. 그러니 '죄'도 없다는 것입니다. 없는 것을 종교가 인위적으로 만들어냈다는 것입니다.

과연 죄는 없는 것일까? 이를 밝히려면 먼저 '죄'라는 말의 뜻을 확인하고 들어가야 합니다.

성경적인 의미로 죄(특히 히브리어 'hata'와 그리스어 'hamartia')는 과녁을 빗나간 상태를 뜻합니다. 과녁, 즉 어떤 특정 기준을 벗어난 것이 죄의 정의인 셈입니다. 성경에서 그 과녁에 해당하는 것은 하느님이 주신 십계명인 것이구요.

한자로 죄(罪)는 씨줄과 날줄로 이루어진 그물(四)의 벼리(綱)가 '아닌(非) 것'을 의미합니다. 여기서 벼리는 천륜과 인륜을 뜻합니다. 강상죄인(綱常罪人), 즉 '삼강오륜을 범한 죄인'이라는 말이 있듯이 천륜과 인륜에 어긋나는 것이 바로 죄입니다.

그러니까 '죄'의 성립에 문제가 되는 것은 그 척도가 되는 하느님의 존재 여부, 그리고 천륜과 인륜의 보편타당성 여부입니다. 하느님이 존재한다면 죄라는 것도 있는 것입니다. 계명(천륜과 인륜)이 보편타당하다면 죄라는 것이 성립이 되는 것입니다. 이들을 거스르는 것이 바로 죄이기 때문입니다.

그런데, 하느님은 존재합니다. 부인하는 이들도 적지는 않지만 인류의 절대다수가 이를 믿어왔습니다. 또한 양심, 계율, 천륜과 인륜 등은 동서고금을 통해 인정되어왔습니다. 오늘날 비교종교학의 연구 결과도 이 사실을 뒷받침해줍니다. 그러므로 죄는 있습니다.

이어지는 물음 "왜 우리로 하여금 죄를 짓게 내버려두었는가?"에 대해서는 이미 앞에서 자유의지를 설명하면서 다루었습니다. 성경은 죄를 짓는 주체는 인간이지만 인간을 죄짓도록 유인하는 악마, 곧 사탄이 있음을 언급합니다.

서양에 이런 이야기가 전해져옵니다.

사탄은 지옥 회의를 소집해서 악마들에게 연간 보고를 하도록 요구하며, 이렇게 일렀습니다. "너희 공적을 말해봐라. 공이 가장 큰 악마에겐 상을 내릴 것이다."

제일 먼저 악마 1호가 일어나 말했습니다. "사탄 마왕님, 저는 수많은 인간들을 육욕의 죄에 빠뜨렸습죠. 그랬더니 그 녀석들이 타락하고 말았지요."

악마 2호가 유유히 일어나 말했습니다. "저는 수많은 인간들을 오만의 죄에 빠뜨렸습죠. 그랬더니 그 녀석들이 생명을 잃고 말았지요."

악마 3호가 일어나 말했습니다. "저는 수많은 인간들을 탐욕의 죄에 빠뜨렸습니다. 그랬더니 많은 가난한 사람들이 더 많은 고통을 겪더군요."

사탄 마왕은 만족스럽지 못한 표정이었습니다. 마지막으로 악마 4호가 말했습니다. "저는 수많은 사람들을 아예 죄 같은 것은 없다고 믿게 만들었습니다."

그러자 사탄이 미소를 지으며 말했습니다. "참 잘했다. 그것이야말로 악마에겐 가장 위대한 업적이니라. 인간들에게 죄 같은 건 아예 없다고 믿게 만드는 것 말이다."[★12]

이렇듯 사탄의 가장 큰 유혹은 "죄는 없다"고 하는 신념을 갖도록 기만하는 것입니다. 그것이 어떤 유혹보다 치명적인 까닭은 그럼으로써 인간이 마음껏 죄를 짓도록 조장하기 때문입니다.

용서는 태초 이래 인류의 염원이었습니다.

불교에는 업보 사상이 있습니다. '업'(業, Karma)이란 중생이 몸과 입과 뜻으로 짓는 선악의 소행을 말하며, 그것이 선업이냐 악업이냐에 따라서 응보(應報)의 대가가 있다고 합니다. 이 세상은 환(幻, Maya)으로서 사람들은 그 환의 속박 안에서 여러 가지 형태의 색욕과 욕망 속에 빠져들어 감각적인 생활을 한다고 합니다. 그러면서 행위와 말과 뜻으로 업인(業因)을 쌓고 그에 대한 응보로서 영원한 윤회(輪廻)의 수레바퀴 속을 돌고 도는 숙명을 벗어날 수 없다는 것입니다. 불교는 이 업이 우주를 지배하고 있다고 말합니다. 결국 인간은 윤회의 굴레 안에서 악업과 선업에 대한 책임을 질 수밖에 없고, 죄 많은 인간은 그 질곡을 벗어날 수 없다는 것입니다. 비단 불교가 아니라도 죄를 어쩌지 못하는 것이 인간의 현실입니다.

구약성경의 상선벌악에 대한 믿음도 업보 사상과 비슷합니다. 유다인은 의인은 보상을 받을 것이며 악인은 벌을 받을 것이라고 믿었습니다: "악인들은 그들의 그릇된 생각 때문에 벌을 받을 것이다"(지혜 3,10: 공동번역), "의인들은 영원히 산다. 주님이 친히 그들에게 보상을 주시며 지극히 높으신 분이 그들을 돌봐주신다"(지혜 5,15: 공동번역).

이것이 구약성경의 믿음이었으며 이후 유다교의 믿음이 되었습니다. 그리고 사실 이는 세계의 모든 종교가 믿고 있는 바이기도 합니다.

따라서 동서를 막론하고 죄인은 죗값을 피할 길이 없었습니다. 그러기에 죄인에게 미래는 곧 '심판'의 때요 '좌절'의 때일 수밖에 없었습니다.

이처럼 죄의 굴레에서 벗어나지 못하는 것이 인간의 숙명이었습니다. 그런데 예수 그리스도께서 이 문제를 해결해주셨습니다. 예수님께서 당신 삶과 십자가로 우리의 죄를 대신 짊어지셔서 죄의 용서를 성취하셨기 때문입니다. 예수님은 당신의 사명을 이렇게 밝히셨습니다.

"나는 의인을 부르러 온 것이 아니라 죄인을 부르러 왔다"(마르 2,17: 공동번역).

예수님께서는 십자가 죽음을 통하여 이 용서를 완성하셨습니다. 예수님은 인간의 죄들을 모두 짊어지시고 십자가 제물이 되셨습니다.

구약 시대에는 죄지은 사람 대신 소와 양이 희생 제물이 되어 죽임을 당하는 대속(代贖)의 방법이 있었습니다(레위 4,32-35 참조). 이는 죄의 값으로 초래된 죽음(로마 6,23 참조)을 대신하여 제물을 죽여 피를 흘림으로 죄인의 죄를 용서해주는 방법이었습니다.

그런데 예수님은 스스로가 우리 모든 죄인의 죄를 도맡으신 후 우리가 받아야 할 무서운 진노의 심판을 대신 받으시고 죽으셨습니다.

예수님께서는 죄악, 불의, 폭력에 대해 비폭력적인 용서의 길을 선택하셨습니다. 그 용서를 통해서 무조건적인 하느님의 사랑이 드러났습니다. 바로 이 사랑 때문에 예수님은 십자가에서 죽어 가시면서도 당신을 죽이는 바로 그 사람들의 용서를 위해서 기도하셨습니다.

"아버지, 저 사람들을 용서하여 주십시오! 사실 그들은 자기가 하는 일을 모르고 있습니다"(루카 23,34: 공동번역).

예수님은 십자가 제사로 용서를 완성하시고 나서 말씀하셨습니다.

"다 이루었다"(요한 19,30: 공동번역).

이로써 '상선벌악'의 굴레가 예수님의 십자가로 말끔히 청산되었습니다. "눈에는 눈, 이에는 이"라는 복수의 법칙을 용서의 법칙으로 바꾸어 놓으셨습니다. 그 법칙이 해방의 길이며 생명의 길임을 몸소 드러내셨습니다.

이 용서의 파장은 2,000년이 지난 후에도 화해의 샘이 되어주고 있습니다.

스페인의 시민전쟁이 전국으로 맹렬하게 번지고 있을 때의 일입니다. 국군이 한 마을을 탈환했습니다. 그때 어느 건물 모퉁이에서 가슴에 심하게 총상을 입은 적군 병사 한 명이 안타까운 목소리로 소리쳤습니다. "제발 죽기 전의 제 마지막 소원이니 신부님을, 내게 신부님을 모셔다 주세요, 제발."

그 소리를 들은 군인 한 명이 그에게 다가가 욕설을 퍼부었습니다. "지옥에나 떨어져라. 이 나쁜 놈아!"

그러나 적군 병사의 애절한 호소에 안타까운 마음을 이기지 못한 군인 한 명이 급히 신부를 찾아 모셔왔습니다. 신부는 죽어가는 적군 병사에게 몸을 기울여 물었습니다. "고해할 것이 있소?"

그러자 그 적군 병사는 겨우 입을 열어 간신히 말했습니다. "있습니다. 신부님께서 혹시 이곳 성당의 주임신부십니까?"

그렇다고 대답하자 적군 병사는 신부에게 자신의 죄를 털어놓았습니다. 고해성사를 마친 신부의 얼굴은 창백해져 있었고 그의 온몸에서는 식은땀이 그치지 않고 흘러내렸습니다. 그러나 신부는 침착하게 군인들을 돌아보며 말했습니다. "형제들이여, 이 부상병을 집안으로 운반할 수 있도록 도와주시오."

죽어가던 적군 병사는 신부의 말에 크게 감동하여 참회의 눈물을 흘렸습니다. "저 신부님이 나를 용서해주셨습니다. 죄 많은 나를……."

그러자 가까이 있던 군인 한 명이 말했다. "당연하지 않아? 신부니까."

그때, 적군 병사가 숨을 들이쉬며 말했습니다. "아닙니다. 나는 내 손으로 서른두 명의 신부를 살해했습니다. 마을을 침략할 때마다 사제관을 뒤져서 총, 칼, 몽둥이로 모두 죽였습니다. 이 마을에서도 사제관을 뒤졌으나 신부를 찾지 못해 신부의 부모와 형제들을 죽였습니다. 그런데도 그분이 이 죄 많은 나를 용서해주셨습니다."

슬프고도 아름다운 용서였습니다. 이것이 용서의 진면목입니다.

예수님께서 이루신 용서는 바로 '나'를 위한 것입니다. 내가 빠져서는 아무 의미가 없습니다. 20세기 최고의 신학자 칼 라너는 설령 단 한 사람만이 죄를 범했다 하더라도 예수님께서는 그 사람을 위해 십자가에서 돌아가실 것이라고 하였습니다. 이 세상에 70억 이상의 인구가 있지만 '나' 한 사람만을 위해서 다시 죽으실 수 있다는 것입니다.

이 용서를 베푸시기 위해서 예수님은 우리에게 오셨습니다. 키르케고르는 그것이 얼마나 멀고 먼 길이었는지를 아는 사람이었습니다. 그는 다음과 같이 말했습니다.

"죄인에 대한 문제라면 하느님은 그냥 팔을 벌리고 서서 '이리 오라'고 말씀만 하시지 않는다. 줄곧 서서 기다리신다. 탕아의 아버지가 그랬던 것처럼.

아니다. 그분은 서서 기다리시지 않는다. 찾아 나서신다. 마치 목자가 잃은 양을, 여인이 잃어버린 동전을 찾아 나선 것처럼 그분은 찾아 가신다.

아니다. 그분은 이미 가셨다. 그 어떤 목자나 여인보다 무한히 먼 길을, 진정 그분은 하느님 신분에서 인간 신분이 되기까지 무한히 먼 길을 내려오셨다. 그렇게 죄인들을 찾아오신 것이다."

살아남는 것이 미덕인 사회에서 우리는 살고 있습니다.

유치원에 들어가기 전부터 우리는 비정한 인과응보의 세계에서 성공하는 법을 배웁니다.

"뿌린 대로 거둔다."

"세상에 공짜란 없다."

"콩 심은 데 콩 나고 팥 심은 데 팥 난다."

이 법칙들은 존중받아야 합니다. 그리고 이 법칙은 결국 진실로 판명됩니다.

그러나 하느님께서는 이 법칙에서 소외된 사람들, 이 법칙에서 실패한 사람들을 위해 다른 법칙을 준비하셨습니다.

죄 받아 마땅한 내가 용서를 받았습니다.

진노를 받아 마땅한 내가 사랑을 받았습니다.

이자까지 쳐서 빚을 갚아야 마땅한 내가 모조리 탕감받았습니다.

이것이 십자가의 소멸되지 않는 효력입니다.

천국과 지옥이 우리 인생에
무슨 의미가 있을까?

내가 대학 1학년 말에 아버지께서 54세를 일기로 돌아가셨습니다. 그 전에 잔병도 없었고, 어떤 병치레도 하지 않으셨기 때문에 갑작스레 뇌일혈이 올 줄은 아무도 예상치 못했습니다.

당시 나는 다시 성당엘 나간 지 몇 달밖에 안 되었을 때라 장례 절차를 어떻게 밟아야 할지 전혀 몰랐습니다. 그런데 성당 청년회에 윤성호라는 똑 부러진 친구가 있었는데, 그가 우리 집에 친구들을 몰고 와 천주교식 의례를 의젓하게 치러주었습니다. 그가 선창하여 모두가 함께 구성지게 부른 진혼의 기도는 나에게는 생뚱맞은 것이었습니다. 나중에 그것을 '연도'라고 부른다는 사실을 알게 되었습니다. 연도는 돌아가신 분을 위한 기도이기 이전에 유가족의 슬픔을 눈 녹이듯 달래주는 노래 중의 노래였습니다. 그 가사 일부분을 소개하면 이렇습니다.

"깊은 구렁 속에서 주님께 부르짖사오니
주님 제 소리를 들어주소서
제가 비는 소리를 귀 여겨 들으소서
주님께서 죄악을 헤아리신다면

주님 감당할자 누구이리까
오히려 용서하심이 주님께 있사와
더더욱 당신을 섬기라 하시나이다
제 영혼이 주님을 기다리오며
당신의 말씀 기다리나이다
[……]
하느님 자비하시니 저를 불쌍히 여기소서
애련함이 크오시니 저의 죄를 없이 하소서
제 잘못을 말끔히 씻어주시고
제 허물을 깨끗이 없애주소서
[……]
하느님 저의 제사는 통회의 정신
하느님께서는 부서지고 낮추인 마음을
낮추아니보시나이다"

사제가 되어 그 연도를 바쳐줄 때마다 나에겐 그때의 위로가 되살아
나곤 합니다.

사람이 쉽게 받아들이기 어려운 것 가운데 하나가 죽음입니다. 죽음
이 두려운 것은 불시에 찾아오기 때문입니다. 박상훈의 『내일이 무엇이
니? 영생이 무엇이니?』에 이런 이야기가 나옵니다.[*13]

한 중년 남자가 해변을 거닐다가 모래사장에 콕 박혀 있는 요술 주전
자 같은 것을 발견했습니다. 아니나 다를까 뚜껑을 열자 '펑!' 하는 소리
와 함께 그 속에 갇혀 있던 종이 나타나 말했습니다.

"주인님, 부르셨습니까? 소원을 말하십시오. 그런데 제가 들어드릴

수 있는 소원은 딱 하나밖에 없습니다."

남자는 곰곰이 생각한 후 말했습니다.

"지금부터 1년 후의 신문을 갖고 오게."

주전자의 종은 즉시 신문을 가져왔습니다.

남자는 먼저 주식란을 살피기 시작했습니다. 주식 시세를 미리 확인하여 가장 좋은 곳에 투자하려는 속셈이었습니다. 그런데 신문을 읽던 그의 얼굴이 순간 창백하게 변했습니다. 부고란에 자신의 이름이 적힌 것을 보았기 때문입니다. 그는 1년 후 그 날짜에 죽게 되어 있었던 것입니다.

죽음은 어느 누구도 피할 수 없는 숙명입니다. 죽음은 각자의 인생에 종지부를 찍는 일이며, 불가피하고 필연적인 것입니다. 천수를 꿈꾸며 온갖 노력을 다 쏟은 이들, 이집트의 파라오들이며 중국의 진시황제도 죽음에서 벗어날 수 없었습니다.

죽음에 대한 우리 말 표현에서 우리의 생각을 엿볼 수 있습니다. '죽음'을 가리키는 여러 어휘가 있습니다만 그중 '돌아가다', '별세(別世)하다', '타계(他界)하다'라는 표현이 있습니다. 이런 어휘들은 옛적부터 죽음을 어떻게 이해하고 있었는가를 잘 나타내줍니다.

'돌아가셨다'는 것은 왔던 곳으로 다시 가셨다는 뜻입니다. '죽음'은 '돌아가는 것'입니다. 즉, 육체는 흙에서 왔으니까 흙으로 돌아가고(창세 3,19 참조), 영혼은 하느님께로부터 왔으니 하느님께로 돌아가는 것입니다.

또 죽음은 '별세하는 것'이라고 말합니다. 우선 사람들은 영혼이 육체와 이별한다고 생각했습니다. 앞에서 이것이 그리스도교의 관점이 아니라고 밝힌 적이 있습니다. 이 문제는 나중에 다시 살펴볼 것입니다. 또

이 표현은 말 그대로 이 세상과 이별한 뒤 특별한 세상으로 가는 것을 나타내고 있습니다.

또 죽음은 '타계하는 것'입니다. 즉 '다른 세계'로 떠나가는 것입니다. 죽음은 소멸을 뜻하는 것이 아니라 다른 세계로 들어가는 것입니다. 죽음은 영원한 세계로 들어가는 문이요, 새로운 시작입니다.

그런데 죽음은 끝일까? 인생은 결국 종착역인 허무로 향하는 덧없는 여정일 뿐이란 말인가? 대체로 이 물음에 대하여 인류가 알고 있는 답은 여러 가지입니다.

어떤 이들은 죽으면 모든 것이 끝이라고 생각합니다. 죽으면 미련 없이 끝이라는 겁니다. 소멸된다는 것입니다.

또 어떤 이들은 "죽으면 윤회한다"고 믿습니다. 죽으면 다음 세상에서 다른 생명체로 환생해서 생명을 존속한다는 겁니다. 자신의 업보에 따라 윤회를 거듭하다가 수억 겁을 지나서 윤회의 틀을 벗어나 열반에 이른다는 것입니다.

또 어떤 이들은 "죽으면 영적인 세계(이데아 세계)로 돌아간다"고 믿습니다. 죽으면 영혼이 육체의 감옥을 떠나서 영혼의 본래 고향인 이데아의 세계로 귀향한다는 겁니다.

마지막으로, 어떤 이들은 "죽으면 하느님 품으로 가서 영원한 삶을 누린다"고 믿습니다. 이 세상에서 살아온 행실(믿음)에 맞갖은 영원한 삶을 누린다는 신념, 곧 그리스도교의 내세관입니다.

과연 어느 답이 맞는 걸까요? 사람마다 자신들의 입장을 고수하느라 팽팽하게 맞섭니다. 그런데 대체로 둘째부터 넷째 입장을 지지하는 사람들은 인생을 보다 진지하고 보람되게 살려고 하는 반면 첫째 입장을 취하는 사람들은 "인생을 실컷 즐기겠다"는 자세를 취합니다. 그래서 사도 바오로는 이런 사람들을 빗대어 이렇게 말했습니다.

"만일 죽은 자가 다시 살아나는 일이 없다면 '내일이면 죽을 테니 먹고 마시자.' 해도 그만일 것입니다"(1코린 15,32: 공동번역).

그리스도인에게 죽음은 아쉽고 슬픈 '별세' 사건인 동시에, 가슴 뛰고 설레는 새로운 시작의 사건입니다. 그러기에 영국 낭만파 시인 바이런은 이렇게 노래했습니다.

"내 불멸이
모든 고통, 모든 눈물,
모든 두려움과 울림을 휩쓸어버리고,
깊은 곳에서 울리는 영원의 천둥소리처럼
내 귀에 이 진리 외치는 것을 느끼네.
'너는 영원히 살 것이다!'"

교황 요한 23세는 임종 시에 지극히 평범한 말을 남겼다고 합니다.
"이제 나의 여행 채비는 다 되었다."
요한 바오로 2세는 죽음을 앞두고 생동한 말을 남겼습니다.
"나는 행복합니다. 그대들도 행복하십시오."
무슨 까닭에 저들은 죽음 앞에서 이토록 의연한 것일까요? 바로 예수 그리스도의 부활 때문입니다.

"인간이 죽은 후에 영혼은 죽지 않고 천국이나 지옥으로 간다는 것을 어떻게 믿을 수 있나?"
이 물음의 가장 강력한 증거는 예수님의 열두 제자(12사도)의 순교입니다.

역사가 에우세비우스는 그의 책 『교회사』에서 12사도의 순교 내용을 사실적으로 기록하였습니다. 그의 진술을 토대로 정리해보면 12사도는 다음과 같이 순교하였다고 합니다.

교회의 수장인 베드로는 로마에 가서 전교하다가 십자가에 거꾸로 매달려 순교했다고 합니다.

안드레아는 그리스(드레이스, 마케도니아, 코린도, 파트라스)에 가서 전교하다가 아카이아의 파트라이에서 X자 십자가에 매달려 순교했다고 합니다.

예수님의 12사도 중에 가장 먼저 순교한 것으로(사도 12,1-2 참조) 기록되어 있는 제베대오의 아들 야고보는, 예루살렘에서 헤로데 아그리파 1세에게 칼로 목이 베여 순교했다고 합니다.

알패오의 아들 야고보는 팔레스티나와 이집트, 시리아에서 복음을 전하다가 군중으로부터 곤봉과 방망이로 매 맞아 순교하였다고 합니다.

요한은 파트모스섬에서 유배생활을 했고(묵시 1,9 참조) 모진 박해를 받았다고 합니다.

필립보는 도미티아누스 황제의 그리스도교 박해 때 소아시아 중서부 프리지아의 히에라폴리스에서 십자가형을 받아 순교했다고 합니다.

바르톨로메오는 인도와 아르메니아에 가서 전교하다가 아스티야제스 왕에 의하여 참수를 당해 순교했다고 합니다.

토마스는 고대 이란에서 전교하였고, 인도에 가서 복음을 선포하던 중에 창에 맞아 순교했다고 합니다.

마태오는 유대아를 순회하다가 에티오피아에 가서 전교 중에 참수당했다고 합니다.

시몬은 시리아와 메소포타미아, 페르시아에서 복음을 선포하다가 페르시아에서 순교했다고 합니다.

유다 타대오는 페르시아에 가서 전교하다가 활에 맞아 순교했다고 합니다.

가리옷 사람 유다 대신 12사도에 들어온 제자(사도 1,21-26 참조) 마티아는 카스피아 연안에서 박해를 받고 콜키스에서 돌에 맞고 참수당했다고 합니다.

그들의 죽음은 한결같이 자발적인 죽음이었습니다. 누가 강요한 것이 아니었습니다. 왜, 무엇을 위하여 그들은 장렬한 순교의 길을 택하였던 것일까? 무엇 때문에 배척과 핍박을 감수했고, 무엇 때문에 죽음까지도 불사했을까?

그 답은 간명합니다. "영원한 생명은 있다!" 이 하나를 증거하기 위하여 그들은 하나뿐인 목숨을 잃었던 것입니다. 아니 바쳤던 것입니다.

X자 십자가형을 당했던 안드레아가 고통스런 죽음 앞에서 바쳤다는 기도는 안드레아가 무엇 때문에 순교했는지를 감동적으로 전해줍니다. "그리스도이신 예수님! 내가 뵈었고 내가 사랑했던 당신, 당신 안에 있는 나를 받으소서. 당신의 영원한 나라에 내 영혼을 받으소서. 아멘."

죽음은 웅변입니다. "이 주장에는 하나의 거짓도 조작도 없습니다" 하고 외치는 가장 설득력 있는 웅변입니다. 그 누구도 거짓을 위하여 목숨을 바치지 않습니다. 영원한 진리를 위해서만 목숨을 내어놓는 법입니다.

본래 그들도 영락없는 인간이었습니다. 높은 자리를 욕심내고(마태 20,20-28 참조), 무사안일에 안주하고 싶어하고(마태 16,22; 26,40.43 참조), 무엇보다도 죽음을 두려워하는 한낱 인간이었습니다. 그랬기에 그들은 예수님이 체포·연행되었을 때, 목숨을 부지하기 위하여 도망갔습니다(마르 14,43-52 참조). 살기 위하여 예수님을 부인하기까지 하였습니다(마태

26,69-75 참조).

그런데 이들은 모두 돌연 어느 한순간 극적으로 전향하였습니다. 죽음을 두려워하지 않는 증거자로 나선 것입니다. 무엇이 이들을 변화시켰는가? 바로 "예수는 부활했다!"라는 사실이 뒤집힐 수 없는 진리라는 확신, 그것이었습니다.

그들은 속은 것이 아니었습니다. 그들은 거짓에 속아 최면에 걸린 이들이 아니었습니다. 그들은 목격자였습니다. 그랬기에 그들은 그것이 '절대 사실'임을 입증하기 위해 순교까지 불사했던 것입니다.

증언은 증언일 뿐입니다. 그것마저 못 믿으면 그만입니다. 달리 설득할 방법이 없습니다. 그러기에 예수님께서는 이런 비유를 들려주셨습니다.

어떤 부자와 노숙인이 있었습니다. 배를 곯고 피부병을 앓던 노숙인은 아브라함의 품, 그러니까 천국에 가고 그 노숙인을 돕지 않은 인색한 부자는 지옥으로 떨어졌습니다. 괴로움을 견디다 못한 부자가 자신의 후손들에게 자신의 전철을 밟지 않도록 타일러주고 싶으니 잠깐 기회를 달라고 청했습니다. 그러자 이런 말이 떨어집니다.

"그들이 모세와 예언자들의 말을 듣지 않으면, 죽은 이들 가운데에서 누가 다시 살아나도 믿지 않을 것이다"(루카 16,31: 공동번역).

눈이 열린 자에게는 덮어놓은 것도 보이지만, 눈이 닫힌 자에게는 코앞에 들이밀어도 보이지 않는 법입니다.

여하튼 사후의 영원한 삶을 믿느냐 아니냐는 자유이며 선택입니다. 그에 따라서 보상과 책임이 갈리는 것입니다.

『죄와 벌』이라는 불후의 명작을 남긴 도스토예프스키는 그의 또 하나의 걸작 『카라마조프가의 형제들』에서 그가 동경하는 천국의 모습을 이렇게 그립니다.

"나는 마치 어린아이처럼 믿고 있다. 고통이란 치유될 것이며 보상을 받으리라고. 인간적 모순의 모든 수치스러운 부조리는 불쌍한 신기루처럼, 무능하고 무한히 편협한 인간의 유클리드적 지성이 지어낸 가소로운 허구처럼, 사라질 것이라고. 세계가 대단원의 장식을 고할 때, 영원한 조화의 순간이 오면, 너무나도 소중한 그 무엇이 생겨나서, 그것만으로도 모든 가슴과, 모든 원한의 위로와, 인간이 저지른 모든 죄악의 보상과 그들이 흘린 모든 피의 보상을 위해서 충분할 것이라고. 그것은 그때까지 일어났던 모든 일들을 용서할 뿐 아니라 정당화하는 것까지도 가능하게 만들리라는 것을."[*14]

그의 이 절규 아닌 희망가에서 나는 말할 수 없는 위로를 느낍니다. '적어도 나는'이라는 토를 달면서 조심스럽게 지금 죽음 너머의 세계를 두려움의 시선으로 바라보는 그 누군가를 위해 기도드립니다.

지구의 종말이 오긴 오는 걸까?

몇 년 전 故 서정주 시인의 시 「단편(斷片)」을 우연히 읊조리다가 애써 눈물을 참은 적이 있습니다.

"바람뿐이드라. 밤허고 서리하고 나 혼자뿐이드라.
거러가자, 거러가보자, 좋게 푸른 하눌속에 내피는 익는가.
능금같이 익는가. 능금같이 익어서는 떠러지는가.
오─ 그 아름다운 날은 …… 내일인가. 모렌가. 내명년인가."★15

고독의 전율이 느껴지면서도 또한 통쾌하고, 처량맞게 들리면서도 또한 웅혼한 기운이 느껴지는 그의 독백이 내 마음을 울렸던 것입니다. 나는 그날 이렇게 메모를 남겼습니다.

"노상 빽적지근한 향연을 즐기듯 살고 싶어하지만 마지막에 남는 것은 바람임을 깨닫게 되는 날, 그날은 필경 생의 베일이 벗겨지는 날일 터다. 겹겹의 먹구름을 뚫고 마침내 햇살이 쨍하니 비춰오는 날일 게다.

그날은 과연 언제 올까. 사람마다 다를 것이다. 유치원 놀이터에서 휑한 고독을 조숙하게 느끼는 아이의 어느 날 오후일 수도 있고, 애석하게도 임종이 코앞에 왔는데 아직일 수도, 그날을 끝내 못 만날 수도 있다.

　시객(詩客) 서정주가 시간의 허공 속에서 우두커니 만난 밤, 서리 그리고 혼자라는 자각, 그것은 차라리 존재로부터 내려오는 새벽 감로수일 터다.
　그러기에 허무의 밑바닥에서 생의 욕망은 벌써 일어나 '거러가자, 거러가보자'를 노래한다. 기개가 장하다! 자신 안에 미친 존재감으로 흐르는 '피'가 저 '좋게 푸른 하눌속에'서 능금같이 익어 떠러질 그 지대(zone)에까지 가볼 심산이니.
　이윽고 시객이 미리서부터 예감하고 기대하는 '오- 그 아름다운 날'은 나의 갈망으로 남고, 우리 모두의 희구로 약동한다."

　나는 송창식이 노래로 부른 미당의 시 「푸르른 날엔」을 좋아합니다.

"눈이 부시게 푸르른 날은 그리운 사람을 그리워하자
저기저기 저 가을 꽃자리 초록이 짙어 단풍드는데

눈이 내리면 어이하리야 봄이 또 오면 어이하리야
내가 죽고서 네가 산다면 네가 죽고서 내가 산다면

눈이 부시게 푸르른 날은 그리운 사람을 그리워하자

눈이 부시게 푸르른 날은 그리운 사람을 그리워하자
저기저기 저 가을 꽃자리 초록이 짙어 단풍드는데

눈이 내리면 어이하리야 봄이 또 오면 어이하리야
내가 죽고서 네가 산다면 네가 죽고서 내가 산다면

눈이 부시게 푸르른 날은 그리운 사람을 그리워하자"★16

   미당은 이 시를 유독 아꼈다고 합니다. 자신의 시를 노래 작곡에 안주기로 소문난 시인께서는 송창식을 불러 작곡을 요청했고, 송창식이 헌사하여 흡족해했다는 뒷이야기가 있을 정도입니다.
   여하튼 이처럼 호기 어린 서정을 품었던 그가 저런 마음 한 자락을 펼쳐놨으니 그야말로 인생무상입니다.

   "오– 그 아름다운 날!"
   이날을 우리는 종말이라 부릅니다.

   "지구의 종말은 언제 오는가?"
   그날이 언제 올지는 아무도 모릅니다.

   다만 확실한 것 하나는 그날을 한평생 기다려 오던 희망의 사람들에게는 정녕 환희의 날이 될 것이되, 그날을 부정하고 거부하고 혹여 두려워하던 역천(逆天)의 사람들에게는 돌이킬 수 없는 회한의 날이 될 것이라는 사실입니다.

   하느님을 명징하게 알지 못하던 동양의 현자들도 이 사실만은 엄중하게 설파하였습니다. 자고로 우리 민족은 자녀들에게 이것을 확실히 훈육하고자 했습니다.

공자가 말하기를, "착한 일을 하는 사람에게는 하늘이 복을 주시고 악한 일을 하는 사람에게는 하늘이 재앙을 준다"고 하였다(孔子曰 爲善者天報之以福 爲不善者天報之以禍).[17]

맹자가 말하기를, "하늘을 순종하는 자는 살고, 하늘을 거역하는 자는 망한다"고 하였다(孟子曰 順天者存 逆天者亡).[18]

장자가 말하기를, "만일 사람이 착하지 못한 일을 해서 이름을 세상에 나타낸 자는 사람이 비록 해치지 않더라도 하늘이 반드시 죽일 것이다"고 하였다(莊子曰 若人作不善得顯名者 人雖不害天必戮之).[19]

성경은 종말에 대하여 상징과 비유로 말했습니다. 가령 성경에 나오는 천국의 이미지들인 하프나 면류관, 금 등은 표현할 수 없는 것을 표현하기 위해 상징적으로 사용한 것입니다. '하프'는 기쁨과 평안을 강렬하게 암시하는 상징으로 등장하고, '면류관'은 하느님과 영원히 일치된 사람들이 하느님의 광채와 힘, 기쁨을 함께 누린다는 사실을 암시하기 위해 사용됩니다. 또 '금'은 시간에 매이지 않는 천국의 영원함과 귀중함을 암시합니다. 또한 지옥의 '유황불'이나 '구더기' 등은 이승에서처럼 실재하는 것들이 아니라 '그만큼 고통스럽다'는 것을 표현하기 위해 사용된 상징입니다. 3차원 공간인 이 세상을 살아가는 인간이 4차원 이상인 저 세상을 짐작하고 표현하는 방식은 한계를 가질 수밖에 없습니다. 그래서 분명한 개념으로 설명하기보다는 상징 언어로 묘사할 수밖에 없는 것입니다.

그러기에 '종말'에 대해서 아주 조심스럽게 접근할 필요가 있습니다. '종말'에 대한 상징이나 비유들을 문자 그대로 받아들이면 엉뚱한 곳으로 빠집니다.

인류 종말에 대한 세간의 관심은 구약 시대부터 시작되어 현재까지

지속되어왔습니다. 특히 '1백 년' 시간 단위의 끝이나 '1천 년' 주기(밀레니엄)의 마감을 앞두고는 갖가지 종말론이 여지없이 고개를 치켜들었습니다.

예수님의 재림 시기를 구체적으로 정해놓고 휴거를 기다리다 서른두 명이 집단 자살한 1987년 오대양 사건이 있었지요. 요한 묵시록의 예언을 글자 그대로 해석하여 예수가 1000년 뒤에 재림해 천년왕국이 시작되면 세상이 끝나거나 무시무시한 대이변이 일어난다며 이날을 준비하라고 주장하는 천년왕국 신봉자들도 있었습니다. 예수의 재림 시기를 1874년, 1914년, 1918년, 1925년, 1966년 그리고 1975년으로 무려 여섯 차례에 걸쳐 공언했지만 모두 빗나간 '여호와의 증인'도 있습니다. 이들의 예를 잊지 말아야 합니다.

종말에 관한 성경의 진술 가운데 그 뜻이 자명한 것을 추려보면 세 가지가 꼽힙니다.

첫째, '언제 올지 어떻게 올지 아무도 모른다"는 것입니다. "그날과 그 시간은 아무도 모른다. 하늘의 천사들도 아들도 모르고 아버지만 아신다"(마르 13,32: 공동번역). 개인의 종말이든 인류 역사의 종말이든 종말의 때는 하느님 이외에는 아무도 모릅니다.

둘째, 기회는 단 한 번이라는 사실입니다. "사람은 단 한 번 죽게 마련이고 그 뒤에 심판이 이어지듯이"(히브 9,27: 공동번역), 종말은 한 사람의 일생에서 '단 한 번' 주어지는 소중한 기회라는 말입니다.

셋째, 그날 우리의 지상 삶이 평가받는다는 사실입니다. "사람의 아들이 영광을 떨치며 모든 천사를 거느리고 와서 영광스러운 왕좌에 앉게 되면 모든 민족들을 앞에 불러놓고 마치 목자가 양과 염소를 갈라놓듯이 그들을 갈라 양은 오른편에, 염소는 왼편에 자리잡게 할 것이다"(마태 25,31-33: 공동번역). 심판은 단죄가 아니라 사필귀정의 질서가 완성되는 과정을 말합니다. 그때에 의인들은 영원한 생명을 누리게 될 것입니다. "의인들은 아버지의 나라에서 해처럼 빛날 것이다"(마태 13,43 참조).

종말에 있을 일에 대해서 이 이상의 것을 말한다는 것은 위험한 일입니다.

"그때가 언제 올는지 모르니 조심해서 항상 깨어 있어라"(마르 13,33: 공동번역).

깨어 있다는 것은 시간을 잘 쓰면서 준비하는 자세를 가리킵니다. 그렇다면 이제 문제는 우리에게 남은 시간을 잘 활용하는 것입니다.

미국의 케네디 전 대통령의 취임식에서 자작시를 낭송하기도 했던 로버트 프로스트는 '국민시인'이라고 불릴 정도로 많은 사람에게 사랑받았던 인물입니다. 한번은 프로스트에게 '문학을 사랑하는 사람들의 모임'에서 강연을 해달라는 요청이 왔습니다. 프로스트가 연단에 서자 사람들은 이구동성으로 물었습니다.

"선생님은 시간을 어떻게 활용하여 그처럼 위대한 시인이 되셨는지요?"

그 자리에 모인 이들은 '글을 쓸 시간이 없어서 시인이나 작가가 되지 못했다'고 생각해온 사람들이 대부분이었습니다. 프로스트는 질문을 던진 사람들을 찬찬히 둘러보았습니다. 수백 명의 눈빛이 강의실을 가득 메우고 있었습니다.

"여러분은 비밀을 지켜줄 수 있습니까? 그렇다면 저만의 방법을 알려드리지요."

청중은 무조건 비밀을 지키겠다고 약속했습니다. 프로스트는 정말 큰 비밀이라도 털어놓듯 말했습니다.

"나는 마치 도둑놈처럼 시간을 좀 훔쳤습니다. 식사 시간도 좀 훔쳐 오고, 잠자는 시간도 좀 훔쳐오고, 사람들과 잡담하는 시간도 좀 훔쳤지요. 그리고 훔쳐 온 그 시간을 용감하게 휘어잡고 시를 썼습니다!"

청중이 무언가에 얻어맞은 듯 멍한 상태가 되어 대꾸 한마디도 못하자 프로스트는 다시 말을 이었습니다.

"흔히 사람들은 자신이 늘 바쁘다고 생각하지만, 필요한 시간이란 언제라도 만들어낼 수 있는 겁니다. 저처럼 말입니다."[★20]

필요한 시간을 언제든지 '훔쳐와서' 사용했다는 시인의 말에 재치가 넘칩니다. 동시에 정곡을 찌릅니다.

전철 안에서 혹은 퇴근길에 많은 작품을 썼던 줄리어드 음대 존 어스킨 전 학장은 시간 사용에 관한 자신의 평생 습관을 이렇게 술회했습니다.

"열네 살 때 피아노를 배우고 있을 때, 내가 선생님한테 매일 한 시간씩 연습을 하겠다고 했습니다. 그러자 선생님은 고개를 가로저으며 제게 이렇게 말했습니다.

'존! 하루에 한 시간을 일부러 만들려고 하지 말아라. 나이가 들수록 하루에 한 시간씩 연습한다는 것은 점점 더 어려워질 거야. 차라리 시간을 낼 수 있을 때마다 몇 분이라도 연습을 하겠다고 계획해보렴. 학교 가기 전 5분, 점심 식사 후 10분, 잠자기 전 15분……. 이렇게 하면 어느새 피아노가 너의 일부가 된단다. 알겠니?'

시간에 대한 통찰은 우리가 시간을 어떻게 활용해야 할지를 잘 가르쳐줍니다.

하루살이가 느끼는 1초의 길이와 백 년을 넘게 산다는 거북이가 느끼는 1초의 길이는 같은 것일까요. 시간 연구가들은 '다르다!'는 결론에 이르렀습니다.

대체로 시간감각은 '맥박 수'와 상관이 있다고 합니다. 하지만 중요한 것은 모두가 각자 한 생애를 '충만하게!' 누리고 간다는 사실입니다.

일찍이 철학자 칸트는 '시간은 하나의 인식 형식'임을 깨달았습니다. 곧 시간은 과거, 현재, 미래로서 객관적으로 존재하는 그 무엇이 아니고, 삶의 인과관계를 파악하는 하나의 '형식'에 지나지 않는다는 것입니다.

이 통찰을 아인슈타인의 상대성 이론에 기초하고 있는 현대 물리학이 과학적으로 해명합니다. 과학의 설명은 명쾌합니다. '과거와 미래라는 것은 인간의 의식 안에만 존재할 뿐 우주 어디에도 없다. 존재하는 것은 오직 현재뿐!'

이 얼마나 놀라운 발견입니까. 이는 인간의 궁극적인 동경이 되고 있는 영원의 실체가 바로 현재라는 전율할 사실 앞에 우리를 서게 합니다. 그러므로 잊지 말지니, 찰나에 영원이 깃들어 있기 때문입니다.

허나 그럼에도 인간은 자신의 기억 속에 시간을 스펙트럼으로 펼쳐놓습니다. 어떤 이들은 '과거에서 미래로', 어떤 이들은 '미래에서 과거로'요. 그러면서 자신들이 그 스펙트럼의 한 구간을 살다가 영원이라는 고향으로 떠난다고 믿습니다. 그리고 개인이 아니라 집단 기억 속의 시간 스펙트럼을 역사라 일컫습니다.

그 구간 '너머'를 일컬어 나는 '시간 밖'이라 부르고 싶습니다.

누구나 자신의 생애가 시간 스펙트럼의 일정 구간 안에 매장(埋葬)되기를 바라지는 않을 것입니다.

누구나 그 구간 너머까지 의미(意味)로 남고 싶을 것입니다.

그러기에 종말에 대한 사색은 우리의 영원한 주제입니다.

종말을 긍정할 때, 지금 우리가 누리는 행복은 어차피 도상(途上)의 행복임을 부정하지 못합니다. 길 위에서 가야 할 때가 있고, 머물러야 할 때가 있고, 뒤돌아 봐야 할 때도 있습니다. 슬그머니 일행을 떠나 홀로 성찰해야 할 때도 있습니다.

나는 그러다가 어떤 모퉁이에서 남루하지만 단아한 모습으로 자성의 시간을 갖고 있는 한 시인을 만났습니다. 바로 만인의 벗 윤동주입니다. 그의 「서시」를 흡사 경전처럼 가슴에 품고 다니면서 정기적으로 낭송 모임을 갖는 일본인들이 적지 않다는 걸 알고 나는 상당히 놀랐습니다.

원작 진위가 확인되지 않은 채 그의 작품으로 알려진 시구가 또 내 마음을 움직였습니다. 설령 그의 친작이 아니더라도, 故 서정주 시인의 '오— 그 아름다운 날'을 향한 우리의 나그네 여정에 길동무는 될 수 있으리라는 생각에, 전문을 소개합니다.

"내 인생의 가을이 오면 나는 나에게 물어볼 몇 가지가 있습니다.

내 인생의 가을이 오면 나는 나에게 사람들을 사랑하였는지 물어볼 것입니다.

그때 나는 가벼운 마음으로 대답하기 위해 지금 많은 이들을 사랑하겠습니다.

내 인생의 가을이 오면 나는 나에게 열심히 살았느냐고 물을 것입니다.
　그때 나에게 자신 있게 말할 수 있도록 하루하루를 최선을 다해 살아야겠습니다.

　내 인생의 가을이 오면 나는 나에게 사람들에게 상처를 주지 않았느냐고 물을 것입니다.
　그때 대답하기 위해 사람들에게 상처를 주는 말과 행동은 하지 말아야겠습니다.

　내 인생의 가을이 오면 나는 나에게 삶이 아름다웠느냐고 물을 것입니다.
　나는 그때 기쁘게 대답하기 위해 내 삶의 날들을 기쁨으로 아름답게 가꾸어 나가겠습니다.

　내 인생의 가을이 오면 나는 나에게 부끄럼 없이 살았느냐고 물을 것입니다.
　그때 반갑게 말할 수 있도록 지금 좋은 가족의 일원이 되도록 가족을 사랑하고 효도하겠습니다.

　내 인생의 가을이 오면 나는 나에게 물을 것입니다.
　이웃과 사회와 국가를 위해 무엇을 하였느냐고 물을 것입니다.
　나는 그때 힘주어 대답하기 위해 지금 이웃에 관심을 가지며 좋은 사회인으로 살아야겠습니다.

　내 인생의 가을이 오면 나는 나에게 물을 것입니다.

어떤 열매를 맺었느냐고 물을 것입니다.

내 마음 밭에 좋은 생각의 씨를 뿌려 좋은 말과 좋은 행동의 열매를 부지런히 키워야겠습니다."[★21]

하나같이 내 생각이며, 내 부끄러움이며, 내 결심입니다.

15-1 Real Q

모든 것을 포기하고 싶은 좌절의 순간
출구는 어디에 있나요?

　　지난 1월 중순경, 미국인의 심장에 대한민국의 자긍심을 새겨주고 있는 강영우 박사 일행과 오찬을 가졌습니다. 대한적십자사 행사 특강을 위해 한국을 방문하는 기회에 한번 만나고 싶다는 기별을 보내와 성사된 자리였습니다.

　　강영우 박사는 2006년 7월, 미국 루스벨트재단이 선정한 '127인의 공로자'에 한국인으로는 유일하게 포함된 인물입니다. 이 127인에는 록펠러, 맥아더 장군, 헨리 키신저 전 미국 국무장관, 빌 클린턴과 로널드 레이건 전 대통령, 코피 아난 유엔 사무총장 등이 포함되어 있습니다. 그는 부시 대통령 당시 백악관 국가장애위원회 정책차관보를 역임하기도 했습니다.

　　놀라운 사실은 그가 시각장애인이라는 점입니다. 그는 중학교 재학 중 외상에 의한 망막 박리로 실명한 후, 사회의 편견과 차별이라는 온갖 시련을 굳은 신앙과 의지로 극복, 세계적인 재활의 귀감이 되었습니다. 1972년 2월 결혼을 하고 그해 8월 한국 최초 장애인 정규 유학생으로 아내와 함께 도미, 3년 8개월 만에 피츠버그대학에서 교육학 석사, 심리학 석사, 교육전공 철학 박사 학위를 취득, 1976년 4월 한국 최초의 맹인 박사가 되었습니다. 그의 영문판 자서전인 『빛은 내 가슴에』는 미국 의회 도서관 녹음 도서로 제작 보급되고 있습니다. 또한 그는 2001년 세계 저명인사 인명사전에도 수록되었습니다.

그는 현재 루스벨트재단에서의 탄탄한 입지를 기반으로 하여 한·미 우호증진을 위해 민간외교관 역할을 톡톡히 수행하고 있습니다.

그날 대화 중 그는 시종일관 시력을 상실한 과정까지 포함하여 모든 것이 하느님의 계획이요 부르심이요 은혜였음을 증거하였습니다. 미국에서 여러 종교의 정치인들과 폭넓은 교류를 하면서 '선의'(Good Will)의 증진을 위해 최선을 다하고 있음도 빠트리지 않고 강조하였습니다. 그가 불쑥 나를 만나고 싶었던 것은 자신의 이야기를 나의 저서 『무지개 원리』에 소개해준 것을 감사하고 계속 대한민국 국민에게 희망 메시지를 전하도록 응원해주기 위해서였다고 했습니다.

우리는 두 시간 동안 마치 '20년 지기'나 되는 것처럼 꿈과 희망을 전하는 각자의 소명에 대하여 격려해주었습니다. 그리고 향후 미국에서 합동 강의까지 대략 언약해두었습니다.

그는 나에게 강한 인상을 남겼습니다. 그는 시련 속에서 사명을 찾았기에 자신은 물론 두 아들까지 미국 사회에서 큰 영향력을 행사하는 축복을 누리고 있습니다.

그는 시각장애인입니다. 하지만 그는 비장애인인 우리보다 훨씬 더 밝은 기쁨과 희망으로 의욕 넘치게 살고 있습니다.

그는 일반 신자입니다. 하지만 그는 성직자보다 더 뜨거운 소명감으로 매일 하느님의 뜻을 묻고 있습니다.

장애인인 그가 오히려 비장애인을 환한 표정으로 위로하고, 평신도인 그가 오히려 성직자를 삶으로 나무라고 있습니다.

그런 그였기에 미국에서도 내로라하는 명가(名家)를 일궜습니다.

시련을 원망하면 거기서 주저앉고 말지만, 시련을 기회로 삼으면 거기서 위대한 결과를 이끌어낼 수 있는 것입니다.

그런데 여기저기서 살기가 힘들다고 아우성들입니다. 거리에서는 실패로 좌절하고 낙심한 얼굴들이 어깨를 축 늘어뜨린 채 음울한 기운을 뿜어댑니다. 통계 수치는 그 일단을 노출시킬 뿐입니다.

한국은 OECD 자살 사망률 1위 기록을 7년째 이어가고 있다.[22]

세계보건기구(WHO)는 우울증이 2020년에 인류를 괴롭힐 세계 2위의 질병이 될 것으로 전망한 바 있다.[23]

지금의 20대는 상위 5퍼센트만이 공기업과 대기업, 5급 공무원 같은 안정된 직장을 가질 수 있고, 나머지는 800만 명을 넘어선 비정규직의 삶을 살수밖에 없다. 현재 비정규직의 평균 임금은 119만 원. 여기에 20대가 받는 평균적인 급여 비율 74퍼센트를 곱하면 88만 원이 된다.[24]

번듯한 대학을 졸업하고도 취직하려는 노력조차 하지 않은 채 부모에게 의존해 살아가는 이른바 캥거루족(니트족 NEET: Not in Education, Employment or Training)이 적지 않다. [……] 하나밖에 없는 금쪽같은 자식이 '힘든 곳'에 취업하기보다는 좋은 직장을 구할 때까지 기다리면서 생계비를 지원하는 일부부모의 과잉보호 행태가 캥거루족을 양산하고 있는 것이다.[25]

2011년 대한민국 50~60대 아줌마들의 상당수는 백수 자식 대신 돈을 벌고, 며느리 눈치 봐가며 손녀·손자 키우느라 등골이 휜다. 취직이나 결혼을 못한 자식 걱정에 밤잠을 설치고, 명예퇴직한 남편의 노후 고민까지 짊어지

기 일쑤다.[*26]

이런 현상들을 바라볼 때 한편으로는 측은한 마음이 들지만, 다른 한편으로는 안타까운 마음이 듭니다. 우선 저렇게 사는 것이 얼마나 힘겨울지가 공감되기에 연민이 생깁니다. 안타까운 마음이 드는 것은 시련을 바라보는 관점과 그것을 견뎌내는 인내심에 문제가 있는 것 같아서입니다.

시련을 이겨내는 힘은 무엇보다도 먼저 그것을 긍정적으로 바라보는 안목에서 나옵니다.
제갈량이 장원두에서 위나라 군대를 맞아 오장원두에서 최후의 일전을 치를 때였습니다.
그의 군대가 행군을 하는 도중 거센 바람이 불어 군 깃발이 꺾이자 제갈량은 이를 불길한 징조로 받아들였습니다. 결국 제갈량은 전장에서 병을 얻었고 백방으로 처방을 구했으나 별다른 효과를 보지 못한 채 세상을 뜨고 말았습니다.
하지만 비슷한 사건을 두고 전혀 다르게 생각해 승리를 거머쥔 사람이 있었으니, 바로 청나라 2대 왕인 홍타시입니다.
명나라와 최후의 일전을 앞둔 아침, 그의 밥상 다리가 갑자기 부러졌습니다. 그 바람에 상 위에 있던 밥이며 국이며 반찬들이 모두 쏟아지고 말았습니다. 그 때문에 홍타시는 아침을 거를 수밖에 없었습니다.
그럼에도 홍타시는 그 순간 무릎을 탁 치며 이렇게 생각했습니다.
'됐다! 이 싸움에선 우리가 이겼다. 오늘부터는 이런 나무 소반이 아니라 명나라 궁중에서 쓰는 금 소반에 밥을 먹으라는 하늘의 뜻이요 계시다.'

의기충천한 홍타시와 그의 군대는 필승의 신념으로 명나라 군대를 격파하고 전쟁을 승리로 이끌었습니다.[27]

똑같은 징조를 놓고 불길하게 여긴 제갈량은 자신의 예견대로 불행한 최후를 맞았습니다. 하지만 자칫 불길하게 여길 수 있는 징후를 기지를 발휘하여 길조로 해석한 홍타시는 그의 기대대로 대승을 이끌었습니다.

나는 이 이치를 일찍부터 응용하였습니다.

흔히 호사다마(好事多魔)라고 합니다. 좋은 일에는 마가 많이 낀다는 말입니다. 나는 아예 이 말의 순서를 바꾸어서 마음 채비를 해두고 있습니다. 다마호사, 안 좋은 일이 자꾸 생기는 것은 좋은 일이 일어날 징조다! 이렇게 말입니다. 그러기에 사람들이 통념상 재수 없는 일이라고 손으로 꼽는 것들도 나에게는 무조건 상서로운 징조, 곧 길조입니다.

시련 역시 나에게는 100퍼센트 좋은 일이 일어날 징조인 것입니다.

또 시련 자체가 지니는 긍정적인 의미도 볼 줄 알아야 합니다.

예를 들면 봄 가뭄이 식물에게는 매우 유익하다고 합니다. 모름지기 농사를 모르는 도시인들은 봄비가 많이 내려야 씨앗이 자라는 데 유익하다고 생각할 것입니다. 하지만 사실은 그 반대입니다. 농부들은 경험상 봄날의 좋은 날씨가 오히려 식물들로 하여금 뿌리를 얕게 내리게 하여 생존력을 약화시킨다는 사실을 알고 있습니다. 그렇게 되면 태풍이 왔을 때 곡식이 쉽게 뽑히게 맙니다. 하지만 처음부터 충분한 비를 맞지 못한 식물은 물과 양분을 얻기 위해 땅속 깊이 튼튼하게 뿌리를 내리려고 합니다. 그리하여 태풍이나 가뭄이 와도 끄떡없이 견뎌낼 수 있게 됩니다. 봄날의 악천후가 식물들을 강인하게 만들어주는 것입니다.

이렇게 볼 때 고난은 생태계를 건강하게 유지시켜주는 필수 요소인

듯합니다. 난세영웅(亂世英雄)이라는 말도 있지 않습니까! 실로 역사의 인물이나 영웅은 모두 고난의 시기에 나왔습니다.

일개 범부로 살고 있는 나도 이 '고난'의 덕을 톡톡히 보고 있습니다.

글을 쓸 때 가슴으로부터 힘 있게 쏟아져 나오는 단상들은 하나같이 나름 시련을 통해서 깨달은 지혜의 편린들입니다. 이런 것들에서 비롯된 문장들은 저절로 써지고 스스로 춤을 춥니다. 하지만 경험 없이 책이나 어디서 들어 알게 된 지식들은 그저 영혼 없는 문장만 만들어냅니다.

강의를 할 때도 마찬가지입니다. 역경을 견디며 깨우친 '개똥철학'은 악센트부터 다릅니다. 반면에 글을 통해 얻어낸 예지는 그저 매가리 없는 현학적 강설로 그치고 맙니다.

이런 이유로 나는 변심을 모르는 고난예찬론자입니다. 나의 침 튀는 예찬에 어느 조경 전문가가 맞장구를 쳤습니다.

'야, 저 소나무 굉장히 멋있다. 아주 멋지다' 해서 정원에 가져다 심는 나무들은 하나같이 비정상적으로 발육된 나무라는 겁니다. 풍파를 겪느라 뒤틀린 나무들 말입니다.

이 무슨 아이러니입니까. 건강하게 곧게 쑥쑥 자란 나무들은 잘라서 건축 재료로나 쓰이는데, 풍파 겪으며 꼬인 나무들을 '아름답다!' 하며 찬탄하다니요.

고가의 나무들은 시쳇말로 기형들입니다. 바위틈이나 그늘에서 햇빛을 향해 가지를 뻗느라 몸이 굽고 뒤틀려 자라난 것이죠. 그런데 사람들은 그 오묘한 멋스러움에 더 환호합니다.

왜 인간은 그와 같은 소위 '기형 소나무'에 끌리는 것일까요? 인간 안에는 고난의 미학을 볼 줄 아는 천부적인 눈, 곧 심미안이 있기 때문입니다. 그러기에 불굴의 생존 의지로 살아남은 생태계의 영웅들에게 찬

란한 아름다움이 깃들어 있음을 알아보는 것입니다. 그래서 두고두고 곁에 놓고 음미하고자 하는 것입니다.

그렇다면 고난을 빠져 나오는 문은 고난의 '끝'이 아니라 고난을 보는 '새로운 눈'에 있다 할 것입니다.

주변을 보면 사람은 여러 가지로 고통을 겪습니다. 건강의 악화, 인간관계의 갈등, 학업의 부진, 사업의 실패 등 고통의 유형도 다양합니다. 하지만 이제 깨달아야 합니다. 뜻하지 않았던 고난이 고통을 동반하지만 고난은 우리에게 생존의 파워를 축적시킵니다.

이 자연의 비밀을 깨우쳤던 것인지, 미국은 패자부활 존중문화로 시대의 아이콘 스티브 잡스를 배출하였습니다.

"잡스는 기업가로서도 두 차례의 큰 실패를 맛봤다. 자신이 만든 애플사에서 이사회와 갈등을 빚다 1986년 쫓겨났고, 애플을 나와 만든 넥스트 컴퓨터는 너무 비싸다는 이유로 소비자로부터 외면당했다.

그러나 그는 '친정'에서 축출당한 지 13년 만에 당당히 컴백했다. 한 차례 사업에 실패한 기업인도 '비전'만 있다면 편견 없이 인정하는 미국의 토양 덕이다. 미 중소기업청(SBA)은 통계 자료를 토대로 실패 경험이 있는 사업가를 오히려 우대하는 것으로 알려져 있다. 이 기관에 따르면 창업 뒤 1개월 내 흑자를 내는 비율이 첫 번째 창업 기업의 경우 34.1퍼센트에 그쳤지만, 실패 뒤 재창업한 경우에는 55.4퍼센트로 더 높았다." *28

'한쪽 문이 닫히면 반대편 문이 열린다'는 말이 있듯, 닫힌 문만 보고 좌절할 게 아니라 열린 문을 보고 다시 도전할 수 있어야 합니다.

고난을 이기는 힘은 노래에서 나옵니다.

내가 대학생이었을 때 민주화 염원이 온 나라를 뒤덮었습니다. 그런 상황에서 굴하지 않는 저항정신을 공급해준 것은 수많은 운동가요였습니다.

내게는 그 가운데 아일랜드 출신 선교사 주 예레미야 신부님이 가르쳐주었던 노랫가락이 아직도 생생한 멜로디로 살아 있습니다.

We shall overcome,
we shall overcome,
we shall overcome someday.
Oh deep in my heart I do believe
we shall overcome someday.

절망을 몰아내는 것은 희망입니다.

만약 집에 강도가 들었다고 칩시다. 어떻게 할까요? 급한 마음에 두 눈 딱 감고 필사적으로 저항해봅니다. 생각보다 그 강도가 민첩하고 힘이 셉니다. 조용히 물건만 훔치려던 강도는 저항을 받자 난폭해져서 위협하기 시작합니다. 위기의식을 느낀 집주인은 오히려 가만있는 편이 더 좋았을 뻔했다며 후회합니다. 최악의 시나리오입니다.

그러니 애초에 가장 좋은 방법은 경찰을 부르는 것입니다. 경찰이 오면 강도는 제압되고 맙니다.

우리 삶도 마찬가지입니다. 삶에서 절망이 올 때, 절망이라는 강도를 물리치는 최선의 방법은 희망이라는 경찰을 불러들이는 것입니다. 절망감이 엄습할 때 절망을 상대로 씨름해서는 벗어나지 못합니다. 하지만 절망이 밀려올 때 절망을 보지 않고 희망을 붙들면 절망이 발붙일 틈이 없게 됩니다.

어둠이 엄습했을 때 이를 몰아내는 방법은 무엇입니까? 펌프로 퍼내면 어둠이 사라질까요? 방법은 오직 하나입니다. 빛을 끌어들이는 것입니다.

이를 '대체의 법칙'이라 부릅니다. 심리학에 기초를 둔 이 원리는 말하자면 이렇습니다.

"사람의 뇌는 동시에 두 가지 반대 감정을 가질 수 없다. 곧 사람의 머리에는 오직 한 의자만 놓여 있어서 여기에 절망이 먼저 앉아버리면 희망이 함께 앉을 수 없고, 희망이 먼저 앉아버리면 절망이 함께 앉을 수 없다."

이 법칙을 올바로 깨닫기만 해도 우리는 절망을 쉽사리 대적할 수 있습니다. 내가 불안해하고 있는 동안에는 나에게 평화가 올 수 없습니다. 내가 평화를 선택하면 불안이 들어오지 않습니다. 의자는 하나입니다. 절망하고 있을 땐 희망할 수 없습니다.

그러므로 절망을 없애려고 하지 말고 희망을 붙잡는 것이 상책입니다. 절망과 싸우지 말아야 합니다. 자꾸 희망을 가져야 합니다. 이루어지든지 말든지 계속 좋은 것을 상상하는 것입니다. 그러면 됩니다. 연거푸 희망을 품는 것이 절망을 몰아내는 최선의 방법입니다.

셰익스피어는 말합니다.

"불행을 치유하는 약, 그것은 희망 이외에는 없다."

여기서 한 걸음 더.

희망으로도 넘지 못하는 절망을 견디는 힘은 사랑에서 나옵니다.

사랑! 그 리얼한 교환의 현장이 영화 「지붕 위의 바이올린」의 한 장면에서 클로즈업됩니다. 이 영화는 러시아에 사는 유다인들의 고통을 그리고 있습니다.

주인공 테빗의 아내는 살기가 너무 힘들어 테빗에게 갖가지 불평을 늘어놓습니다. 그러자 테빗이 아내에게 이렇게 말합니다.

"Do you love me?"(당신은 나를 사랑하오?)

그러나 아내는 그의 질문에 대답은 하지 않고 또다시 자신의 고통만 호소합니다. 25년 동안 아이를 낳으면서 힘들고 어렵게 살았다는 둥 그간 고생한 이야기를 다시 한 번 죽 늘어놓는 것입니다. 그 이야기를 듣고 테빗이 다시 한 번 말합니다.

"I know that, But do you love me?"(그것은 알고 있소. 그러나 당신은 나를 사랑하오?)

이 이야기를 우리는 반어법으로 들을 줄 알아야 합니다. 테빗의 말은 아내의 끊임없는 불평에 동문서답으로 응하는 것같이 보입니다. 하지만 거기에는 그의 속 깊은 사랑의 철학이 담겨 있습니다.

"당신이 힘든 것 이상으로 나도 힘들다구! 요즘 세상 살기가 얼마나 각박한 줄 알아? 더구나 러시아에서 유배자처럼 살아야 하는 내 처지가 얼마나 고달픈 줄 알아? 당신이 쏟아내는 불평보다 나는 더 많은 불평 갖고 있단 말이야. 하지만 나는 결코 그 불평을 당신 앞에 늘어놓지 않아. 왜인 줄 알아? 사랑하기 때문이야. 당신을 사랑하기에 나는 이 모든 것을 감당할 수 있다구. 그래서 묻는 거야. 당신 정말 날 사랑해?"

결국 이건 치유의 말입니다. 사랑 하나만 있으면 삶의 애환 따윈 쉽게 견뎌낼 수 있기 때문입니다.

다시 사랑이 답이었습니다.

사랑에게서 나와서, 사랑으로 살다가, 끝내 사랑의 품에 안기는 것이 인생인 것입니다.

15-2 Real Q

꿈을 향해 달려가지만, 꿈은 자꾸 도망가고 이를 어찌해야 하나요?

2011년 여름, 줄기차게 쏟아지는 소나기를 맞으며 양평 '소나기 마을'을 찾았습니다. 대한민국 문학계의 거목 황순원 선생님 문학촌인 그곳에, 작가 안영 선생이 촌장으로 봉사하고 있기 때문이었습니다. 그분은 내가 소장으로 있는 연구소에 여러모로 도움을 주었습니다. 그래 뻘쭘하게 빈손으로 가기가 뭣하여 철쭉나무 두 그루를 싣고 갔습니다. 아니 사실은 나에게는 귀하디 귀한 그 관상용 철쭉을 선물하기 위해 갔던 것입니다. 언젠가 안영 선생과 통화하다가 황순원 선생님 묘소 근처에 나무를 심고 싶다는 얘기를 들었던 터였습니다. 한 지인으로부터 30년 정성껏 키운 것들이라며 기증받은 멋들어진 철쭉 일부를 꼭 나눠드리고 싶었어요. 그래 벼르고 벼르다 그날 직접 수송 작전을 감행(?)했습니다.

궂은 날씨에도 막 현역에서 은퇴했음직해 보이는 남성그룹 한 무리가 먼저 와 있었습니다. 정해진 시간이 되자 안영 선생이 먼저 황순원 선생님을 대변할 수 있는 세 가지 단어가 '순수', '절제', '나라 사랑'이라는 것을 오리엔테이션해주었습니다. 뒤이어 우리 방문객들은 선생의 생애와 문학을 영상물로 감상하고 유물 전시실을 돌아보았습니다. 그분의 고결한 삶과 문학적 향기에 흠뻑 취해 새삼 행복했습니다.

특히 선생님께서 '순수'를 마치 신앙처럼 얼마나 고집스럽게 지켜내셨는가를 그날 귀동냥으로 알게 된 것이 나에게는 대박 횡재였습니다. 선생님은 시, 소설 이외에는 거의 잡문을 쓰지 않으셨다 합니다. 1960년대 제법 돈이 될법한 신문 연재소설 제의를 많이 받았지만 단 한 번도 쓰지 않으셨다고 해요. 그 이유는 신문 연재야말로 독자들의 입맛을 맞추어야 하므로 통속적으로 흐를 수밖에 없기 때문이라는 것이었습니다. 또 선생님은 탐욕이 없으셨습니다. 문단에서는 문인협회장을, 경희대학교에서는 문리대 학장직을 제의하셨지만 끝내 사양하고 소설가로서, 그저 교수직으로서 충분하다고 하셨다는 것입니다.

역사관에서 나의 눈을 사로잡은 것은 무엇보다도 그분이 열일곱 소년 시절에 처음으로 발표했다는 시 「나의 꿈」이었습니다. 전문을 읽는 순간 나는 전율을 느꼈습니다. 순간적으로 '아, 이 시가 작은 거목 황순원 선생님의 삶을 초지일관 비장하고 단호하게 관통하고 있었던 것으로구나!' 하는 깨달음이 뇌리를 스쳤습니다. 내가 그것을 고스란히 알아챌 수 있었던 것은 나 역시 '무지개 원리'에 입각한 여러 강연에서 그토록 강조하던 주제가 '선하고도 원대한 꿈을 품으라'였기 때문이었습니다. 누구에게나 '꿈'은 와 닿을 수밖에 없는 단어겠지만, 꿈의 소중함을 일깨우고 다니던 나에게는 더욱 각별하게 느껴졌습니다.

나의 가슴을 지진처럼 뒤흔든 그분의 시 전문은 이렇습니다.

"꿈! 어젯밤 나의 꿈.
이상한 꿈을 꾸었노라.
세계를 짓밟아 문지른 후
생명의 꽃을 가득 심고
그 속에서 마음껏 노래를 불렀노라.

언제든 잊지 못할 이 꿈은

깨어 흩어진 이 내 머리에도

굳게 박혔노라.

다른 모든 것은 세파에 스치어도

나의 동경의 꿈만이 존재하나니."★²⁹

얼마나 원대하고 호방하고 심지어 건방진 꿈입니까! 하지만 황순원 선생님은 마치 약속을 지키는 심정으로 이 꿈을 한평생 살아낸 것입니다. 그분은 그 꿈의 성취를 위해 부단히 노력하며 문학의 외길을 걸었습니다. 선생님은 알다시피 와세다대학교 영문학을 전공하셨습니다. 호랑이 굴에 들어가 일문학이 아닌 영문학을 전공하셨습니다. 더 큰 세상 속의 자신을 꿈꾸면서요. 한국으로 돌아와서는 이후 첫 직장이 되는 서울고등학교 교장실로 찾아갔다지요. 그러고는 자신은 남몰래 소설을 써왔기에 국어를 가르칠 수 있으니 국어를 가르치게 해달라고 졸랐다 합니다. 청소년들에게 국어를 제대로 가르쳐야 한다는 사명감과 나라 사랑 때문이었습니다. 이런 분이셨기에 「소나기」, 「별」 등과 같은 서정문학의 진수를 보여줄 수 있었던 거라 생각합니다. 그야말로 한국인의 감성을 맑게 살려낸 아름다운 작품들의 반열에 있다 할 것입니다.

나는 묘소 참배를 마치고 방명록에 이렇게 적었습니다.

"선생님의 꿈, 제가 사겠습니다. 철쭉 두 그루에."

돌아오는 차 안에서 나는 잃어버린 순수를 회복한 환희에 내내 흥분을 가라앉히지 못했습니다. 내 여생을 동반해줄 위대한 멘토를 만난 기쁨에!!!

황순원 선생님의 꿈을 나는 왜 사고 싶었을까요? 그 꿈이 원대했기 때문입니다. 한 사람이 이루기에는 역부족인 그런 꿈이었기 때문입니다. 여러 세대 꿈장이들이 합심하여야 겨우 이루어질 그런 꿈이었기 때문입니다.

"세계를 짓밟아 문지른 후
생명의 꽃을 가득 심으고
그 속에서 마음껏 노래를 불렀노라."

세계를 개간하여 그 위에 생명 꽃 심고 개선가 아닌 태평가를 부를 그날을 이미 확신했던 황순원 선생님.

모르긴 몰라도 반기문 유엔사무총장 연임, 한국 기업들의 대약진, K-POP 전사들의 맹활약 등등을 하늘에서 바라보는 그의 시선엔 안도감이 서려 있을 것입니다. 그의 꿈은 아직 이루어지지 못했습니다. 이제 시작일 뿐입니다. 그러기에 그의 꿈은 공유되어야 합니다.

그리고 이미 점점 폭넓게 공유되고 있습니다.

어쨌건 꿈에 관한 한 나는 몽상가에 가깝습니다. 나는 현실 위에 나의 꿈을 세운 것이 아니라 꿈을 먼저 세우고 거기에 현실을 맞춰나갔습니다. 놀랍게도 내가 품었던 꿈은 거의 다 이루어졌습니다.

희망에 관한 한 나는 개척자입니다. 모두가 절망을 말할 때 나는 희망을 말했습니다. 아무도 희망의 근거를 발견하지 못할 때에도 나는 "아무거나 붙잡고 희망이라고 우깁시다"라고 기회 있을 때마다 선동하였습니다.

그랬더니 어느 대학교 강연에서 한 학생이 물었습니다.

"나는 꿈을 향해 계속 달려가는데 꿈은 나에게서 도망갈 때, 그럴 땐 어떻게 해야 하죠? 지금 우리 현실이 딱 그렇거든요."

이는 그 학생만의 물음이 아니었습니다. 대학신문 기자들을 비롯하여 요즈음 점점 이와 비슷한 질문을 던지는 젊은이들이 늘고 있습니다. 답답한 건 나 역시 마찬가지입니다. 그렇지만 답변을 회피하진 않습니다.

"얼마나들 힘들지 공감합니다. 하지만 한 가지 확실한 것이 있습니다. 나는 인류 고난의 역사를 유심히 살펴보았습니다. 역경을 이겨낸 인생 선배들의 이야기도 꼼꼼히 추적해보았습니다. 결론은 이것입니다. '꿈은 스스로 포기하지 않는 한 반드시 이루어진다!' 다만 전제조건이 하나 있습니다. '시간이라는 변수 안에서!' 그러니 이제 우리에게 남은 과제는 딱 하나입니다. 바로 버티는 것입니다. 잊지 마십시오. 답은 '버티기'입니다."

그렇습니다. 꿈을 이루는 가장 큰 인자는 버티기입니다. 시인 롱펠로는 말합니다.

"잠긴 문이 한 번 두드려서 열리지 않는다고 돌아서서는 안 된다. 오랜 시간 큰 소리로 문을 두드려보아라. 누군가 단잠에서 깨어나 열어줄 것이다."

여기서 누군가가 과연 누구인지를 음미해볼 필요가 있습니다. 이 누군가는 애매모호한 '남'이 아닙니다. 자신 안에 잠자고 있는 거인일 수 있고, 기회일 수도 있고, 사필귀정의 주관자이신 하느님일 수도 있습니다.

버티되 사력을 다하여 버티는 것입니다. 일본이 낳은 세계적인 건축가 안도 다다오는 한 인터뷰에서 이런 말로 자신을 소개했습니다.

"나는 자기 힘으로 싸우면서 살아온 남자다."

그는 가난한 가정에서 태어나 일찌감치 대학을 포기하고 프로 권투선수의 길을 걸었습니다. 링에서 싸우면서도 남몰래 '건축가'를 꿈꿨던 그는 1962년부터 8년간 미국·유럽·아프리카·아시아를 방랑하며 독학으로 건축을 공부하였습니다. 1969년에 자기 이름을 건 건축사무소를 열고 건축가의 첫발을 디뎠습니다. 마침내 1995년, 그는 건축계의 노벨상이라 불리는 프리츠커상을 받는 등 거장의 반열에 올랐습니다.

"한국도, 일본도, 유럽도 학력사회다. 학력이 없는 이는 싸우면 지게 마련이다. 그렇지만 져도 계속 싸우면 한 번은 이길 거라고 생각했다. 무슨 일이든 아침부터 밤까지 하면 길이 보이게 되어 있다. 언젠가 내가 아침부터 밤까지 건축 생각을 하지 않는 날이 오면, 그때는 건축을 관둘 것이다."

흔히 평론가들은 그의 건축을 '빛과 노출 그리고 콘크리트의 건축'이라고 규정합니다. 차가운 유리와 콘크리트 건물에 빛과 물을 끌어들이고, 어둠과 밝음을 극대화해 숭고한 느낌을 자아낸다는 것입니다.

그는 이러한 평가에 대해 다음과 같은 짧은 말로 대답했습니다.

"그렇게 딱 규정하기보다는 건물에 들어선 순간, 살아 있다는 느낌을 주고 싶었다. 빛은 꿈이다. 나는 늘 꿈을 좇았다."★[30]

네, 그는 자신의 파란만장한 도전과정을 한마디로 요약했습니다.

"나는 늘 꿈을 좇았다."

그는 '빛'을 좇아서 그의 표현대로 '아침부터 밤까지' 건축 생각만 하였습니다. 그랬더니 세계적인 건축 장인이 되어 있었습니다.

여기서 바로 꿈의 비밀이 드러납니다. 누구든지 '아침부터 밤까지' 자신의 꿈에 몰두할 수만 있다면, 그 꿈은 반드시 이루어지는 것입니다. 그렇습니다. 반드시!

단 하나의 조건은 '아침부터 밤까지' 꿈에 미치는 것입니다.

꿈이 이루어지지 않을 경우 받을 실망감에 겁을 내고 아예 꿈을 꾸려하지 않는 이들도 많습니다. 지식인들 중에는 한국 사회의 현실적인 장벽에 초점을 맞추면서 젊은이들에게 허황된 꿈을 장려해서는 안 된다고 역설하는 이들도 있습니다.

"현실적으로는 불가능한데 허파에 바람만 잔뜩 들면 무슨 소용이야."

나는 이런 똑똑한 말보다 오히려 소설가 마크 트웨인의 호기를 더 좋아하는 편입니다. 그는 말합니다.

"20년 후 당신은, 했던 일보다 하지 않았던 일로 더 실망할 것이다. 그러므로 돛 줄을 던져라. 안전한 항구를 떠나 항해하라. 당신의 돛에 무역풍을 가득 담아라. 탐험하라. 꿈꾸라. 발견하라."

꿈에 관한 한 "가다가 중지 곧 하면, 아니 감만 못하리"는 맞지 않습니다. 간 만큼 기쁨이며 보람입니다. 설령 꿈이 이루어지지 않는다 해도, 도전해봤다는 사실은 여한을 남기지 않습니다.

어떤 이들은 나이 탓을 하면서 꿈을 더 이상 품지 않으려 합니다.

"이 나이에 무슨 꿈을. 이미 꿔오던 것도 정리해야 할 판인데."

현명한 판단일까요? 그렇지 않습니다.

심장의 맥박이 뛰고 있는 한, 세상에 너무 늦은 것은 없습니다!

미국의 자동차 산업을 크게 일으킨 찰스 키터링은 여든이 넘은 나이에도 새로운 기계를 발명하는 등 매사에 적극적이었습니다. 여든세 살 생일을 맞았을 때, 그의 아들이 말했습니다.

"아버지, 이제는 연구를 중단하시고 좀 쉬시지요."

그러자 키터링은 이렇게 대답했습니다.

"오늘만 생각하는 사람은 흉하게 늙는다. 나는 항상 미래를 바라보면서 오늘을 생활한단다."

흉하게 늙고 싶은 사람은 아무도 없을 것입니다. 하지만 더 이상 도전하지 않는 순간부터 사실상 우리는 이미 흉하게 늙기를 시작한 겁니다.

건강한 여든 살 노인의 뇌는 젊은이의 뇌가 할 수 있는 거의 모든 일을 해낼 수 있다고 합니다. 분명 젊은이에 비해 속도는 더디고 기억력과 집중력이 떨어질 것입니다. 그러나 이런 제약들 정도야 가뿐히 뛰어넘을 수 있습니다. 칸트는 쉰일곱 살에 처음으로 철학에 관한 저서를 집필했으며, 프랭크 로이드 라이트는 아흔 살에 구겐하임 미술관을 설계했다고 합니다.

스페인의 유명한 첼로 연주가인 파블로 카잘스는 아흔한 살이 되어서도 날마다 첼로 연습을 했습니다. 그러자 한 제자가 묻더래요. "선생님은 왜 아직도 계속 연습을 하시는 겁니까?" 그에 대한 카잘스의 대답이 일품입니다. "요즘도 조금씩 실력이 향상되기 때문이라네."[★31]

청춘이든 노년이든, 누구에게나 오늘이 있습니다. 오늘은 매일 새롭게 주어지는 새로운 시작의 기회입니다. 지금 우리 앞에는 불만거리가 산더미처럼 쌓여 있을 수 있습니다. 학교, 직장, 집, 가족, 친구 중 못내 아쉬움을 남기는 일이 생겼을 수도 있습니다. 하지만 우리에게는 '오늘'이 다시 주어졌습니다. 이 오늘은 매일 주어지는 '덤'입니다. '오늘'이야말로 환경을 바꾸고, 새로운 모험을 감행하고, 주어진 것을 만끽할 무제한의 가능성인 것입니다.

오늘은 오늘의 오늘이 있고, 내일은 내일의 오늘이 있을 것입니다. 그렇게 새로운 오늘이 매일 주어질 터이니, 더는 꿈을 이룰 기회가 없다고 단정할 수 있겠습니까.

나는 지금까지 꿈을 품고 도전하기만을 권했습니다. 그 꿈을 이루기 위해서는 '어떻게 어떻게 해야 한다'는 식의 얘기는 일절 하지 않았습니다. 일부러 그랬습니다.

흔히 꿈의 로드맵을 그려야 한다고들 말합니다. 나는 이를 굳이 마다 하지도 않지만 적극적으로 권하지도 않습니다. 나는 이를 꿈의 '계획농법'이라고 이름 붙이고 싶습니다. 이는 꿈에 농약도 주고 비료도 주고, 때 되면 인위적으로 전지도 하면서 꿈의 결실을 보려는 접근법입니다. 이렇게 하면 꿈이 이루어질 확률은 높아질 수 있겠지요. 하지만 꿈이 이루어진다 하더라도 부작용이 남습니다. 주위 환경의 피해, 잔류농약, 그리고 건강의 이상 등.

이런 이유로 나는 꿈의 '유기농법' 내지 '태평농법'을 권합니다. 꿈이라는 나무를 파종만 하고 생태의 이치에 맡기는 것입니다. 오로지 생태적으로만 경합하고 상생하면서 열매를 맺도록 말입니다. 그러면 아마도 소출이 적어지겠지요. 하지만 그 꿈의 결실은 주위 환경과 농부 그리고 이웃들에게 자연의 환상적인 풍미를 선사할 것입니다.

라이프커리어 전략연구소 오영훈 소장이 권하는 '로드맵보다 표류'가 바로 이와 비슷한 취지를 전하고 있는 것으로 읽힙니다.

"커리어 로드맵처럼 미리 사전에 기준과 목표를 세우는 것이 과연 타당한지 재고해보아야 한다. [……] 하나부터 열까지 전부 계획해서 실행해간다는 발상보다 인생의 고비를 맞았을 때 확실하게 큰 방향을 잡은 다음, 흘러가는 대로 놓아두도록 권장하는 것이 최근의 커리어 흐름이다. 이를 'drift'(표류)라고 하며 로드맵과는 완전히 다른 개념이다."★32

꿈을 '아침부터 저녁때까지' 줄곧 품고 있되, 확실하게 '큰 방향'을 잡은 다음, 그냥 '흘러가는 대로' 놓아두라! 계획농법보다 유기농법을 택하라!

이렇게 우리 꿈의 철학이 압축되는군요.

그러면 이제 남는 문제는?

17세기 네덜란드와 유럽 회화를 대표하는 화가 렘브란트. 그가 유명해지고 난 뒤 한 미술학도가 그에게 찾아와 물었습니다.

"어떻게 그림을 그려야 좋겠습니까?"

렘브란트는 주저 없이 이렇게 대답했습니다.

"붓을 잡고 지금 시작하세요."

추격전에 나선 형사처럼

오스트리아 비엔나대학에서 박사 학위 통과 시험을 치르던 당시의 이야기다. 나는 학위 취득을 위해 전공서적 30여 권을 깨알 같은 글씨로 요약해가며 빈틈없이 준비하였다. 그런데 구두시험 현장에서 내가 받은 질문은 그에 비해 너무도 파격적이었다. 필자의 논문 지도 교수이며 시험 주심이기도 했던 P.M. 쮜레너 교수는 이런 질문을 던졌다.

"그 책에서 말하고자 하는 것을 단 한 단어로 말해보시오."

기억이 다 나지는 않지만 이런 질문도 있었다.

"오늘날 전 세계를 지배하고 있는 현상들의 배후에 작용하고 있는 결정적인 가치는 무엇이라고 생각합니까. 단 한 단어로 말해보시오."

"……."

당황스럽기도 하고 혼돈스럽기도 한 질문들이었다. 나는 마치 '스무고개'를 풀듯이 진땀을 빼며 답을 추적할 수밖에 없었다. 그런데 내가 답의 언저리에 근접할 때마다 교수님은 보조 질문을 던져 주면서 도와주었다. 단 한 번에 만족스런 답을 제시하지 못했던지라 의당 교수님의 얼굴을 살필 수밖에 없었지만, 교수님의 표정은 대만족이었다. 어차피 교수님은 정해진 답을 요구한 것이 아니었던 것이다. 교수님은 지식을 요구한 것이 아니라 사유법의 학습을 기대한 것이다. 그리고 교수님은 오직 제자 스스로가 섭취하고 소화한 초간단 핵심 및 그의 학문적 내공을 점검하고 싶으셨던 것이다.

돌이켜보니 교수님의 질문은 시험이 아니라 마지막 강의였던 셈이다. 그 수업의 추억은 내 인생에 가장 중요한 메시지가 되어 오늘도 내 가슴에서 고동치고 있다.

"늘 한 단어 핵심을 파악하려고 노력하라. 많이 아는 것보다 더 중요한 것은 결정적인 인자를 파악하는 것이다. 그러므로 계속 물으라. '여기서 진짜 중요한 것은 무엇이지?'"

처음 글을 시작할 때 나는 추격전에 나선 형사 같았다.

내가 추격해야 할 상대는 그 '한 단어'.

그러나 정신없이 추격전을 벌였지만 결국 그 상대는 놓쳐버린 어설픈 형사꼴이 되고 말았다.

독자들에게 미안하고 송구스럽다.

그리고 감사하다.

참고 문헌

프롤로그
★ 1   김훈, 『黑山』, 학고재, 385–386쪽
★ 2   같은 책, 387쪽

PART 01 | 생명의 몸살
★ 1   에리히 케스트너, 『마주보기』, 한문화
★ 2   최인호, 『문장1』, 랜덤하우스중앙, 124–125쪽
★ 3   전헌호, 『가능성과 한계』, 위즈앤비즈, 67쪽 참조
★ 4   한대수 작사·작곡, 「행복의 나라로」
★ 5   김용택, 『아이들이 뛰노는 땅에 엎드려 입 맞추다』, 문학동네
★ 6   김정훈 기자, 2011년 8월 5일 자 「조선닷컴」
★ 7   박두식 칼럼, 2011년 8월 9일 자 「조선닷컴」
★ 8   전수영 기자, 2011년 10월 4일 자 「일요서울」
★ 9   신상윤 기자, 2011년 9월 20일 자 「헤럴드 경제」
★ 10   엠마 골드만, 『희망을 찾아라』
★ 11   나카타니 아키히로, 『에너지 스위치』, 다산라이프 참조
★ 12   롱펠로, 「때로는 흔들릴 때가 있습니다」
★ 13   곽병찬 논설위원, 2007년 7월 30일 자 「한겨레」 참조
★ 14   알로샤 슈바르츠, 『나무늘보의 인생콘서트』, 홍익출판사, 67쪽 참조
★ 15   이병욱, 『울어야 삽니다』, 중앙m&b, 66쪽 참조
★ 16   SBS스페셜 「신이 내린 묘약―눈물」 편 참조
★ 17   EBS지식채널e, 『지식e』2, 북하우스, 38–45쪽 참조
★ 18   「자로초견(子路初見)」, 『공자가어』, 동서문화사 참조
★ 19   문충태, 『하루 1분』, 중앙경제평론사 참조
★ 20   오그 만디노, 『위대한 상인의 비밀』참조
★ 21   김은태, 『재밌는 리더가 사람을 움직인다』, 대산출판사, 177쪽 참조
★ 22   조은국 기자, 2011년 11월 11일 자 「문화저널21」
★ 23   정지현 기자, 2011년 5월 24일 자 「데이터뉴스」
★ 24   스리니바산 S. 필레이, 『두려움―행복을 방해하는 뇌의 나쁜 습관』, 웅진지식하우스 참조
★ 25   같은 책 참조
★ 26   프리츠 리만, 『불안의 심리』, 문예출판사, 15쪽
★ 27   정은지 기자, 2009년 3월 5일 자 「코메디닷컴」 참조
★ 28   이정훈, 『강심장』, 리더북스, 187–188쪽 참조
★ 29   박요한, 『인생 칸타타』, 흐름출판, 91–92쪽 참조

★30 황상민, 『한국인의 심리코드』, 추수밭, 95쪽
★31 같은 책, 95,99쪽
★32 같은 책, 101–103쪽
★33 같은 책, 103–105쪽
★34 같은 책, 106쪽
★35 같은 책, 110쪽
★36 박성철 엮음, 『쉼터』, 지원북클럽 참조
★37 안춘근, 『세계예화집』, 을유문화사 참조
★38 안철우 기자, 2011년 10월 6일 자 「이투데이」 참조
★39 한국보건사회연구원, 2011년 8월 12일 자 「ISSUE & FOCUS」 참조
★40 황상민, 『한국인의 심리코드』, 22–23쪽 참조
★41 김신영·박승혁 기자, 2011년 1월 1일 자 「조선닷컴」
★42 황상민, 『한국인의 심리코드』, 23쪽 참조
★43 EBS지식채널e, 2008년 12월 15일 자 「위험한 힘」 편 참조

PART 02 | 고독한 영혼의 초월본능

★1   법정, 『오두막편지』, 이레
★2   정채봉, 「찾습니다」, 『날고 있는 새는 걱정할 틈이 없다』, 샘터
★3   사라 밴 브레스낙, 『혼자 사는 즐거움』, 토네이도, 124–126쪽
★4   이석우 기자, 2011년 6월 21일 자 「조선닷컴」
★5   서명덕 기자, 2011년 6월 16일 자 전자신문인터넷 「etnews.com」
★6   송연순 정치부장, 2010년 8월 4일 자 「대전일보」
★7   이승욱, 『상처 떠나보내기』, 예담, 217–218쪽
★8   구상, 「은총에 눈을 뜨니」, 『두 이레 강아지만큼이라도 마음의 눈을 뜨게 하소서』, 성바오로딸수도회
★9   마야 안젤루, 『딸에게 보내는 편지』, 문학동네, 154–156쪽
★10 조병준, 2007년 9월 2일 자 포스트 네이버 블로그 '조병준의 내 마음의 지도'
★11 카렌 암스트롱, 『신을 위한 변론』, 웅진지식하우스, 411–412쪽
★12 제임스 케네디, 『나는 왜 믿는가?』, 생명의 말씀사, 64–66쪽
★13 톨스토이, 『아무도 모르는 예수』, 해누리기획 재인용
★14 프랜시스 톰슨, 「하늘의 사냥개」
★15 천상병, 「주일1」, 『천상병전집』, 평민사
★16 헨리 나우웬, 『춤추시는 하나님』, 두란노 참조
★17 고진하, 『나무명상』, kmc, 32–33쪽 참조

★18 토마스 머튼, 『A Book of Hours』, Sorin Books
★19 성찬경, 「은총을 내려주시는구나」, 『황홀한 초록빛』, 프란치스코출판사
★20 박영빈 기자, 2011년 1월 2일 자 「코메디닷컴」 참조
★21 이경용, 『말씀묵상기도』, 스텝스톤, 34쪽 참조
★22 보리스 파스테르나크, 『닥터 지바고』, 열린책들
★23 십자가 마리아, 「눈물」, 『노랑꽃 엄마꽃』, 선우미디어
★24 찰스 콜슨·낸시 피어시, 『그리스도인, 이제 어떻게 살 것인가』, 요단, 359쪽

PART 03 | 내 인생의 비밀코드

★1   박영규, 『생각의 정복자들』, 들녘
★2   같은 책, 183쪽 참조
★3   카를 힐티, 『잠못 이루는 밤을 위하여』, 동서문화사, 565쪽
★4   고은, 『순간의 꽃』, 문학동네
★5   박완서, 『옳고도 아름다운 당신』, 시냇가에심은나무, 139쪽
★6   이준삼 기자, 2007년 4월 12일 자 「연합뉴스」 참조
★7   김근혜 기자, 2007년 6월 30일 자 「크리스천투데이」
★8   최인호, 『문장 1』, 랜덤하우스중앙, 44쪽
★9   한용운, 「알 수 없어요」, 『님의 침묵』, 하서
★10 윌리엄 스타이그, 『노랑이와 분홍이』, 비룡소 참조
★11 존 오트버그, 『하나님, 당신을 의심해도 될까요?』, 사랑플러스, 162-163쪽 참조
★12 김훈, 『黑山』, 학고재, 15-17쪽
★13 SBS스페셜 2008년 12월 14일 자 「인재전쟁-1부 신화가 된 인재」 편 참조
★14 필립 로건·리처드 로건, 『세계를 뒤흔든 영감』, 휘닉스, 7쪽 재인용
★15 백성호·배노필 기자, 2009년 2월 5일 자 「중앙일보」
★16 같은 신문
★17 같은 신문, 2009년 2월 9일 자
★18 찰스 콜슨·낸시 피어시, 『그리스도인, 이제 어떻게 살 것인가』, 요단, 86쪽 참조
★19 같은 책, 100-101쪽에서 재인용
★20 박창수, 『꿈이 있는 10대 내가 만난 천재들』, 올댓북, 74-75쪽 참조
★21 켈리 제임스 클락 엮음, 『기독교 철학자들의 고백』, 살림
★22 김세원 기자, 1997년 4월 6일 자 「동아일보」
★23 조쉬 맥도웰·션 맥도웰 지음, 『누가 예수를 종교라 하는가』, 두란노, 73-74쪽 참조

PART 04 | 피할 수 없는 물음

★1 박인환, 「검은 신이여」, 「목마와 숙녀」, 미래사

★2 차동엽, 「맥으로 읽는 성경3」, 위즈앤비즈, 115–119쪽

★3 엘리 위젤, 「나이트」, 예담, 25쪽

★4 편집부, 「알기 쉬운 고사성어」, 북피아, 74쪽 참조

★5 티머시 켈러, 「살아있는 신」, 31–32쪽, 베가북스

★6 김장환, 「김장환 목사와 함께 경건생활 365일」, 나침반출판사 참조

★7 헬무트 틸리케, 「기다리는 아버지」, 컨콜디아사

★8 송봉모, 「회심하는 인간」, 바오로딸 참조

★9 이병문 기자, 2008년 10월 31일 자 「매일경제」 참조

★10 빌 클린턴, 「빌 클린턴의 마이라이프2」, 물푸레 참조

★11 mission3000, 「가톨릭 난문쾌답」, 미래사목연구소, 9–10쪽

★12 앤드류 마리아, 「지혜의 발자취」, 성바오로출판사 참조

★13 박상훈, 「내일이 무엇이니? 영생이 무엇이니?」, 서울 : 크리폼, 58쪽 참조

★14 티머시 켈러, 「살아있는 신」, 베가북스 재인용

★15 서정주, 「단편(斷片)」, 「화사집」, 문학동네

★16 서정주 작사·송창식 작곡, 「푸르른 날엔」

★17 「명심보감 계선편」

★18 「명심보감 천명편」

★19 「명심보감 천명편」

★20 이정훈, 「강심장」, 리더북스, 117–118쪽 참조

★21 윤동주, 「내 인생의 가을이 오면」, 박용배, 「생각의 설계」, 매일경제신문사, 172–173쪽

★22 최인철 기자, 2011년 9월 27일 자 「서울경제」

★23 이인선 기자, 2011년 6월 14일 자 「주간한국」

★24 안철우 기자, 2011년 10월 7일 자 「이투데이」

★25 박상우 객원기자, 2011년 7월 6일 자 「매일경제」

★26 유선희 기자, 2011년 8월 1일 자 「한겨레」

★27 곽숙철, 「그레이트 피플」, 웅진윙스 참조

★28 유대근 기자, 2011년 10월 7일 자 「서울신문」

★29 1931년 7월 「동광」, 제23호

★30 권근영 기자, 2008년 9월 20일 자 「중앙일보」·김수혜 기자, 2008년 9월 19일 자 「조선닷컴」 참조

★31 조지 베일런트, 「행복의 조건」, 프런티어, 299–300쪽 참조

★32 라이프커리어 전략연구소 오영훈 소장, 2011년 10월 4일 자 「대학내일」, 578호